日本古代の喪葬儀礼と律令制

稲田奈津子著

吉川弘文館

目　次

表目次

序章　殯儀礼の再検討

はじめに

喪葬儀礼をめぐる研究は、日本古代の事例を対象にしたものに限ってみても、枚挙に暇がない。人間誰しも切実な問題である「死」と、それをとりまく文化・社会に、人々が関心を寄せるのは当然のことだろう。民俗学研究の一つの柱となっていることは言うまでもなく、考古学でも埋葬遺構・遺物は主要な研究対象であり、それらを理解するために喪葬儀礼にも高い関心が寄せられている。しかし、文献史学の立場からの喪葬儀礼研究となると、その数はかなり限定的である。

著者が卒業論文（一九九八年一月提出）の準備を始めた当時、最初に手にしたのが、刊行されて間もない和田萃氏の『日本古代の儀礼と祭祀・信仰』（塙書房、一九九五年）であった。上巻第Ⅰ章に収められた「殯の基礎的考察」（初発表一九六九年）、「飛鳥・奈良時代の喪葬儀礼」（初発表一九八二年）、「殯宮儀礼の再分析―服属と儀礼―」（初発表一九八〇年）の三篇は、喪葬儀礼を対象とした歴史学の立場からの本格的な研究として画期的なもので、その後の研究にも大きな影響を与えた。大王・天皇の喪葬儀礼は、そのまま皇位継承に関わる問題でもあるため、井上光貞「古代の王権と即位儀礼[1]」をはじめ、多方面の研究書・概説書に引用・継承されることになった。

和田氏の研究は、律令制以前の記紀の時代を中心に喪葬儀礼の様子を復原していくが、特に「殯」——死後の一定期間、遺体を喪屋（殯宮）に安置し、その場で各種の儀礼を執行するもの——をめぐって、限られた関連史料の中で万葉集研究や考古学の知見を存分に活用しつつ、大変魅力的な議論を展開している。自身も表明する通り、和田氏の研究は「日本古代政治史研究のため」の素材として喪葬儀礼に注目したものであり、個別の習俗研究から一歩踏み出した大胆な叙述がなされ、論点も非常に多岐にわたっている。ただし、それゆえに実はかなり難解でもあり、広く知られた研究であるにもかかわらず、結論だけをつまみ食いするような引用が繰り返されている印象が拭えない。著者自身、これまで和田氏の研究を常に参照しつつも、その内容を十分に吟味することはできずにきたが、あらためて検討してみると、いくつかの問題を内包しているようにも思われる。現在に至るまで絶大な影響力を持ち続けている通説的研究であるからこそ、細かな問題点も看過することはできまい。そこで以下では、和田氏の殯に関する研究について、再検討を加えてみたいと思う。

一　殯研究の動向

1　和田萃氏の殯研究

和田氏の右記三篇の論文では、前述のように非常に多岐にわたる指摘がなされているが、ここでは著者の関心も反映させつつ、以下の三点に整理してみたいと思う。

第一に、「殯《もがり》儀礼」の形成に関わる問題である。和田氏は、魏志倭人伝などから読み取れる固有の葬法「モガリ」

が存在したと想定し、それが渡来人のもたらした中国の葬礼習俗「殯《ヒン》」の影響を受けて儀式化・長期化することで、『日本書紀』などに見える「殯《もがり》儀礼」が形成されたと論じる。殯儀礼には、殯《ヒン》とともに導入された新儀礼「誄《シノビゴト》」の奏上が伴い、大王・天皇の場合には、その最後に死者を含む皇統譜（日嗣《ひつぎ》）の読み上げがおこなわれ、和風諡号が献呈されたとする。和風諡号は、その形態的特徴から安閑天皇以降に成立したことがわかるとし、したがって殯儀礼の完成時期も安閑朝末年であると論じるのである。

第二に、殯宮儀礼の二重構造を指摘した点が注目される。大王・天皇の喪儀では、埋葬に先立って遺体を一定期間安置しておく施設として「殯宮《もがりのみや》」が設置され、その場で様々な儀礼が執行されたが、和田氏はこの儀礼空間が、殯宮の内外で二つに区分されていたと指摘する。「殯宮内」では、遺体の傍に侍る近親女性や職掌として遺体に奉仕する遊部（これも女性）が、匍匐礼や挽歌によって死者の霊を慰めるなど、「私的な色彩が濃厚」な儀礼が展開されていた。一方で殯宮外の「殯庭」では、男性の近親や官人らが、発哭や歌舞、誄の奏上や和風諡号の献呈といった「公的儀式」をおこなったとするのである。後述のように、これは和田氏独自の見解というわけではなく、先行研究に触発されての発想であったが、和田氏によって歴史学的に整理・肉付けされた意義は大きく、以後の研究における殯宮イメージを決定づけたと言ってよかろう。

第三として、右記の「殯宮内」に籠った近親女性に関する議論がある。大王・天皇の場合、その殯宮には皇后を中心とする近親女性が、殯の全期間にわたって籠り続け、日常とは隔離された物忌生活を送っていたとする。天武天皇の殯宮の場合には、鸕野皇后（後の持統天皇）が殯宮内に籠り、皇太子草壁皇子は殯宮外にあって、喪主として公式儀礼を領導する立場にあった。草壁皇子は公卿・百寮人等を率い、殯庭で慟哭するなどしていたが、これは殯宮に対する朝賀とも言うべき形態をとっており、拝礼の対象は天武天皇の柩と、その側で奉仕する鸕野皇后であったと論じる。そこから、殯宮儀礼と女帝即位との密接な関係性を示唆するのである。

2　挽歌の詠まれた場と殯宮儀礼

このうち、第一の論点は喪葬儀礼に留まらない多様な要素を含んでいるため、以下では第二・第三の論点を中心に検討してみたい。和田氏の構想の前提となったのは、西郷信綱氏をはじめとする万葉挽歌の研究成果であったと思われる。

西郷氏は『萬葉私記』(2)の「倭姫皇后」「柿本人麿」章や、『増補 詩の発生―文学における原始・古代の意味―』(3)の「柿本人麿」章において、万葉挽歌には二つの系統が存在することを指摘し、それを「女の挽歌」「男の挽歌」と名付けた。「挽歌あるいは喪歌はそもそも女のうたうものであったという原古の伝統」があり、「もし女の挽歌の歴史を原点まで遡ろうとすれば、それは結局、劇的に狂う原始の哭女なるものに達するのではないかと推測される」として、民族学の成果を参照しつつ、「葬儀において女性は大きな役を演じ、哀歌をうたったり劇的悲しみを表現するのはとりわけ女性の義務であった」として、そうした原始的な女の発哀の儀礼の中から「女の挽歌」が生長したと論じた。一方の「男の挽歌」は、「階級分化による母権の後退につれて」登場し、「シャーマンに代る男の首長や豪族の地位が強まり、その力がヒューマナイズされるとともに、その誄詞が叙事詩化し、漸次《英雄的》性格をもってくる」として、人麿の宮廷挽歌にその性格を読み取るのである。(4)

橋本達雄「柿本人麻呂の地盤」(5)は、西郷説を継承しつつ、天武の殯宮儀礼に鸕野皇后をはじめ後宮女性の姿が見られないことから、「書紀に記載されるような表立った儀礼の場は女性の関与すべきところではなく、いわゆる後宮とは一応切離された形で営まれたのだと思われる」と指摘する。さらに敏達天皇の殯宮にいた炊屋姫皇后（後の推古天皇）を奸そうと、穴穂部皇子が殯宮へ乱入し阻止される事件を示しつつ、「これによれば皇后は殯宮の奥深く、天皇のなきがらの近辺に侍り、奉仕していたもののようである」として、後宮の女性たちも同様であったとし、彼女たちは「公的な儀礼の誄や発哀・発哭・慟哭などを受ける側にあるのであって、献る側にはいなかった」と論じるのである。ここまでの議論は和田氏とほぼ同じと言ってよいが、挽歌の詠まれた場所については「公的な殯宮儀礼の場」とは別に、「後宮機関が主宰する」儀礼の場としており、人麻呂もそこに所属するものとしていることから、「殯宮の奥深く」とは別の空間を想定しているようだ。

西郷氏らの研究をふまえ、和田氏が歴史学の立場から継承・発展させたことで、殯宮儀礼をめぐるイメージが万葉挽歌研究者の間で共有されていくようになる。渡瀬昌忠「近江朝挽歌群とその場」(6)は、天智天皇殁時の「大殯之時」挽歌の分析から、作者である女性四人の「殯宮内」での座席を復原するという、たいへん興味深い論文である。本論文でも炊屋姫皇后・鸕野皇后の事例を挙げて、「六世紀後半から七世紀後半にかけて、天皇崩御の後、皇后が長期にわたって殯宮を主催するということが、天皇崩後の困難な政治情勢下にあって、一般に見られる形態だったと思われる」とし、さらに和田論文を引用しつつ、「万葉集の天智天皇大殯の時の歌が後宮の女性のみによって歌われている以上、殯庭外の政情・内乱とはかかわりなしに、殯宮内の秘儀は続けられたかもしれない」と述べ、殯宮儀礼の二重構造と、殯宮内に籠って秘儀をおこなう近親女性という認識を継承している。

ここで注意しておきたいのは、「皇后による殯宮の主催」という指摘である。和田氏自身は「皇后による殯宮の主催」という表現は使用しておらず、前述のように天武殯宮の場合には、皇太子草壁皇子が喪主の立場にあったとしている。ただし殯宮内に籠る皇后が、先帝の柩とともに皇太子以下、公卿・百寮人等の拝礼の対象になり、女帝即位の前提になったとの指摘からは、殯宮内の皇后が潜在的に掌握する権力の大きさが示唆され、以後の研究がしばしば

「皇后による主催」という表現を用いるのも、そうした文脈を反映してのものと推察される。

身﨑壽『宮廷挽歌の世界—古代王権と万葉和歌』(7)は、和田論文の引用という形ではないが、「殯宮儀礼には、実は大別して二種類の、起源・性格をことにし、またその〈場〉をもことにするものがふくまれていたのではないか」とし、殯庭(殯宮殿舎の外部、おそらくその前面空間)における男性官人主導の公的儀礼と、殯宮施設内部(あるいは後宮殿舎)における皇妃をはじめ後宮女性・家族(子女)が中核となる私的儀礼が存在したという、ほぼ同内容の二重構造論を展開する。その上で、後宮女性たちの挽歌は、殯宮内部の私的な儀礼空間において生み出されたものと論じる。

上野誠『古代日本の文芸空間—万葉挽歌と葬送儀礼』(8)は、文学資料にとどまらず歴史史料を用いた本格的研究としても注目されるものであり、その指摘も多岐に及ぶ。右記論点に絞って見てみると、和田氏および後述の河田千代乃氏の研究を受けつつ、殯宮が内部と外部とに厳格に区別されており、内部は皇后を中心とする天皇の家政機関が差配する、近親者や遊部などによる秘儀の場、外部(殯庭)は外政機構が差配する政治性の強い場と、やはり二重構造論の立場に立っている。また橋本氏や和田氏と同じく、殯宮に籠る皇后が誄・慟哭・献供・発哀・斎といった殯庭でおこなわれる儀礼を受ける立場にあったと評価する。しかし挽歌の披露された場については、『万葉挽歌のこころ—夢と死の古代学』(9)において、「単純に殯宮内部や殯宮の外の殯庭と考えるわけにはいかない」として、「殯宮や殯庭の儀礼が終わったあとの私的な寄り合いのような場」といった可能性を示している。

ところで前述の西郷氏は、和田氏以降の研究を受けて、新たに「喪屋の秘儀」を発表している。(10)そこでは和田説を引用しつつ、皇后が殯宮に籠り、皇太子は殯宮の外にいて喪主としてふるまったことを述べるとともに、「殯宮の儀礼は、女性の近親者や女官・遊部が奉仕する殯宮の内部での私的な秘儀と、殯庭で行なわれる公的な儀礼とからなる。天武の場合、皇后の鸕野皇女は殯宮の内に入って天武の魂に仕え、皇太子草壁皇子ら皇子、百官人が、殯宮で慟哭り、誄をたてまつった」との吉田孝氏の叙述をふまえ、(11)殯宮深部にある古来の喪屋に柩が安置され、その傍らで后たちによる秘儀がおこなわれたと論じる。西郷氏の構想から始まった二重構造論と女性による秘儀論が、歴史学の立場からの補強を経て、ふたたび挽歌研究へと反映されている様子を窺うことができよう。

3　女帝と殯宮儀礼

以上のように和田氏の研究は、万葉挽歌研究と密接に関係しつつ継承・発展していることが知られるのであるが、歴史学の分野においては、近年では女帝研究との関わりで参照されているように思われる。とはいえ具体的に和田論文からの引用が示されることはないのだが、たとえば仁藤敦史「古代女帝の成立―大后と皇祖母」(12)では、「敏達の存命中には額田部による政治関与の記載はみえないが、死去後においては、敏達の殯を主催したこと、穴穂部の誅殺を許可したこと、さらには崇峻を次期大王に指名したことなど、実質的な大王代行をおこなっていることが確認できる。こうした延長線上に推古女帝の即位がおこなわれている」としており、夫である敏達天皇の殯を主催したことが、推古の女帝即位の前提になっているとの見解が示されている。その主張がより明確にわかるのが、「座談会 日本史の論点・争点 古代女帝研究の現在」(13)における仁藤氏の以下の発言である。

これまでは、中継ぎということを強調すると、いきなり女帝即位という話があったわけですが、私は色々な要素がステップを踏んで女帝即位という段階になっていくのだろうと思っています。とくに殯の主催者という点が重要で、権力的にかなり大きな意味を持っていて、空位の期間のほとんど、六〜七割は殯の期間と言えます。『日本書紀』に「詔」とか「勅」とか書いてある、穴穂部皇子を誅殺する命令を出したりするのは殯の期間中の話で、殯の主催と、括弧つきの「詔」とか「勅」とかを出して群臣がそれに従うという事柄は、セットにして考えるべきでしょう。その後に「臨朝称制」という大王代行があって、ようやくそれから即位することになります。それは、男王とは大きく異ならないステップであろうと思っております。

前述のように、和田氏自身は「皇后による殯の主催」といった表現はしていないのであるが、仁藤氏の議論の根底には、やはり和田説以来の殯宮儀礼のイメージが存在するように思われるのである。

殯宮儀礼と女帝即位との関係性について、より踏み込んだ分析をしているのが、河田千代乃「皇后と殯宮儀礼」[14]である。河田氏は、天皇の身体は「天皇霊」の容れ物であるとの折口信夫説を支持する立場から、殯宮最終日の日嗣奏上儀礼は天皇霊を天皇の身体から逸脱せしめる儀礼であり、逸脱した天皇霊は、践祚大嘗祭儀礼において新帝に「みたまふり」されると整理する。その上で、殯宮儀礼で逸脱した天皇霊は、新帝大嘗祭までの間どこに奉安されるか、との問いを発し、殯宮儀礼において先帝皇后に「みたまふり」され、新帝は大嘗祭において先帝皇后との儀礼的な共寝によって「みたまふり」されると説くのである。

穴穂部皇子の殯宮乱入事件については、「殯宮の中で、皇后は、天皇の御遺体と添伏ししておられたと考える。その期間に、「天皇霊」は皇后に「みたまふり」されると考えられていたのであろう。その籠りの聖なる期間に、穴穂部皇子は強いて殯宮に押し入り、皇后を奸さんとした。皇后に「みたまふり」された「天皇霊」を、殯宮で皇后と聖婚することによってうばおうとしたと考える」とした上で、「だから、先帝崩御後、新帝がなかなか決まらないといったような場合、天皇霊を受けておられる先帝皇后が女帝として即位なさることは極く自然のことであったとも考えられる」として、女帝即位の前提には、夫の殯宮に籠り奉仕した皇后の存在があることを論じるのである。

共寝による天皇霊の移動といった議論は、今日では受け入れ難いものである。また穴穂部皇子の殯宮乱入事件の解釈についても、「性結合による霊の継承」に対しては女性史の立場からも批判が出されており[15]、そもそも天皇位が敏達から用明に移っている段階で、天皇霊が敏達殯宮に籠った炊屋姫皇后にあったとの解釈が成り立つのか、という疑問も存在する(16)。しかし、殯宮に籠った皇后に先帝の天皇権力が委譲されるとの発想は、先の仁藤氏の指摘などにも継承されているように感じられる。

二 「殯宮に籠る女性」の再検討

1 和田説の確認

このように、現在まで大きな影響力を持ち続けている和田論文の殯宮儀礼イメージについて、ここでその論拠に立ち返って再検討してみたい。右記の第二、第三の論点については、「殯の基礎的考察」において詳しく論じられている。和田氏はここで、職業的従事者である土師氏・遊部とは別に、殯宮に奉仕していた人々を推測していく。

まず記紀に見える天若日子伝承を引用しつつ、死者の父と妻子とが喪屋（大王・天皇の殯宮に相当）を作るが、そこに誰が籠ったのかは不明であるとし、続けて「確実な史料によれば、殯宮に籠ったのは女性のみ」であるとする。その根拠として示されるのが、以下の三つの事例である。穴穂部皇子による敏達殯宮乱入事件の記述から、炊屋姫皇后の姿が殯宮内に籠っていたことが判明すること、天智天皇「大殯の時の歌」挽歌群は、殯宮内において詠まれたものであるが、それが倭太后をはじめとする女性たちにより詠まれていること、天武天皇の殯期間中、史料上に鸕野皇后の姿が見えず、殯宮に籠りきりであったと推測されること、以上の三つである。和田氏は「これらの事実から、天皇の殯宮に籠るのは、妻の皇后・母の皇太后・皇女・妃・夫人・嬪・宮人たちなど」であり、「これらの女性が殯宮に籠り、土師氏や遊部が儀礼を行ない、殯宮の外を舎人らが宿衛して固めたのである」と論じる。さらに「天皇の殯宮に籠るのが皇后をはじめとして肉親の女性たちであったらしいという事実は、「女の挽歌」を生み出す背景となった。また女帝即位を考える上でも大きな意味をもつ」とする。

皇后が殯宮に籠ることと女帝即位との関係については、「殯の基礎的考察」ではなく、後に発表された「殯宮儀礼の再分析―服属と儀礼―」において詳論されることになる。前述の第三の論点の後半部分がそれで、先帝の柩近くに奉仕する皇后は、草壁皇子が率いる公卿・百寮人等による殯庭での慟哭を、柩とともに受ける立場にあるとし、この拝礼形式は朝賀とも通じる儀礼の場の在り方であって、そのことが女帝即位の前提となっていたことを示唆する。

「殯の基礎的考察」に戻ると、以上の想定について、註(54)で次のような補足説明がなされている。

殯宮に籠る者を女性であると推測したが、本文中に示した史料以外に確たる証拠はない。近年まで残存していた喪屋には、死者の子孫らが籠ったが、それは女性に限定されなかったようである。ただこの場合の喪屋は、墓地に造られたことからも知られるように、埋葬後のものであって、埋葬前に営まれる殯宮とは異なることに留意しなければならない。むしろ私は、ミコ寄せやタマヨビを女性が主体となって行なうことや、沖縄の洗骨葬において、女性が遺骸を洗い清めるのが例であることから、そこに古代の殯の形態をよりよくうかがえる、と考えている。

2　天若日子伝承

さて、以下では和田氏が提示された事例について、史料を挙げつつ具体的に検証していきたい。

まずは天若日子《あめのわかひこ》（天稚彦）伝承について。これは『日本書紀』神代下第九段の本文（a）と一書（b）、および『古事記』上巻（c）の三種の記事が存在し、相互に多少の異同はあるが、おおよそ以下のような内容である。天から地上に派遣されていた天稚彦が歿し、妻で大国主《おおくにぬし》の娘である下照姫《したでるひめ》が声を挙げて哭いていた。その声が天に達し、我が子の死を知った天国玉《あまつくにたま》は、遺体を天に引き上げて喪屋を作り（記では地上に作る）、殯をおこなった。そこに、友人で天稚彦と瓜二つの味耜高彦根神《あぢすきたかひこねのかみ》が弔問に訪れると、親族たちは「天稚彦は生きていた」と喜びすがりついたが、味耜高彦根神は死者と間違えられたことに腹を立て、喪屋を斬り伏せてしまった、というものである。

以上は主にaによって記したが、喪屋の設置者を父とするaに対し、bでは妻子、cでは父と妻子としている。また弔問客に対応したのも、aでは親属妻子とするが、bでは妻子、cでは父と妻としている。ここでの妻・妻子は、地上の下照姫とその子ではなく、天にいる妻と子を指している。つまり、和田氏の指摘する通り、喪屋に「籠った」人物は不明であるが、少なくとも喪屋にいて弔問客に対応していたのは、男性である父をも含む親族たちであり、天の妻は喪屋の設置や弔問客対応をおこなっているが、地の妻である下照姫はその場には不在のように見えるのである。

3　穴穂部皇子殯宮乱入事件

次に穴穂部皇子の敏達殯宮への乱入事件を見てみよう。まず関連史料を掲げる。

秋八月乙酉朔己亥、天皇病弥留、崩二于大殿一。是時、起二殯宮於広瀬一。馬子宿禰大臣、佩レ刀而誄。物部弓削守屋大連、听然而咲曰、「如下中二猟箭一之雀鳥上焉」。次弓削守屋大連、手脚揺震而誄。〈揺震、戦慄也。〉馬子宿禰大臣咲曰、「可レ懸レ鈴矣」。由レ是、二臣微生二怨恨一。三輪君逆、使三隼人相二距於殯庭一。穴穂部皇子、欲レ取二天下一。発憤称曰、「何故事二死王之庭一、弗レ事二生王之所一也」。

（『日本書紀』敏達天皇十四年（五八五）八月己亥条）

夏五月、穴穂部皇子、欲レ奸二炊屋姫皇后一、而自強入二於殯宮一。寵臣三輪君逆、乃喚二兵衛一、重二璅宮門一、拒而勿レ入。

穴穂部皇子問曰、「何人在レ此」。兵衛答曰、「三輪君逆在焉」。七呼レ開レ門、遂不二聴入一。於レ是、穴穂部皇子、謂三大臣与二大連一曰、「逆頻無レ礼矣。於二殯庭一誄曰、『不レ荒二朝庭一、浄如二鏡面一、臣治平奉仕』。即是無レ礼。方今天皇子弟多在。両大臣侍。詎得三恣レ情、専言二奉仕一。又余観二殯内一、拒不二聴入一。自呼レ開レ門、七廻不レ応。願欲レ斬之」。両大臣曰、「随レ命」。於レ是、穴穂部皇子、陰謀下王二天下一之事上、而口詐在三於殺二逆君一。遂与二物部守屋大連一、率レ兵囲二繞磐余池辺一。逆君知レ之、隠二於三諸之岳一。是日夜半、潜自レ山出、隠二於後宮一。〈謂二炊屋姫皇后之別業一。是名二海石榴市宮一也。〉（後略）

（『日本書紀』用明天皇元年（五八六）五月条）

敏達天皇が歿すると、広瀬に殯宮が起てられた。殯庭では蘇我馬子と物部守屋による誄の奏上がおこなわれた。用明天皇元年五月条によれば、三輪君逆も「朝庭を荒さず、浄きこと鏡面の如くにして、臣治め平げ仕え奉る」との誄を奏上したらしく、これを聞いた穴穂部皇子が「何故に死王の庭に事えて、生王の所に事えることなからんや」と憤激したという。この時、逆は隼人を率いて殯庭で警固をしていたらしい。

翌年五月、炊屋姫皇后を奸そうと、穴穂部皇子が殯宮に乱入しようとする事件が発生する。三輪君逆は兵衛を呼び、殯宮門を固く閉じて、穴穂部の侵入を阻止した。これを恨んだ穴穂部は、馬子と守屋に逆を斬ることを命じ、ついに守屋と兵を率いて磐余池辺を取り囲む。一方、事態を察した逆は三諸之岳に隠れ、夜半には山を出て炊屋姫の別業である海石榴市宮に逃げ込む。馬子の制止も虚しく、逆は守屋に討たれてしまい、炊屋姫と馬子は穴穂部を恨んだ、と結ばれる。

これは殯宮の構造を窺わせるほぼ唯一の史料であり、先行研究でもたびたび参照されてきた。穴穂部は殯庭での誄奏上儀礼に参加していながら、「余、殯内を観んとするも、拒ぎて聴し入れず」と述べており、「殯内」は見たことがないらしい。炊屋姫を奸すために殯宮に乱入したのであるから、炊屋姫は「殯内」にいたのであろう。とすると確かに殯宮内は、炊屋姫は入れるが、穴穂部は入れない空間であったようである。だがその区別が、男女の性別によるものなのか、故人との親疎によるものなのかは判断できない。たとえば敏達の皇子は入ることができなかったのか、それを証する史料は存在しないのである。

次に、炊屋姫が殯宮内に籠っていたのかを考えてみたい。「殯宮に籠る女性」というイメージも、この史料をほぼ唯一の直接的根拠として形成されてきた。だが果たしてそのように読めるであろうか。事件の経過を見直してみよう。「広瀬」の殯宮で乱入を阻止された穴穂部は、逆を殺すため、守屋とともに兵を率いて「磐余池辺」を囲ませる。身の危険を感じた逆は「三諸之岳」に脱出し、夜半には炊屋姫の別業「海石榴市宮」に逃げ込んでいる。

兵が囲んだ磐余池辺は、用明天皇の磐余池辺双槻宮の付近と考えてよかろう。一方で殯宮の起てられた広瀬は、その所在地には諸説あるものの、(17)一連の記事の中で書き分けられていることからすれば、磐余池辺とは別所とすべきだろう。つまり逆は、穴穂部の乱入を阻止した後、殯宮を離れて磐余池辺双槻宮の付近にいたことになる。もし逆が殯宮の警備担当であったならば、職場放棄に問われていたであろうことは、次の玉田宿禰の事例からも明らかである。

五年秋七月丙子朔己丑、地震。先㆑是、命㆓葛城襲津彦之孫玉田宿禰㆒、主㆓瑞歯別天皇之殯㆒。則当㆓地震夕㆒、遣㆓尾張連吾襲㆒、察㆓殯宮之消息㆒。時諸人悉聚無㆑闕。唯玉田宿禰無㆑之也。吾襲奏言、「殯宮大夫玉田宿禰、非㆑見㆓殯所㆒」。則亦遣㆓吾襲於葛城㆒、令㆑視㆓玉田宿禰㆒。是日、玉田宿禰、方集㆓男女㆒而酒宴焉。（後略）

（『日本書紀』允恭天皇五年七月己丑条）

反正天皇の殯宮を主る殯宮大夫となった玉田宿禰であったが、地震が起こり、皆が心配して殯宮に集まってみると、そこに玉田宿禰の姿はなかった。男女を集めて酒宴をしていた玉田宿禰は、畏れて逃げ隠れするが、結局は允恭天皇の命により殺されてしまった、というものである。逆は殯宮を離れても非難はされておらず、殯宮の警備担当というわけではなかったらしい。では穴穂部を阻止した際には、なぜ殯宮を警備していたのだろうか。

逆について、用明天皇元年五月条の末尾には、次のように説明されている。

此三輪君逆者、譯語田天皇之所二寵愛一。悉委二内外之事一焉。由レ是炊屋姫皇后与二馬子宿禰一、倶発二恨於穴穂部皇子一。

敏達の寵臣であり、炊屋姫も信頼を置いていた臣下ということになろう。とすれば、殯宮で警備をしていたのも、殯宮を訪れた炊屋姫に同行していたためとは考えられないだろうか。逆は殯宮ではなく、炊屋姫の警固をしていたのである。したがって逆が磐余池辺にいたのは、炊屋姫が殯宮を出て、双槻宮の周辺に戻ったのに付き従っていたから、と解釈できるのである。だからこそ、一時は三諸之岳に隠れたものの、おそらくは炊屋姫の指示を受け、その別業である海石榴市宮へと避難したのである。もし炊屋姫が殯宮に籠りきりであったならば、このような臨機応変の指示を発することはできなかっただろう。炊屋姫は殯宮内に籠っていたのではなく、折々に通っていたと見るのが妥当ではなかろうか。

炊屋姫が殯宮に籠っていたとすると、問題となるのが殯期間中の彼女の政治的活動である。

六月甲辰朔庚戌、蘇我馬子宿禰等、奉二炊屋姫尊一、詔二佐伯連丹経手・土師連磐村・的臣真嚙一曰、「汝等厳レ兵速往、誅三殺穴穂部皇子与二宅部皇子一」。（後略）　（『日本書紀』崇峻天皇即位前紀・用明天皇二年（五八七）六月庚戌条）

八月癸卯朔甲辰、炊屋姫尊与二群臣一、勧二進天皇一、即二天皇之位一。以二蘇我馬子宿禰一為二大臣一如レ故。卿大夫之位亦如レ故。　（『日本書紀』同八月甲辰条）

馬子に「奉」ぜられた形ではあるが、穴穂部と宅部皇子の誅殺を炊屋姫の「詔」によっておこなっており、また泊瀬部皇子に即位を勧める際にも、馬子ら群臣とともに炊屋姫が登場している。和田氏はこれらを、炊屋姫に政治的実力がない状況において、馬子が名目的に戴いたにすぎないと断じる。しかし、炊屋姫が殯宮に籠り、日常とは隔離された物忌生活を送っていたとするならば、馬子に担がれていたとしても、これほど史料上に現れることは説明し難いのではなかろうか。

4　天智天皇「大殯の時の歌」挽歌群

西郷氏の「女の挽歌」論に対しては、国文学研究の立場からも異論が出されている。塚本澄子「挽歌をよむ女」(18)は、「穴穂部皇子が排除されたことをもって殯宮内が排他的に女性のみの世界であったという証にはならない」として和田説を批判し、「女性だけが殯宮にこもって奉仕するという儀礼伝統の上に「女の挽歌」がうみだされてきた」とする先行研究の認識には根拠がないと指摘する。「女の挽歌」論を形作った『万葉集』巻二の天智天皇「大殯の時の歌」挽歌群（一五一〜一五四）については、四名の女性作者について個別に検討を加え、「明確に妻の立場が確認されるのは倭大后だけ」であり、額田王や舎人吉年は歌人として参加しているのであり、石川夫人は天智ではなく天武夫人の大蕤娘《おほぬのいらつめ》であると比定する。

ただし塚本氏は、天智挽歌群が生み出された場については殯宮内と考えており、挽歌作者の四名の女性は「天智後宮の女性とは限らない」ものの、「天智殯宮に奉仕していた」ことは自明とする。塚本氏は、壬申の乱前夜のかなり特殊な状況下で生まれた天智挽歌群を、「女の挽歌」論として一般化することに反論しているのであり、奉仕者が殯宮内に籠ることは認めつつ、それは女性に限られないことを主張するのである。

著者は、殯宮で奉仕するのは女性に限られないとの指摘には共感するものの、殯宮に籠り挽歌を詠んだとする理解には同意できない。前述のように上野氏は、題詞に「大殯の時の歌」とあったとしても、それが詠まれた場所が「私的な寄り合いのような場」であった可能性もあるとしている。[19] 女性たちが殯宮に籠るという習俗を前提にしなければ、上野氏の指摘する可能性も当然想定されるべきものであろう。したがって天智挽歌群の存在を、女性たちが殯宮に籠っていたことを示す論拠とすることはできないと考える。

5　鸕野皇后の「不在」

天武天皇の殯期間中の儀礼については、『日本書紀』に多くの記事が残されており、かなり詳細に知ることができる。逆に言えば、殯庭儀礼の具体的内容を知ることのできる史料群はこの時がほぼ唯一であり、ここから殯庭儀礼の姿が復原されてきた。和田氏は、このように天武の殯庭儀礼について多くの記述が残されているにもかかわらず、そこに鸕野皇后の姿が全く見えないことから、彼女が殯宮内に籠っていたと推測する。

一方で、鸕野皇后が殯宮内に籠っていたとするには問題となる史料がいくつか存在する。和田氏自身も認めるように、殯の期間中に「詔」が出されているという事実、[20] および「天皇」が登場する事実である。[21] 和田氏は「詔」を出したのは皇太子草壁皇子であるとし、「天皇」については鸕野皇后であるとしつつも、「殯宮に籠っていてもなしうること」と述べる。

己未、天皇、使二直大肆藤原朝臣大嶋・直大肆黄書連大伴一、請二集三百龍象大徳等於飛鳥寺一、奉レ施二袈裟一。人別一領。曰、「此以二天渟中原瀛真人天皇御服一所二縫作一也」。詔詞酸割、不レ可二具陳一。

（『日本書紀』持統元年〔六八七〕八月己未条）

天武の生前の衣服を以て「天皇」自ら袈裟に縫い上げたものを、飛鳥寺において大徳等に奉施することを命じる内容で、やはり「天皇」は鸕野皇后を指すものと考えるべきであろう。では「詔」は誰の発したものだろうか。

朱鳥元年九月戊戌朔丙午、天渟中原瀛真人天皇崩。皇后臨朝称制。

（『日本書紀』持統天皇 朱鳥元年（六八六）九月丙午条）

持統紀によれば天武の死後、鸕野皇后は「臨朝称制」したとある。実際には皇太子草壁皇子への皇位継承を見据えた、様々な政治的駆け引きがあったと憶測されるものの、少なくとも持統紀を編纂する立場からは、以後は鸕野皇后が天皇に代わる立場として描かれているのであり、「天皇」と同様に「詔」も、やはり鸕野皇后が発したものと理解すべきであろう。当該期間にはこれに限らず、大津皇子への賜死などを含む、主語を明示しない指示が多数存在するが、これらも基本的には「臨朝称制」の主体たる鸕野皇后によるものと見るべきではなかろうか。

鸕野皇后の「不在」を和田氏に強く印象付けたのは、おそらく五度にわたる「皇太子、率二公卿・百寮人等一（与諸蕃賓客）、適二殯宮一而慟哭焉」という記事であろう[22]。ここから想起されるのは、次の史料である。

天皇服二錫紵一、避二正殿一御二西廂一、率二皇太子及群臣一挙哀。

（『続日本紀』延暦八年（七八九）十二月丙申条）

桓武天皇が、生母である皇太夫人高野新笠のために挙哀をおこなった場面であるが、ここでは天皇自らが皇太子や群臣を率いて儀礼を執行している。これに照らし合わせてみると、鸕野皇后が天武の殯庭で自ら公卿・百寮人等を率いず、皇太子草壁皇子がその役割を果たしていることが気にかかる。しかし、実は桓武天皇のおこなった儀礼自体、前例もなく非常に特異なものであり、これを基準として考えることはできない。たとえ鸕野皇后が殯宮に籠らず「臨朝称制」していたとしても、天皇に代わる立場の者が拝礼をおこなってよいものか、また人目のある殯庭に降りることはあり得たのか。殯庭儀礼における鸕野皇后の不在には様々な要因が想定されるのであり、殯宮内に籠っていたことの根拠とはなり得ないと考える。

6　民俗事例

前掲の註(54)に見られるように、殯宮内に女性が籠るという和田氏のイメージには、民俗事例が大きな影響を与えていたらしい。和田氏自身も留意を促すように、これは埋葬前の遺体に奉仕するものではなく、埋葬後の墓地に造られた喪屋に故人の子孫らが籠る事例である。墓側を離れず故人を偲ぶという事例は、雄略陵における隼人(23)、称徳陵における道鏡(24)などの事例もあるが、『類聚国史』巻五四人部節婦には、夫の墓側に廬を立て、死んだ夫に仕え続ける貞節な女性を顕彰する記事が、数多く収められている。墓側の廬で過ごす孝子の逸話は中国の史書にも頻出し、明らかに儒教思想の影響が見られる。ただし、節婦顕彰が中世以降も日本文化として定着したとは考え難いので、和田氏の指摘する民俗事例も、その歴史は意外に浅く、早くても朱子学の影響が大きくなる江戸時代以降と見るのが妥当ではなかろうか(25)。

また和田氏は、ミコ寄せやタマヨビといった霊的役割、および沖縄の洗骨葬が女性によって担われていることから、「そこに古代の殯の形態をよりよくうかがえる」とする。しかし義江明子氏は、「沖縄の神女（聞得大君《きこえおおぎみ》・ノロ）に古代の巫女の原型、古代女性の地位の高さの裏づけとしての霊能を見いだそうとする見解は根強い。しかし、すでに多くの論者によって説かれているように、沖縄の神女組織は、一五世紀における琉球統一国家の形成過程のなかで、王権による宗教的支配実現の方式として形成されたものである」とし、女性を聖的な存在と見ることは古代幻想であると断じるのであり(26)、著者もそれに賛同する。沖縄の洗骨葬については、歴史的に検証するのは難しいが、女性のみが役割を担う形式ができあがった時期は、実はそれほど遡らないのではなかろうかというのが著者の見通しである。

7　遊部は女性か

以上で、「殯宮内に籠る近親女性」という従来のイメージが、確たる根拠のないことを示せたかと思う。最後に、殯宮内での奉仕を職掌とする遊部についても見ておきたい。和田氏は「飛鳥・奈良時代の喪葬儀礼」において、「殯宮に籠る者は、近親者と死者に直接奉仕する遊部で、ともに女性に限られたようである」とし、近親者だけでなく遊部も女性であったと論じる。その根拠の第一は、前述した天若日子説話に見える、鳥の奉仕者である。天若日子（天稚彦）の喪屋には、鳥たちが「持傾頭者《きさりもち》・持帚者《ははきもち》・尸者《ものまさ》・舂女・哭者・造綿者・宍人者」（『日本書紀』神代下第九段本文）、あるいは「岐佐理持《きさりもち》・掃持・御食人・碓女・哭女」（『古事記』上巻）として仕えたことが記されており、これらは実際の喪屋における奉仕者の姿をもとに表現されたものと考えられる。和田氏はそれぞれ、清掃（持帚者）・酒食（御食人・宍人者）・遺体奉仕（造綿者）・憑代（尸者）・鎮魂儀礼（舂女・碓女）・哭（哭者）といった役割により幽魂を慰撫していたと論じ、「これらは女性に相応しい職掌のようである」とする。

遊部についての唯一の詳細な記録は、『令集解』喪葬令8親王一品条の古記に見ることができる。

古記云、遊部者、在二大倭国高市郡一。生目天皇之苗裔也。所三以負二遊部一者、生目天皇之孽、円目王娶二伊賀比自支和気之女一為レ妻也。凡天皇崩時者、比自支和気等到二殯所一、而供二奉其事一。仍取二其氏二人一、名称二禰義・余比一也。禰義者、負レ刀并持レ戈、余比者、持二酒食一并負レ刀、並入レ内供奉也。唯禰義等申辞者、輙不レ使レ知レ人也。後及二於長谷天皇崩時一、而依レ檕二比自支和気一、七日七夜不レ奉二御食一。依レ此阿良備多麻比岐。爾時諸国求二其氏人一。或人曰、円目王娶二比自岐和気一為レ妻、是王可レ問云。仍召問、答云、「然也」。召二其妻一問、答云、「我氏死絶、妾一人在耳」。即指二負其事一、女申云、「女者不レ便二負レ兵供奉一」。仍以二其事一移二其夫円目王一。即其夫代二其妻一而供二奉其事一、依レ此和平給也。爾時詔自二今日一以後、手足毛成二八束毛一遊詔也。故名二遊部君一是也。但此条遊部、謂二野中古市人歌垣之類一是。（後略）

かつて天皇の殯所には、比自支和気《ひじきわけ》氏の氏人二人が供奉しており、彼らは禰義・余比と称された。禰義は刀を負い戈を持ち、余比は酒食を持ち刀を負い、ともに殯宮内で供奉して、人には知らせない秘辞を唱えるなどした。雄略天皇が亡くなると、比自支和気氏の不在により（雄略の魂が）荒ぶったため、氏人を諸国に探し求めたところ、円目王の妻がその唯一の生き残りであることが判明する。そこで彼女に供奉を命じるが、「女の身で兵を負い供奉することはできない」と辞退し、代わりに夫の円目王が供奉すると（魂は）鎮まった。これによりその子孫は遊部君を名乗るようになった、との内容である。

和田氏は、「円目王の妻が女の身で殯宮に奉仕するのは耐えがたいと答えたのは、おそらく禰義・余比が女性であることを示しているのだろう」とし、「五来重「遊部考」においても、遊部を女性としている」と指摘する。五来氏の論文には、「円目王の子孫は比自支和気氏の女を娶ったことによって遊部となったというのであるから遊部の鎮魂呪術はこの女子によってつたえられたとおもわれる。したがってその氏人である禰義と余此の二人が男子であったかどうかは疑問」とあり(27)、禰義と余比の役割が一度は円目王の妻に期待されたことが、禰義と余比を女性とする根拠であるようだ。しかし「女の身では耐えがたい」とし、結局は夫が供奉するのであるから、やはりここでの禰義と余比は男性の役割であったと見るべきではなかろうか。

ただし、ここに記される禰義と余比の姿が儀礼の原型を伝えているかは疑問で、両者ともに「刀を負」っているのは重複の感があり、それぞれ戈と酒食とを持つのが本来の姿ではなかったか。義江明子氏の研究をふまえれば、彼らを男女ペアの神職者であったとする想定も可能なように思うが、これは憶測の域を出ない(28)。いずれにせよ、遊部を女性であるとする根拠もまた、確実ではないことを指摘しておきたい。

おわりに

以上、従来の「殯宮内に籠り秘儀をおこなう女性たち」というイメージは、必ずしも十分な根拠のあるものではないことを論じてきた。従来のイメージが形作られてきた個別の論拠については前述の通りであるが、その背後には、殯庭で繰り広げられる「外来の影響を受けて成立した新しい儀礼」に対して、殯宮の奥深くには「固有の原初的な儀礼」が存在するはずである、存在していて欲しいという、願望のようなものを感じずにはいられない。

最初にまとめた和田氏の論点の第一では、外来の影響による変化を受ける前には「わが国にもともとモガリと称する固有の葬法があった」とし、哭泣・歌舞をその要素として挙げている。しかし、次の記事を見るとどうだろうか。

> 卌二年春正月乙亥朔戊子、天皇崩。時年若干。於レ是、新羅王、聞二天皇既崩一、而驚愁之、貢二上調船八十艘及種々楽人八十一。是泊二対馬一而大哭。到二筑紫一亦大哭。泊二于難波津一則皆素服之。悉捧二御調一、且張二種々楽器一、自二難波一至二于京一、或哭泣或儛歌。遂参二会於殯宮一也。
>
> （『日本書紀』允恭天皇四十二年正月戊子条）

允恭天皇の死を知り、新羅王の派遣した弔使は、対馬・筑紫で大いに哭し、難波津からは素服を着て種々の楽器を演奏しつつ、哭泣・歌舞して京へ向かうのである。その作法に多少の差異はあるとしても、哭泣と歌舞とは決して「わが国固有」の葬礼習俗であるとは言えないのである。

そもそも、あらゆる地域・時代において、純粋に「固有」の習俗・文化というものは、成立し得るものであろうか。人も物も移動するのであり、相互に影響を与え続けながら、徐々に形成されていくのが文化というものであろう。もちろん、渡来人の流入など、その影響の度合いには波があり、それらの画期を論じることには意味がある。だが二項対立的に、外来のものの一方には固有の何かがある、といった前提に基づく立論は、排他的で独善的な議論に陥る危険性が付きまとうように思えてならない。本書では、日本古代史を対象としながらも、多くの中国史料との比較を試みているが、それはこうした問題意識に基づくものであり、ややもすれば「固有の」「伝統的な」と評価されがちな習俗・儀礼を、相対的に眺めることのできる手段を模索した結果である。もとより中国史の知識に欠けることは承知の上であるが、以上のような試みとしてご理解いただければと思う。

註

(1)『井上光貞著作集』第五巻(岩波書店、一九八六年、初発表一九八四年)。
(2)『西郷信綱著作集』第四巻(平凡社、二〇一一年、初発表一九五六年)。
(3)『西郷信綱著作集』第六巻(平凡社、二〇一一年、初発表一九五八年)。
(4)註(3)西郷著書。
(5)橋本達雄『万葉宮廷歌人の研究』(笠間書院、一九七五年、初発表一九六四年)。
(6)『渡瀬昌忠著作集』第八巻(おうふう、二〇〇三年、初発表一九七八年)。
(7)身﨑壽『宮廷挽歌の世界―古代王権と万葉和歌』塙書房、一九九四年。
(8)上野誠『古代日本の文芸空間―万葉挽歌と葬送儀礼』雄山閣出版、一九九七年。
(9)上野誠『万葉挽歌のこころ―夢と死の古代学』角川学芸出版、二〇一二年。
(10)「天皇天武の葬礼―一つの政治的劇場」第一章、『西郷信綱著作集』第二巻(平凡社、二〇一二年、初発表一九九八年)。
(11)吉田孝『大系日本の歴史③ 古代国家の歩み』小学館、一九九二年。
(12)仁藤敦史「古代女帝の成立―大后と皇祖母」(『国立歴史民俗博物館研究報告』一〇八、二〇〇三年)。

(13)「座談会 日本史と論点・争点 古代女帝研究の現在」(『日本歴史』七九六、二〇一四年)。
(14)河田千代乃「皇后と殯宮儀礼」(『神女大国文』一八、二〇〇七年)。鈴鹿千代乃「殯宮と皇后」(『古事記年報』二六、一九八三年度)の改稿。
(15)義江明子「歴史学における〈妹の力〉」(『古代女性史への招待―〈妹の力〉を超えて―』吉川弘文館、二〇〇四年、初発表一九九八年)。
(16)北康宏氏の指摘による。
(17)和田萃「殯宮儀礼の再分析―服属と儀礼―」、王海燕「古代日本の宮都と南庭―殯宮儀礼を中心に―」(『栃木史学』一七、二〇〇三年)。
(18)塚本澄子『万葉挽歌の成立』(笠間書院、二〇一一年、初発表二〇〇七年)。
(19)註(9)上野著書。
(20)『日本書紀』朱鳥元年(六八六)十月丙申条、持統元年(六八七)七月甲子条、持統二年二月乙巳条、同年六月戊戌条。
(21)『日本書紀』持統元年八月己未条。
(22)『日本書紀』持統元年正月丙寅朔条、庚午条、五月乙酉条、持統二年正月庚申朔条、十一月戊午条。
(23)『日本書紀』清寧元年十月辛丑条。
(24)『続日本紀』宝亀元年(七七〇)八月丙午条。
(25)中国では、服喪期間に倚廬と称する粗末な居室に籠ることが『儀礼』『礼記』などから知られる。ただしこれは男女に関係なく服喪者がおこなうものであり、また遺体への奉仕を目的としたものでもないので、和田氏の想定する「女性の籠り」とは異質なものであろう。金子修一主編『大唐元陵儀注新釈』(汲古書院、二〇一三年)一六〇頁(稲田執筆部分)参照。
(26)義江明子『日本古代の祭祀と女性』(吉川弘文館、一九九六年)。
(27)五来重「遊部考」(仏教文学研究会編『仏教文学研究』第一集、法蔵館、一九六三年)。
(28)註(26)義江著書。岩田勝『神楽新考』(名著出版、一九九二年)では、禰義が死霊を呼び寄せ、余此に憑依させたとし、禰義は男子、余此は女子であった可能性を述べる(九三頁)。

第一部　律令国家の形成と喪葬儀礼

第一章　日本古代喪葬儀礼の特質
――喪葬令からみた天皇と氏――

はじめに

古代、とりわけ令制前後の喪葬儀礼についての研究に先鞭をつけたのは和田萃氏であり、現在でも通説として広く引用されている(1)。平安時代の喪葬に関する研究も、その前代史についての理解は和田氏の研究に多く依拠しているように見受けられ、その上で平安時代の展開が語られている。令制以前を中心的課題とした和田氏の研究は、それ自体では画期的な成果を挙げていることは疑いない。しかしその関心の所在ゆえに、喪葬令についての詳細な検討はほとんどなされておらず、和田氏の成果をそのまま奈良時代以降の理解へと結び付けるのには問題があろう。

そこで本章では、喪葬令の条文分析をもとに、令制の目指した喪葬儀礼の特質を探るとともに、天皇と氏族との関係において、それらの儀礼の持つ意味を考察していきたい。そのために、一連の喪葬儀礼の中でも特に天皇と氏族との関係が顕著にあらわれる場面に注目し、第一節では天皇への死亡報告と天皇からの弔使派遣、第二節では朝廷からの人的・物的支給、第三節では弔使のもたらす詔について取り上げ、検討を加えることとする。

日唐令の比較という手法による研究は、すでに様々な篇目について、多くの成果を挙げている(2)。本章においても、この手法を糸口として考察を進めていきたい。ただし喪葬令に関しては、礼制への深い理解のもとで形成されていることが知られている。(3) 中国ではすでに『周礼』『礼記』『儀礼』などにおいて『大唐開元礼』につながる喪葬儀礼の基本が完成しており、こうした史料も随時参照していく。

一　死亡報告と弔使派遣

養老令3京官三位以上条は次のようになっている。

凡京官三位以上、遭二祖父母父母及妻喪一、四位遭二父母喪一、五位以上身喪、並奏聞。遣レ使弔。〈殯斂之事、並従二別式一。〉

『唐令拾遺』復旧第五条では、これに対応する条文として以下の復原をおこなっている。

諸京官職事三品已上、散官二品已上、遭二祖父母父母喪一、京官四品、及都督刺史、並内外職事、若散官以レ理去レ官、五品已上、在レ京薨卒、及五品之官、身死二王事一者、将レ葬、皆祭以二少牢一、司儀率二斎郎一執二俎・豆一以往。三品已上贈以二束帛一、一品加二乗馬一。既引、又遣レ使贈二於郭門之外一、皆以二束帛一、一品加レ璧。(4)

この日唐両条が対応すると考えられた理由は、前半の対象者を定めた部分が似通っているためだろう。この部分、唐令では、

i 京官職事三品以上の者、あるいは散官二品以上の者で、祖父母・父母の喪に遭った場合
ii 京官四品以上の者、あるいは都督（都督府の長官）・刺史（州の長官）で、自身が死亡した場合
iii 内外職事官、もしくは理由があって官を去った散官で、五品以上であり、京において死亡した場合
iv 五品官で、王事に死亡した場合

の四項目と理解され、大きくはiの官人が親族の喪に遭った場合と、ii以下の官人自身が死亡した場合の二つに分けられる。iはかなり高位の官人に限られており、おそらく京中に在住した階層であろう。一方、官人自身が死亡する場合には、その対象はやや広く、iiより京官であれば四品以上、地方官であっても位の高い都督・刺史は含まれ、(5)iii・ivより京または征行などの王事において死亡した五品以上も対象となっている。(6)

これに対し日本令での対象をまとめると、次のようになる。

v京官三位以上の者で、祖父母・父母・妻の喪に遭った場合
vi京官四位以上の者で、父母の喪に遭った場合
vii京官五位以上の者で、自身が死亡した場合

唐令では京官を中心とするものの、高位の地方官や京・王事において死亡した官人なども含んでいたのに対し、日本令ではより単純に京官高位者のみが対象となっている点が特徴的であるが、自身の死亡に加え、高位者にはさらに親族の喪に遭った場合が規定されている点で、基本的には唐令の構造の引き写しと言える。

しかし条文の後半を見ていくと、日唐両条は決して同じ内容とは言えない。次に唐令本条の内容を詳細に検討していこう。

1　遣奠と束帛賜与

まず「将レ葬、皆祭以二少牢一、司儀率二斎郎一執二俎・豆一以往」の部分の検討から始める。

「将葬」とは、死亡から始まり小斂・大斂・啓殯などの「喪」の儀礼を終え、いよいよ柩を故人の邸宅から祖廟へ、さらに墓所へ移そうとする「葬」の儀礼の始まりにあたる。『大唐開元礼』（以下、『開元礼』）凶礼巻一三八以下では、

喪葬儀礼の諸段階を順を追って示している（表1参照）。その項目中にある「将葬」は、殯（墓地に埋葬するまでの間、一時的に故人の邸宅に埋葬すること）の状態にあった屍をひらく（棺を取り出す）「啓殯」の儀式後、棺を墓所に運ぶまでの儀礼を述べた部分であり、この段階を「将葬」と称することが確認できる。ただし唐代ではすでに祖廟の儀は省かれており、故人の邸宅から直接、墓所へ移している。

令文中の「少牢」とは、「奠」で用いられる羊や豕などの犠牲である。「奠」は死者に捧げ物をおこなう儀式で、喪葬儀礼中に何度か繰り返される。「俎・豆」はやはり「奠」において供物を盛る器であるから、令文のこの部分で規定しているのは、「将葬」つまり棺を墓所へ移す直前に、鴻臚寺司儀署の官人である司儀・斎郎によっておこなわれる、奠の供物を捧げる儀式であることがわかる。したがって、『開元礼』の項目の順序からも、これは「遣奠」と呼ばれる儀式であると推測される。(7)

遣奠の儀式は、『儀礼』既夕礼「葬日陳大遣奠」の項目にも記述がある。(8)

表1　『大唐開元礼』凶礼巻138～141「三品以上喪」の項目

初終	将葬
復	陳車位
設牀	陳器用
奠	進引
沐浴	引輴
襲	輴在庭位
含	祖奠
赴闕	輴出升車
勅使弔	遣奠
銘	遣車
重	器行序
陳小斂衣	諸孝従柩車序
奠	郭門外親賓帰
小斂	諸孝乗車
斂髪	宿止
奠	宿処哭位
陳大斂衣	行次奠
奠	親賓致賵
大斂	墓上進止
奠	塋次
廬次	到墓
成服	陳明器
朝夕哭奠	下柩哭序
賓弔〈親故同〉	入墓
親故哭	墓中置器序
刺史哭〈県令同〉	掩壙
刺史遣使弔	祭后土
親故遣使致賻	反哭
殷奠	虞祭
卜宅兆	卒哭祭
卜葬日	小祥祭
啓殯	大祥祭
贈諡	禫祭
親賓致奠	祔廟
	改葬
	（後略）

厥明、陳二鼎五于門外一如レ初。其実羊左胖、髀不レ升、腸五・胃五・離肺。豕亦如レ之、豚解、無二腸・胃一。魚・腊・鮮獣、皆如レ初。（後略）

鄭玄注によると、「鼎五」とは以下の羊・豕・魚・腊・鮮獣の各一鼎であり、通常の士礼は特牲三鼎だけであるが、葬奠を盛んにするため一等を加えて少牢を用いるとしている。(9) つまり唐令の規定も、特別に少牢を以て遣奠の儀礼をおこなうことを、前述のⅰ～ⅳの人物を対象に許可するものであったと考えられる。

遣奠で用いられた供物は、『開元礼』によると蒲と葦のムシロに包まれ（苞牲）、縄で束ねられ盤に盛り車に載せられた（「遣車」の項）。これは葬列の中に見える「苞牲輿」に対応するのだろう（「器行序」の項）。苞牲は墓所に運ばれて墓壙中に納められる（「墓中置器序」の項）。『儀礼』既夕礼においても、供物は包まれて葬列とともに墓所へ運ばれ（「将葬出車・馬・苞・器以次先行郷壙」の項）、死者の棺のそばに埋納される（「窆柩蔵器葬事畢」の項）ことが知られる。

次に令文末尾の「三品已上贈以二束帛一、一品加二乗馬一。既引、又遣レ使贈二於郭門之外一、皆以二束帛一、一品加レ璧」の部分を見てみよう。

「束帛」とは帛（絹）を作法に則って束ねたもので、黒（玄）と薄赤（纁）とがあり、聘問の際の礼物として用いられた。(10)「乗馬」は四頭の馬であり、束帛に璧を加えることは、最も重い礼物とされた。(11)『開元礼』の喪葬儀礼中で、喪家に束帛が贈られるのは、「親故遣使致賻」と「親賓致賵」とにおいてである。前者は「親故」とあり、またその使者が「某封若しくは某官の使某が賻す」と言っているように、贈る主体は親しい故旧の官人である。これに対し後者は「親賓」とあり、親しい賓客が主体となっている。おそらく皇帝はこちらに含まれたであろうから、唐令本条の内容は後者に対応すると考えてよいだろう。(12)

親賓致賵　　賓有二賵礼一、在下主人設二祖奠一之時上。賓立二於大門外西廂一、東面。従者以レ篚奉二玄纁一、立二於賓西南一、倶東面。牽馬者以レ馬陳二於賓東南一、北首西上。（中略）牽馬者先以レ馬入、陳二於輴東南一、北首西上。賓入、由二馬西一、当二輴車東南一、北面立。内外権止レ哭。賓曰、「某諡封若某位、将レ帰二幽宅一、敢致レ賵」。（中略）賓止レ哭、相者引レ賓進二輴車東一、西面。奠二幣於車上一、相者引レ賓、又由二輴車前一、以レ西而出。初賓出、掌事者由二主人右一詣二輴車東一、西面挙レ幣以東。〈東蔵レ之。〉受馬者由レ前旋二牽馬者後一、適二其右一受レ之。牽者由レ前以レ西而出。（後略）

この記述によると喪家の主人は、祖奠を設ける時に親賓から玄纁の束帛と馬とを賵（葬送を助けるために贈られる品）として受け取っている。ところで「親賓致賵」の項目は、『開元礼』「将葬」の中の最後の項目として挙げられている。しかし「賓有二賵礼一、在下主人設二祖奠一之時上」との記述は、この儀礼がそれ以前の「祖奠」の段階でおこなわれることを示している。儀礼の進行順に従うならば、宿所を出た葬列が墓所に到着する寸前の段階を示すべき最終項目に、何故「親賓致賵」が挙げられているのだろうか。このことを考える上で参考となるのが『儀礼』の記述である。『儀礼』既夕礼には、喪家が束帛を受け取る儀礼として、次の二つが見える。

公賵、玄纁束・馬両。擯者出請、入告。主人釈レ杖、迎二于廟門外一。不レ哭。先入レ門右北面、及二衆主人一袒。馬入設。賓奉レ幣、由二馬西一、当二前輅一、北面致レ命。主人哭、拝稽顙、成レ踊。賓奠二幣于棧左服一出。宰由二主人之北一、挙レ幣以東。士受レ馬以出。主人送二于外門外一、拝、襲、入復レ位、杖。　（「国君賵礼」の項）

商祝執二功布一以御レ柩。執レ披。主人袒。乃行。踊無レ算。出レ宮。踊襲。至二于邦門一、公使三宰夫贈二玄纁束一。主人去レ杖、不レ哭、由レ左聴レ命。賓由レ右致レ命。主人哭、拝稽顙。賓升、実二幣于蓋一降。主人拝送復レ位、杖。乃行。
（「柩車発行及君使贈之儀」の項）

前者は葬の前日、祖奠の次に記載されている儀礼で、君主の使者が祖廟を訪れ、玄纁の束帛と、士の常制である馬二匹とを贈るものである。後者は葬の当日、祖廟を出て墓所へ向かう途上の邦門において、やはり君主の使者から玄纁の束帛を贈られる儀式である。このように『儀礼』では、祖奠の際と墓所へ向かう際の二度の束帛賜与が想定されている。これはちょうど『開元礼』における「親賓致賵」が、内容的には祖奠時の儀礼とされており、項目の順番では墓所へ向かう際の儀礼となっていることと対応する。つまり、本来二度おこなわれていた儀礼を一つにまとめて記したがために、このような齟齬が起きてしまったと考えられる。

　唐令本条においては、これら二つの儀礼は明確に区別されている。前半の「三品已上贈以二束帛一、一品加二乗馬一」の部分は、柩車を牽くためと思われる馬に関する記述があることから、葬列の出る前におこなわれるべき儀礼についての規定と考えられ、祖奠時の束帛賜与（『儀礼』では「国君賵礼」）に対応する。続く「既引」は柩を引いて葬列が出発することを指し、令文末尾の「遣レ使贈二於郭門之外一、皆以二束帛一、一品加レ璧」は、邦門での束帛賜与（『儀礼』では「柩車発行及君使贈之儀」）に対応する。

　この二つの儀礼で与えられた玄纁の束帛は、墓中の霊座に供えられた（『開元礼』「掩壙」の項）。また馬も柩車を牽くためのものと考えられることから、これらの物品は埋葬間近の死者本人に対し賜与されたものであった。

　以上より唐令本条の内容は、対象となる人物に対し、少牢を用いて遣奠をおこなうことを許可すること、および、三品以上には特に束帛・乗馬・璧を賜与することを定めたものであると理解できる。遣奠・束帛賜与ともに、『儀礼』にもほぼ同様の内容が見られるなど、中国の伝統的な喪葬儀礼に根差す内容であったことが知られる。これらは皇帝の好意により特別に付け加えられる補足的な儀礼であり、前半の対象者を定めた部分で、在京官人や高位の地方官にまじって、王事に死亡した官人を対象としている点は、まさにこうした臨時の恩典としての本条の意義を明確に表現したものと言えよう。

　ちなみに新たに見つかった『天聖令』では、喪葬令宋10条に次のようにある。

諸一品二品喪、勅備二本品鹵簿一送殯者、以二少牢一贈二祭於都城外一、加レ璧、束帛深青三、纁二。

唐令に改変を加えた宋令であり、対象者の規定はかなり単純化されているが、「勅」の字が入っているのが注目される。この点については次節で検討する。また儀礼自体の記述も整理され、宋令では城外での儀礼のみとされている。

以上のような唐令の内容に対し、日本令は対象者以外の点において全く異なった内容を持っている。次節でも触れるように、律令継受時の日本では、中国の細部にわたるまで整備された喪葬儀礼をそのまま受容することは不可能であったし、また表面的には受容したように見えても、実際にはそれを読み替えて適用し、独自の喪葬儀礼がおこなわれていたことが知られる。したがって、唐令本条のような中国の伝統に深く根差した内容は、日本令としては受け入れ難く、改変を加えたものと考えられる。

2　奏聞と勅使の弔問

日本令の内容について見ていこう。「並奏聞、遣レ使弔」は、対象となる人物が親族の喪に遭ったり、自身が死亡した場合に、天皇へ報告することと、さらにこれに対し、朝廷から弔問の使者を派遣することとを定めている。「殯斂之事、並従二別式一」は、朝廷から喪家に支給する殯斂調度について規定したものである。殯斂調度については後に詳しく検討することとし、ここでは死亡報告の奏聞と勅使による弔問について見ていこう。

日本令で規定されている奏聞と勅使弔問は、『唐令拾遺』や『唐令拾遺補』では復原されていないが、『天聖令』喪葬令宋5条には次のようにある。

諸内外文武官遭二祖父母父母喪一、及以レ理去レ官或身喪者、並奏。（後略）

これによれば、宋令では、

viii内外の文武官で、祖父母・父母の喪に遭った場合
ix内外の文武官で、自身が死亡した場合
x理由があって官を去った散官で、自身が死亡した場合

には、死亡報告の奏聞をおこなうよう規定されている。宋令制定時の改修を考慮する必要はあるが、失われた唐令にも奏聞の規定が（おそらくは勅使弔問の規定とともに）存在したことだろう。次に唐礼から、このことを検討してみよう。

『開元礼』巻一三八以下には、奏聞と勅使弔問とに対応して、「赴闕」「勅使弔」の項目が立てられている（以下、表1参照）。死者が出ると、すぐに復（招魂）・設牀・奠・沐浴・襲（服を着せる）・含（璧などを口に含ませる）がおこなわれ、その後喪家の主人が宮殿に使者を立て、死亡を奏聞する「赴闕」が執りおこなわれる。

赴レ闕　遣レ使赴二於闕一。使者進立二於西階一、東面南上。主人詣二使者前一、北面曰、「臣某之父某官臣某薨。〈若母若妻、各随二其称一。〉謹遣二某官臣姓某一奏聞」。訖、再拝。使者出、主人哭、入復レ位。

すると、宮殿から哀悼の意を述べる勅使が喪家に派遣される「勅使弔」のことがおこなわれる。

勅使弔　使者公服入立二於寝門外之西一、東面。相者入告。（中略）使者入、升立二西階上一、東面。進二主人於階下一、北面。使者称、「有レ勅」。主人再拝。使者宣レ勅云、「某封位薨。〈無レ封者称二姓位一。〉情以惻然、如何不淑」。主人哭、拝稽顙、内外皆哭。（後略）

「勅使弔」は喪葬儀礼における皇帝の対応をまとめた『開元礼』巻一三四にも記述があり、使者から喪家の主人に弔書が渡されて柩前に供えられ、また賵賻を賜与する儀礼も同時におこなわれることがわかる。

勅使弔　弔二諸王妃主喪一[13]（中略）其日、使者至、掌次者引二之次一。（中略）使者称、「有レ制、弔」。主人哭、拝稽顙。内外皆哭。司儀引二主人一進受二弔書一、退立二於東階下一、西面哭。持節者加二節衣一。（中略）主人杖哭而入、

取二弔書於階下一、升、奠二於柩東一。（中略）若朝使致レ賻、賓至、主人迎受如二弔書之儀一。惟（唯）賻物掌事者受以レ東。
〈東蔵レ之也。〉其賻物簿受如下受二弔書一儀上。

一方、巻一三三には「赴闕」についての皇帝側からの記述と思われる項目もあり、これが「訃奏」である。「訃奏」は字義通りとれば、皇帝に対し死亡報告をおこなうことと思われるのだが、この項目下には「為外祖父母挙哀」「為皇后父母挙哀」「為諸王妃主挙哀」「為内命婦挙哀」「為宗戚挙哀」「為貴臣挙哀」「為蕃国主挙哀」の諸条が挙げられているのみで、死亡報告自体の手順については何ら記されていない。

『開元礼』巻一五〇王公以下喪通儀には、「聞哀」の項目下に「挙哀」「奔喪」の二条文が挙げられており、王公以下一般において哀悼の意を表すべき関係者の死亡報告を受けた者は、報告を受けたその場で素服に改めるなどして哭する（声をあげて泣く）か（挙哀）、直ちに死者のもとへ駆けつけて哭するか（奔喪）、いずれかをおこなうべきとされていたようである。(14) 巻一三五の中宮・太皇太后・皇太后・皇后による喪葬儀礼への対応を定めた部分を見ると、「奔喪」と「臨喪」の項目がともに立てられており、前者は「奔父母祖父母喪」、後者は「臨外祖父母喪」「臨内命婦喪」の条文がある。これによると「奔喪」「臨喪」とも死者のもとへ駆けつけるという内容には変わりがなく、対象とする死者の身分立場によって呼称が異なるだけのようである。翻って巻一三三を見ると、皇帝には「奔喪」の項目が見られないが、「訃奏」の次に「臨喪」という項目は存在する。つまり、皇帝においても「訃奏」がおこなわれた場合は、「挙哀」「臨喪」のいずれかの対応をおこなったと思われるのである。(15)

次に「訃奏」「勅使弔」の対象を見てみよう。『開元礼』巻一三三の「訃奏」は、外祖父母・皇后父母・諸王妃主・内命婦・宗戚・貴臣・蕃国主のために挙哀をおこなうことが規定されており、「臨喪」は、挙哀の対象者から内命婦・蕃国主を削ったものになっている。これは、皇帝自身が赴くには身分の低い場合・物理的に不可能な場合を除いているのであろう。また巻一三四「勅使弔」の対象は、挙哀の対象者から内命婦のみを除き、貴臣の妻を含めたものとなっており、ほぼ同じ層を対象としていた。このように「訃奏」「勅使弔」の対象は、皇帝の近しい親族と、蕃国主を含む貴臣とで構成されていたことが知られる。

　ところで貴臣とは、具体的にどの範囲を指すのであろうか。「為貴臣挙哀」の項の割注には、次のようにある。

　　貴臣、謂職事三品以上、散官一品、其余官則随二恩賜之浅深一。

つまり、職事官三品以上と散官一品、および特に皇帝の恩恵を受けた者を対象としていたことが知られる。[16] また『開元礼』巻一三八の三品以上之喪「赴闕」の項において、前掲のように「臣某之父某官臣某薨、〈若母若妻、各随二其称一〉」とあるように、三品以上の官人が父母および妻の喪に遭った場合にも、「赴闕」のことがおこなわれたことが知られる。[17]

　前掲の『天聖令』宋5条では、ⅷ〜ⅹの比較的広い範囲を対象としていたが、これは次の宋11条と合わせて検討してみると、少し問題があるかもしれない。

　　諸五品以上薨卒及遭レ喪応二弔祭一者、在京従二本司一奏。在外及無二本司一者、従二所属州府一奏。

ここでは奏聞の具体的方法を示しているが、その対象は「五品以上」で、さらに「弔祭すべき」者に限定されている。「弔祭すべき」者の意味については次節で「詔喪」に関連して述べるが、ともかくⅷ〜ⅹの対象者がすべて奏聞されているのであれば、宋11条における対象者の限定は不要なのであり、おそらくは宋11条よりも狭い範囲、つまり前述の『開元礼』「訃奏」「勅使弔」の対象者などが想定されていたのではなかろうか。その範囲に加えて、「五品以上」であっても「弔祭すべき」者の場合には奏聞するというのが、宋11条の趣旨と考えられる。

一方、日本令は奏聞の対象を規定するにあたり、この『開元礼』や『天聖令』から想定される対象範囲は継承せず、あえて内容の全く異なる復旧第五条の構造を利用して対象を定めている。すでに見たように復旧第五条は、遺体の安置されている邸宅への使者派遣と束帛賜与に加え、墓所へ向かう途上での束帛賜与も規定されており、これらは京城内で喪葬儀礼がおこなわれることを前提として初めて可能なものと言える。したがって、唐令本条が対象を京官高位者、および在京官人を中心としているのは当然のことであろう。これに対して死亡報告は、喪葬儀礼が京外でおこなわれても可能であろうし、実際皇帝は遠く離れた蕃国主の喪にまで挙哀できるのである。それにもかかわらず、日本令はあえてこの復旧第五条の構造を取り入れることで、対象を京官に限定しているのである。この改変の意味については、後ほど言及したい。

二　詔喪と官給

日本令4百官在職条は次のようになっている。

凡百官在レ職薨卒、当司分番会喪。親王、及太政大臣、散一位、治部大輔監二護喪事一。左右大臣、及散二位、治部少輔監護。三位、治部丞監護。三位以上及皇親、皆土部示二礼制一。〈内親王、女王、及内命婦亦准レ此。〉

本条ではⅰ在職中に死亡した官人一般について、故人の本司の官人が数回に分けて順番に喪葬に会すること、ⅱ親王、太政・左右大臣、三位以上[18]の故人に対して、治部省官人による監護をおこなうこと、ⅲ三位以上、および皇親の故人に対し、土部が礼制を示すこと、の三点を規定しており、最後にⅰ～ⅲのすべてについて、内親王・女王・内命婦も同様の待遇を受けることを記している。

本条に対応する唐令は、『唐令拾遺』復旧第六条に次のように復原されている。

諸詔喪大臣、一品則鴻臚卿護二其喪事一、二品則少卿、三品丞一人往、皆命二司儀一示以レ制。五品已上薨卒、及三品已上有二周已上親喪一者、皆示二其礼制一。(19)

内容は、ⅳ一品から三品の詔喪大臣に対する鴻臚寺官人による監護と、ⅴ五品以上の官人が死亡した場合と、三品以上の官人で親族の死亡により一年以上の喪に遭った場合に、司儀署官人が礼制を示すこと、の二点で、日本令のⅱⅲに対応している。

前掲の『天聖令』宋5条では、奏聞について述べた前半部に続けて次のような内容が記される。

（前略）百官在レ職薨卒者、当司分番会哀、同設二一祭一。其在レ京薨卒応二勅葬一者、鴻臚卿監二護喪事一、〈卿闕則以二他官一摂。〉司儀令示二礼制一。〈今以二太常礼院礼直官一摂。〉

これによれば、ⅵ百官で在職中に死亡した場合に、故人の本司の官人が数回に分けて順番に喪葬に会し、ともに一祭を設けること、ⅶ在京で死亡した上に、勅葬すべき場合には、鴻臚卿が喪事を監護すること、ⅷ司儀令が礼制を示すこと、が規定されており、それぞれ日本令のⅰ〜ⅲに対応している。したがって、唐令にもⅰ〜ⅲに対応する規定が存在していたのであろう。ⅰについては『慶元条法事類』巻七七喪葬にも、次のような記述が見えることを、池田温氏が指摘している。(20)

諸命官在レ職身亡、聴下於二公廨一棺殮上、唯避二庁事一。本司官分番会哀、同設二壹祭一。

次に日本令の内容について、順次見ていくことにしよう。

1　会喪・監護・礼制を示す

まずⅰについて、日本における「会喪（会葬）」の実例は、以下のようになっている。

命二直冠已下一百五十九人一、就二日向王第一会喪。
（『続日本紀』文武三年〔六九九〕六月丁未条）

新田部皇女薨。勅二王臣百官人等一会葬。天智天皇之皇女也。
（同九月丙子条）

浄広弐大江皇女薨。令二王臣百官人等会葬一。天智天皇之皇女也。
（同十二月癸未条）

知太政官事一品舎人親王薨。遣二従三位鈴鹿王等一監二護葬事一。其儀准二太政大臣一。命二王親男女一、悉会二葬処一。遣二中納言正三位多治比真人県守等一就レ第宣レ詔、贈二太政大臣一。親王天渟中原瀛真人天皇之第三皇子也。
（同天平七年〔七三五〕十一月乙丑条）

これらは、いずれも広く官人一般（天平七年の例では王親男女）を集めての会喪（会葬）であり、令文のいう本司が分番しての会喪とは異なっている。これらの記事はむしろ中国の正史に散見する「公卿」「百官」「百僚」を集めての会喪に類似している。[21]「会喪」の項目は『開元礼』巻一三四に立てられており、百僚が王公以下の喪に会する儀礼について説明されている。同様の儀礼は葬時にもおこなわれ、「会葬」と言われる。『藤氏家伝』鎌足伝には、

既而公卿大夫、百官人等、皆赴二喪庭一挙哀。（中略）粤以二庚午年閏九月六日一、火二葬於山階之舎一。勅二王公卿士一、悉会二葬所一。

とあり、公卿大夫・百官人が喪庭に赴き挙哀する儀礼（会喪）と、王公卿士らが葬所に会する儀礼（会葬）とが見られるが、これは『開元礼』に記す会喪・会葬の儀礼そのままであり、作者藤原仲麻呂によって中国の礼の知識をもとに書き上げられたと考えるべきである。

次に、ⅲの礼制について見ておきたい。唐令において礼制を示す役割を担っているのは司儀署の官人である（『唐六典』巻一八司儀署。これをもとに唐寺監職員令第三五条が復原されている）。

司儀署、令一人、正八品下。丞一人、正九品下。司儀令掌二凶礼之儀式及供二喪葬之具一。

『開元礼』を見ても、司儀は喪家の主人を助け、儀礼を取り仕切っている。一方、日本令で礼制を示すのは土部となっている（職員令19諸陵司条）。

諸陵司　正一人。〈掌下祭二陵霊一、喪葬、凶礼、諸陵、及陵戸名籍事上。〉佑一人。令史一人。土部十人。〈掌レ賛二相凶礼一。員外臨時取充。〉使部十人。直丁一人。

このように土部は諸陵司に属する伴部で、司儀と同じく凶礼を助けることを職掌としている。しかしこの条の義解によると、

謂、凶礼者、送終之礼。即土師宿禰、年位高進者為二大連一、其次為二小連一、並紫衣刀釼。世執二凶儀一其文多。故不レ載也

とあり、土師宿禰の内の高齢・高位の者を選んで大連・小連となし、ともに紫衣を着し刀釼を身に付けるとしている。ここに示されている儀礼は中国の礼とは全く異なっており、また土師氏は令制以前から喪葬儀礼に関わってきた氏族であることから、(22) これらは土師氏が従来おこなってきた、独特な儀礼内容と思われる。

令文上では唐令そのままに引き写された「礼制を示す」の語句も、その意味する内容は日唐で全く異なっていた。このことは、「監護」の語句についても指摘されているところである。

iiの「監護」の意味について、虎尾達哉氏の研究によると、隋唐で派遣された監喪使（喪事監護のために派遣される使人をこのように表現されている）は鴻臚寺官人一名が原則であったが、日本の監喪使は非治部官人複数が大半で、とても日唐で対応しているとは考えられない。また、日本における監喪使辞退の例と葬司辞退の例が類似していることから、監喪使の実態を装束司・山作司からなる葬司であるとし、これは中国の体系的喪礼が継受されておらず、天皇・皇后等の御葬司に準ずる、日本固有の葬司編成がおこなわれたためと指摘している。(23) ここでも令文上では「監

護」の語句をそのまま継受しつつも、その内容は独自の儀礼へと読み替えられている。

2 詔喪

ところで、復原唐令の最初には「詔喪大臣」との記載がある。これは続く「一品」「二品」「三品」のすべてに係ると思われるが、この「詔喪」の意味について考える時、これは単なる修飾ではなく限定の意味を持っていることに気が付く。

唐の中宗の時代（七〇五～七一〇）、韋后はその権力を楯に、高位の女性の「葬」に対して鼓吹を給するように求める。これに対し左台侍御史であった唐紹は、鼓吹は本来軍事に関わるものだから、功績のあった臣下が「詔葬」された時に特別に与えられるものであって、どうして軍功を挙げるはずもない女子に鼓吹を与えられることがあろうか、と反対した。以上は『新唐書』巻一一三唐紹伝によって知られる事柄である。

韋庶人請㆔妃・公主・命婦以上葬給㆓鼓吹㆒、詔可。紹曰、「鼓吹本軍容、黄帝戦㆓涿鹿㆒、以為㆓警衛㆒。（中略）惟功臣詔葬、得㆑兼㆓用之㆒。男子有㆓四方功㆒、所㆓以加㆑寵。雖㆑郊㆓祀天地㆒、不㆓参設㆒、容㆑得㆑接㆓閨闈㆒哉。（後略）」。

同じ内容の記事は『旧唐書』『唐会要』にも見えるが、傍線を引いた「葬」と「詔葬」の部分が、次のように異なっている。

『新唐書』巻一一三唐紹伝	葬	詔葬
『旧唐書』巻二八音楽志	遷葬	備礼
『旧唐書』巻八五唐紹伝	葬日	備礼
『唐会要』巻三八葬	婚葬	備礼

『旧唐書』音楽志は遷葬（＝改葬）時に鼓吹が支給されるとしており、また『唐会要』では婚の儀礼においても葬と同様に鹵簿が支給されるとしているが、これは鹵簿令復旧第三乙条・第四条からも確認できることである。[24] 問題となるのは「詔葬」が「備礼」と言い換えられている点であり、詔喪とは喪葬において「礼を備えさせる」ことを詔することと思われる。

　ところで、時代は下るが『宋史』礼志にも「詔葬」に関する記事が見られる。

　詔葬。（中略）又按㆓会要㆒、勲戚大臣薨卒、多命㆓詔葬㆒、遣㆓中使㆒監護、官給㆓其費㆒、以表㆓一時之恩㆒。

（巻一二四礼志、諸臣喪葬等儀）

　これは『宋会要』からの引用と思われるが、[25] 皇帝に対する恩に報いるため、勲戚大臣（勲位のある皇帝の親戚と高位の執政官）の薨卒において多くの場合に詔葬が命ぜられ、勅使を派遣して監護し、その費用は官給によって賄われることを示している。

　賻贈。凡近臣及帯㆓職事㆒官薨、非㆓詔葬㆒者、如有㆓喪訃及遷葬㆒、皆賜㆓賻贈㆒、鴻臚寺与㆓入内内侍省㆒以㆓旧例㆒取㆑旨。

（同）

　そして賻贈のことは詔葬でない場合におこなわれる。確かに賻物の支給は、[26] 喪家が喪葬儀礼をおこなう費用に充てるためにおこなわれるのであって、その費用がすべて官給によって賄われる詔葬の場合には必要のないものである。

　士庶人喪礼。（中略）太平興国七年（九八二）正月、命㆓翰林学士李昉等㆒、重定㆓士庶喪葬制度㆒。昉等奏議曰、「唐大暦七年、（中略）又長慶三年（八二三）、令㆓百姓喪葬祭奠不㆑得㆘以㆓金銀・錦繡㆒為㆖飾。及陳㆓設音楽㆒、葬物稍渉㆓僭越㆒、並勒毀除。（中略）其詔葬設㆑祭者、不㆑在㆓此限㆒。（後略）」

（『宋史』巻一二五士庶人喪礼）

詔葬のことは勲戚大夫といった身分の人々だけでなく、士庶人であっても命じられることが知られる。詔葬を命じられた喪葬では、通常は士庶人一般に課せられている制限の対象外となる。また、この奏議の内容は唐代史料からの引用であり、宋代史料に見られる詔葬が、唐代にもおこなわれていたことを示している。上元元年（七六〇）建丑月の粛宗による「収葬遇害王妃詔」は、詔葬の具体的な事例であろう。

（前略）於二礼院門一遇レ害王妃及男子等、或閨闈令徳、婦道柔閑。或藩邸象賢、幼年聡敏。蒼黄之際、陥二没賊中一。嗟其無辜、並遭二非命一。興レ言及レ此、痛悼良深。宜下令二所司即択レ日収葬一、一事已上並令中官供上。其失二骸骨一者、亦令二招魂一。神而有レ感、庶従二改卜之安一、魂兮来帰、将就二新塋之告一。

（『唐大詔令集』巻四〇諸王）

族の手中に落ちて命を奪われた王妃と男子について、日を選んで収め葬り、その費用は官供で賄うよう諸司に命じている。

他にも「詔葬」には次のような使用例がある。

庚午、詔二葬庶人従栄一。有司上言、「依二貞観中庶人承乾一、以二公礼一葬」。従レ之。

（『旧五代史』巻四六唐書、応順元年〔九三四〕十二月）

これは後唐の例であるが、有司の上言により、庶人に落とされた秦王従栄の葬を、唐の貞観年中に同じく庶人に落とされた恒山王承乾の例に従って、公身分の礼によって葬るよう指示したという内容である。

「詔葬」のこうした用例は、日本にも次の五つが見出される。

内命婦正三位県犬養橘宿禰三千代薨。遣二従四位下高安王等一監二護喪事一。賜二葬儀一准二散一位一。命婦皇后之母也。

（『続日本紀』天平五年〔七三三〕正月庚戌条）

正四位上賀茂朝臣比売卒。勅以二散一位葬儀一送レ之。天皇之外祖母也。

（同天平七年十一月己未条）

知太政官事一品舎人親王薨。遣二従三位鈴鹿王等一監二護喪事一。其儀准二太政大臣一。

（同十一月乙丑条）

参議民部卿正三位藤原朝臣房前薨。送以二大臣葬儀一。其家固辞不レ受。房前贈太政大臣正一位不比等之第二子也。
（同天平九年四月辛酉条）

大納言正三位藤原朝臣真楯薨。（中略）薨時年五十二。賜以二大臣之葬一。　（同天平神護二年（七六六）三月丁卯条）

これらの記事は「詔葬」の中でも、皇帝の特別の配慮によって故人の身分以上の待遇を与えるという、『旧五代史』の記事のような文例に従って書かれたものと思われ、八世紀中頃のこの五例にのみ現れる。日本でもこのような葬儀は、「勅」によって「賜る」ものであった(27)。

以上から詔喪（＝詔葬）とは、故人の恩義に答えるため、特別に詔して勅使を派遣して喪事を監護し、喪葬の費用は官より支給することで、故人の身分に合った「礼を備える」ことであり、詔喪の対象外となった近臣・職事官には、代わりに賻物が支給されたことがわかる。前述の『天聖令』宋5条の「勅葬」、宋10条の「勅備二本品鹵簿一送殯」、宋11条の「応合二弔祭一」などは、いずれもこの詔喪（＝勅葬）された場合を想定した規定だったのである。

4百官在職条に戻ると、日本令ではこの「詔喪」の語句が省かれた結果、唐では一品～三品の高位者（＝大臣）からさらに詔によって限定して監護以下をおこなうのに対し、これを三位以上の高位者と皇親のすべてを対象におこなうという内容に変化させている(28)。

3　官給

『唐令拾遺補』では、『唐六典』巻一八鴻臚寺司儀令条から補第三条を復原している。

其百官薨卒、喪事及葬応レ以二官供一者、皆所司及本属上二于尚書省一、尚書省乃下レ寺、寺下二司儀一、司儀準レ品而料、上二於寺一。

百官の死者で、喪葬のための官供、つまり国家からの支給を受けることを許された者は、故人の属していた所司・本属から申請を尚書省に上げ、尚書省は凶儀の事を職掌とする鴻臚寺に命令を下す。鴻臚寺は管下の司儀に命じて、故人の品位に従って官供すべき数量を定めさせる。

『唐六典』巻二三将作監甄官令条には、

凡喪葬則供二其明器之属一。〈別勅葬者供、余並私備。〉三品以上九十事、五品以上六十事、九品已上四十事

とあり、鴻臚寺は司儀の報告を受け、将作監にそれらの提供を依頼したことが知られる。「別勅葬者供、余並私備」から、官供は「別勅」によって許されるものであり、前節のように詔喪された場合にのみ、おこなわれることがわかる。『唐六典』将作監では、他にも左校令条に、

凡楽縣簨虡、兵仗器械、及喪葬儀制、諸司什物、皆供焉。(中略)〈喪儀謂棺槨・明器之属。(後略)〉

とあり、甄官署だけでなく左校署も、その提供に当たっていたことが知られる(29)。

前掲の復旧補第三条に対応する日本令は存在せず、「官給」についての規定は存在しない。しかし官給が日本でおこなわれなかったのではなく、むしろ日本の方がより厚く、より広範囲におこなわれていた。前節でも挙げた3京官三位以上条の「殯斂之事、並従二別式一」は、五位以上の官人への葬具支給を定めたもので、日本令に独自の内容であった。また7官人従征条は、

凡官人従レ征従レ行、及使人所在身喪、皆給二殯斂調度一

とあり、派遣先で死亡した従征行者・使者に対する殯斂調度の支給を定めている。対応する唐令は第一〇乙条として復原されており、同じく殯斂調度の支給が規定されていたが(30)、集解諸説より日本では本条が拡大解釈され、外官一般に対しても支給がおこなわれるべきとされていたことが知られる。

さらに、8親王一品条は葬列に従う葬具類についての条文であるが、そこに規定された物品は、その数量に従ってすべて朝廷より支給されるものとして挙げられている。

凡親王一品、方相・轜車各一具、鼓一百面、大角五十口、小角一百口、幡四百竿、金鉦・鐃鼓各二面、楯七枚、発喪三日。二品、鼓八十面、大角四十口、小角八十口、幡三百五十竿。三品四品、鼓六十面、大角卅口、小角六十口、幡三百竿。其轜車・鐃鼓・楯・鉦、及発喪日、並准二一品一。諸臣一位及左右大臣、皆准二二品一。二位及大納言、准二三品一。唯除二楯・車一。三位、轜一具、鼓四十面、大角廿口、小角四十口、幡二百竿、金鉦・鐃鼓各一面、発喪一日。太政大臣、方相・轜車各一具、鼓一百四十面、大角七十口、小角一百四十口、幡五百竿、金鉦・鐃鼓各四面、楯九枚、発喪五日。以外葬具及遊部、並従二別式一。五位以上及親王、並借二轜具及帷帳一。若欲二私備一者聴。〈女亦准レ此。〉

四位以下五位以上の諸臣と無位の皇親に対し、轜具と帷帳を借すことが規定されており（「五位以上及親王、並借二轜具及帷帳一」）、これより上位の者には当然のことながら貸与以上の待遇がおこなわれていたと考えられる。また私的に用意することも許可している最後の一文からも（「若欲二私備一者聴」）、朝廷からの支給を前提としていたことは明らかである。ところが、対応する唐令復旧第一三・一四条（『天聖令』宋16〜19条）の記述は、朝廷からの支給を前提とした規定とは考え難く、むしろ私的に用意されるべき葬具に対する制限と見るのが自然である。(31) したがってここでも、日本令において官給を広く厚くする改変がおこなわれていることが知られる。

このような傾向は、すでに『日本書紀』大化二年（六四六）三月甲申条のいわゆる「大化の薄葬令」にも見えている。この「薄葬令」については、薄葬の理念よりも、官人の喪葬に対する国家からの物的・人的支給を定めた「公葬制」を目的としていたことが、関晃氏によって指摘されている。(32)

喪葬令における広く厚い官給も、一つにはこうした「公葬制」の延長線上にあると考えられる。「薄葬令」以前の氏の有力者の喪葬儀礼は、蘇我馬子の造墓のように、氏族内部の物資と労働力によって賄われてきた。

（前略）適㆓是時㆒、蘇我氏諸族等悉集、為㆓嶋大臣㆒造㆑墓、而次㆓于墓所㆒。爰摩理勢臣、壊㆓墓所之廬㆒、退㆓蘇我田家㆒、而不㆑仕。時大臣慍㆑之、遣㆓身狭君勝牛・錦織首赤猪㆒、而誨曰、（後略）

（『日本書紀』舒明天皇即位前紀、推古天皇三十六年（六二八）九月条）

馬子の後を継いで大臣となった子の蝦夷は、蘇我氏内部でも主導的立場である氏上を継承したものと思われる。蝦夷主導のもと、蘇我氏の諸族等が悉く参集して馬子の造墓に当たったが、同族で蝦夷の叔父と思われる境部摩理勢が、蝦夷との勢力争いが原因であろう、これを放棄し蘇我の田家へ退いてしまった。これを契機として、両者の争いは蝦夷が兵を興して摩理勢を討ち取るまでに発展する。摩理勢が喪葬儀礼への参加拒否をもって蝦夷への対立の姿勢を示し、蝦夷はおそらくそのことをもって同族である摩理勢の追討を正当化したであろうことは、喪葬儀礼の場の意義を考える上で興味深い。この一件から、氏族の有力者の喪葬儀礼は、一族が氏上のもとに結集し、氏上との主従関係やその結束を確認する場として、重要な機能を担っていたことが窺い知れる。

ところが、中央集権国家の形成において、新たに天皇のもとに官僚制的秩序を設けようとする立場からは、こうした氏族ごとの強固な結束力は障害となってくる。そうした視点から「薄葬令」や喪葬令における官給を見ると、故人に対する国家の物的・人的支給は、氏族の結集の場に対する干渉と言えよう。官給の対象となるような高位の官人は、それぞれの氏においても有力者であったと思われるが、彼らの殯斂調度などの葬具は、そもそも同族の人々によって準備されていたと推測される。また彼らの造墓には、氏族の私有民が動員されたが、大化二年（六四六）正月にいわゆる「私地私民」が廃止されると、(33) こうした私有民の動員は理念的には不可能となった。そこで「薄葬令」では

「役」が支給され、喪葬令の送葬夫支給へと受け継がれている。このように、葬具や造墓のための労働力が朝廷より支給されるようになると、氏族は前代までのように団結してこれらの用意にあたる必然性も薄れ、結果的に氏の結束の場は失われていく。

一方で、前掲の8親王一品条を詳細に検討すると、遊部などの日本的な要素を残しながらも、中国的な方相氏を用いたり、唐鹵簿令に規定されていた鼓・大角・幡・金鉦・鐃鼓・楯などの鼓吹支給に関する内容を巧みに取り込んだりと、新しい儀礼を積極的に取り入れようとする姿勢が窺える。それまでは氏ごとに多様な作法に従って喪葬儀礼がおこなわれてきたと推測されるが、それらを朝廷が規定した中国風の新しい儀礼のもとに統一し、官位に基づいた支給量の設定など、官僚制的儀礼を創出しようとしている。喪家への制限法を基本とする唐令を改変して、日本令が人的支給を定めた4百官在職条において、「詔喪」を省いて対象を広くとったり、他の官給についても広く厚く設定するなどしている背景には、こうした官僚制的秩序に基づく新しい儀礼の受容を促すという面にも着目すべきであろう。

以上の理解とは別に、さらに喪葬儀礼の意義を考えるために、勅使による弔問の際に宣制される詔について、次に見ていきたい。

三　弔　詔

『貞観儀式』巻一〇には次のような記載がある。

弔喪儀　其日遣二勅使二人一、〈随二亡者品位一、臨時定レ之。〉勅使到二門外一、喪家設二榻二基於殯室堂上一、北面東上。〈随レ処而設レ之、不三必用二此制一。〉前立二高机一基一、其上置レ筥。訖喪家行事者開レ門、左右相分迎レ之。勅使依レ次

就レ座、訖勅使一人披二宣命文一宣制。〈其詞臨時制レ之。〉訖行事者進、受二宣命文一、納二机上筥一退去。勅使下レ座、
挙哀三度。喪家答哭。訖勅使引出。

これは死亡報告を受けた天皇が、故人の邸宅に勅使を派遣し、弔問をおこなう儀礼の次第について述べたものである。故人の位階に応じて選ばれた勅使二人は、喪家に到ると殯室に通され、その場で宣命を読み上げるとそれを喪家に託し、挙哀をおこなって退去する。本書では続けて「贈品位儀」の項目を立てており、こちらは故人に対して贈位がおこなわれる場合に、「弔喪儀」に代えておこなわれる儀式であり、二人の勅使が派遣され一人が宣命を読み上げる点は同じだが、もう一人が位記を携え喪家に託すという内容が加えられている(34)。

『貞観儀式』は『開元礼』の影響を強く受けてはいるが、唐礼では一人の勅使が二人派遣されているなど、日本的な要素も取り入れられており、おおよそ奈良時代に遡る勅使弔問の様子を知ることができる。この次第からは、儀式の中心が勅使による宣命の読み上げにあることが見て取れるが、弔問の宣命（弔詔）の内容については臨時に制するとのみあって（「其詞臨時制レ之」）、詳しく知ることはできない。そのためわずかに残る実例から推測していかざるを得ない。

宝亀二年（七七一）藤原永手の歿時の弔詔は、その中でも最も詳しく、興味深いものである。『続日本紀』同年二月己酉条によると、左大臣であった永手の死亡により、朝廷から文室大市と石川豊成が弔賻の使いとして派遣され、同時に詔の宣制をおこなっている。宣命は長文なので要点だけを示すと次のようになる。

ⅰ天皇の永手に対する哀悼の情
ⅱ永手の功績により、その子孫の将来を約束
ⅲ太政大臣の追贈

このうち、注目したいのはiiである。

また事別きて詔りたまはく、仕へ奉りし事広み厚み、みまし大臣の家の内の子等をもはぶり賜はず、失ひ賜はず、慈び賜はむ、起し賜はむ、温ね賜はむ、人目賜はむ。みまし大臣の罷道もうしろ軽く、心もおだひに念ひて平けく幸く罷りとほらすべしと詔りたまふ大命を宣る。

ここでは、永手が安心してあの世へ行けるように、天皇がその子孫を将来必ず取り立てることを約束している。このような約束が実行された例として、天平神護二年（七六六）、生前の永手が右大臣に任じられた際の詔が挙げられる。

二年春正月甲子、詔して曰はく、「今勅りたまはく、掛けまくも畏き近淡海の大津宮に天下知らしめしし天皇が御世に奉侍りましし藤原大臣、復後の藤原大臣に賜ひて在るしのひことの書に勅りたまひて在らく、『子孫の浄く明き心を以て朝廷に奉侍らむをば必ず治め賜はむ、其の継は絶ち賜はじ』と勅りたまひて在るが故に、今藤原永手朝臣に右大臣の官を授け賜ふと勅りたまふ天皇が御命を、諸聞きたまへと宣る」とのたまふ。

ここでは、藤原鎌足と不比等に賜ったという「志乃比己止《シノビゴト》乃書」に、「子孫の浄く明るい心をもって朝廷に奉仕する者を必ず取り立て、後継者が絶えないようにしよう」とあったのを受けて、永手への任官がおこなわれたとされる。「志乃比己止」は、中国の弔辞を意味する「誄」が「シノビゴト」と訓まれていることから、他の誄儀礼との関連が推測されようが、(35)六国史中の誄は天皇や高級官人のような上位の者に対して奏上するものであったから、ここでの天皇から官人へと下される場合とは性格が異なる。ここの「志乃比己止」は、前掲の藤原永手の例や後掲の例からも、弔詔に近いものであろう。

さて、不比等の死亡時にはこの「志乃比己止乃書」の内容に対応する記事は見られないが、『藤氏家伝』鎌足伝には次のようにある。

遣二東宮大皇弟一、就二於其家一、詔曰、「邈思二前代一、執政之臣、時々世々、非二一二耳一。而計レ労校レ能、不レ足レ比レ公。非下但朕寵二汝身一而已上。後嗣帝王、実恵二子孫一。不レ忘不レ遺、広厚酬答。頃聞二病重一、朕意弥軫。作二汝可レ得之任一」。仍授二織冠一、以任二太政大臣一、改レ姓為二藤原朝臣一。

天智天皇が、病中の鎌足のもとへ東宮大皇弟（大海人皇子）を派遣し、鎌足が執政の臣として何者にも替え難い能力を持っていること、それゆえ天智のみならず後継の天皇までも必ず鎌足の子孫を取り立てること、さらに冠位・官職・姓を与えることの三点を詔している。

大海人皇子の派遣は、『日本書紀』によると天智八年（六六九）十月庚申で、鎌足死亡の前日にあたる。したがって、厳密には「志乃比己止」にはあたらないが、後代まで必ず子孫を取り立てよう、という約束の内容は共通している。もちろん『藤氏家伝』は仲麻呂によって述作されたものであり、先祖の顕彰や自らの地位の正統化の意図が強く働いており、その叙述をそのまま信用することはできない[36]。しかしこれと同様に、天皇が官人の子孫についての約束をおこなった例が他にも見える。『日本書紀』天武四年（六七五）六月乙未条の大分君恵尺の場合は、次のようにある。

大分君恵尺病将レ死。天皇大驚、詔曰、「汝恵尺也、背レ私向レ公、不レ惜二身命一。以二遂雄之心一、労二于大役一。恒欲二慈愛一。故爾雖二既死一、子孫厚賞。仍騰二外小紫位一」。未レ及二数日一、薨二于私家一。

病中の詔ではあるが、やはり恵尺の壬申の乱での功績に対し、子孫の将来を約束することで報いようとしている。

このように、官人の死亡に際して天皇から弔使が派遣され、死者の子孫を取り立てる旨の詔が宣制されるということが、藤原氏に限らずおこなわれていたことが知られる[37]。

以上の例は、そのような約束が異例であったから記録に残されたと考えることも可能であろう。しかしここから、弔問の場の特殊な意味が想定できるのではなかろうか。

吉村武彦氏は、死亡した天皇の殯宮でおこなわれる誄奏上のうち、それぞれの氏が先祖からの仕奉の関係を述べた誄について、先帝との関係においてこれまで続けてきた仕奉の関係をまとめあげ、新帝との新たな仕奉の関係を結ぶ準備行為と評価した。つまり、天皇と初めて仕奉関係を結んだ氏の始祖以来、代々の天皇との間で、氏の名とその職掌の確認行為を繰り返すことによって、世襲的にその職掌を担う「負名氏」たり得る、との仮説のもと、殯宮での誄奏上を、先帝の死によって一時中絶してしまった仕奉関係を、新帝との間に更新する儀礼として理解している。(38)(39)

この指摘をふまえれば、勅使による弔問と詔の宣制は、これに対応する儀礼が氏上などの氏の有力者の喪葬においておこなわれていたことを推測させる。氏上が死亡すると、天皇と氏との関係においても一時的に接点を失ってしまう。そこで天皇側から弔使を派遣し、故人がいかに天皇に仕え功績を立ててきたかを詔し、その功績に報いるために故人の子孫の将来を約束することによって、天皇と氏との仕奉関係の更新が可能となるのであろう。先に掲げた事例は、いずれも官人個人に対して、その「子孫」「家の内の子等」の将来の約束をおこなっている。しかし吉田孝氏が「「家の名」を継ぐことが、実質的にはウヂ名を継承することであった」と指摘したように、ここでの「家」も「氏」と同義に解釈し、故人は一官人であると同時に氏の代表者として弔詔を受け、天皇と氏との将来にわたる結び付きが約束されたと理解すべきである。(40)(41)

使者を派遣しての弔は、前掲の藤原鎌足と大分君恵尺に対する病中の例を除いても、大宝令以前に三例が見える。天武九年（六八〇）七月の僧弘聡の弔には大津皇子と高市皇子が派遣され、同年十一月には僧恵妙の弔に三皇子が派遣されている。また天武十二年六月の大伴望多の弔には泊瀬王が派遣されており、僧侶という特殊な例を含むものの、いずれも皇子を派遣している。このことは前述の天皇と氏との関係という側面を端的に表しており、こうした弔が古くからおこなわれていたことを示しているようにも思われる。(42)(43)(44)

先に日本令3京官三位以上条が、奏聞・勅使弔の対象を京官高位者に限定したことを指摘したが、これは天皇がマヘツキミ層の生死を把握し、その後継者との間に新たな関係を築くという、氏族制的秩序が継承されたものと考えられる。律令官僚制的秩序の背景には、天皇と氏とのこうした前代以来の関係性の存在が窺われるのである。

おわりに

本章では喪葬令の日唐比較、および礼典との比較により、令制の意図した喪葬儀礼の特質について検討してきた。

第一節では、日本令3京官三位以上条が京官を対象に死亡報告の奏聞と勅使による弔問とを規定しているのに対し、対応すると考えられてきた唐令復旧第五条は、中国の伝統的な儀礼である遣奠と束帛賜与についての規定であり、内容的には対応しないことを指摘した。

第二節では、朝廷から喪家への人的支給を定めた日本令4百官在職条について、対応する唐令復旧第六条が対象を詔喪されたものに限定しているのに対し、日本では対象を広げており、こうした官給の拡大は日本喪葬令全般の特色であることを指摘した。これらは、氏族の結束の場を奪い、律令官僚制のもとでの再編を指向しての変化であるのと同時に、官僚制的秩序に基づく新しい儀礼の受容を促すための特色でもあった。

第三節では、官人の死亡に際して弔問の勅使が派遣され、故人の子孫を取り立てる旨の宣命（詔）が読み上げられている例を取り上げた。これは氏上の死亡により一時的に接点を失った天皇と氏との関係を、勅使弔問と宣命の読み上げによってその仕奉関係を更新するという氏族制的秩序を継承したものであり、そうした機能が喪葬令にまで温存されたことを明らかにした。

従来の喪葬儀礼研究では、喪葬令の十分な分析がなされてきたとは言えず、また奈良時代における儀礼の実態も不明な点が多かった。そうした点に注目し、考察を試みたということにおいて、本章は意義を持つであろう。またその検討の過程で、天皇と氏との関係についての指摘もおこなってきた。死亡報告の奏聞は形骸化しつつも江戸時代まで存続することが知られ、天皇と氏や官人との関係において欠かせない、象徴的意義が存在したことを物語っていよう。

註

（1）和田萃氏の喪葬儀礼に関する論文は、『日本古代の儀礼と祭祀・信仰』上巻（塙書房、一九九五年）にまとめられている。なかでも本章に関連するものを挙げると、「殯の基礎的考察」（初発表一九六九年）、「飛鳥・奈良時代の喪葬儀礼」（初発表一九八二年）などがある。

（2）大津透「律令制研究の成果と展望」（同編『律令制研究入門』名著刊行会、二〇一一年、初発表一九九九年）に、天聖令発見以前の日唐比較による令制研究の動向がまとめられている。

（3）大隅清陽「唐の礼制と日本」（『律令官制と礼秩序の研究』吉川弘文館、二〇一一年、初発表一九九二年）。

（4）この復原案は、『唐六典』巻一八司儀令条を基本に、同書巻四礼部郎中員外郎条と『通典』巻八六器行序とを参考として組み立てられている。このほかに、史料の信憑性にはやや問題があるが、『新唐書』巻四八百官志には次のような記載があり、復原の参考となるであろう。

司儀署　令一人、正八品下。丞一人、正九品下。掌㆓凶礼喪葬之具㆒。京官職事三品以上、散官二品以上祖父母父母喪、職事散官五品以上、都督刺史卒㆓于京師㆒、及五品死㆓王事㆒者、将㆑葬、祭以㆓少牢㆒、率㆓斎郎㆒執㆓俎・豆㆒以往。三品以上贈以㆓束帛㆒、黒一、纁二、一品加㆓乗馬㆒。既引、遣㆑使贈㆓於郭門之外㆒、皆有㆓束帛㆒、一品加㆑璧。

（5）『唐六典』によれば、都督は従二品～従三品、刺史は従三品～正四品下に相当する。

（6）註（4）『新唐書』の記述では、ⅱの京官四品以上の場合が省略され、都督・刺史の場合でも京中での死亡の場合に限られている。

(7)『開元礼』による「遣奠」の記述は、「既升レ柩、祝与二執饌者一設二遣奠於柩東一、如二祖奠之礼一。祝酌二奠於饌前一、少頃徹レ之」とあり、「祖奠」は「庭位既定、祝帥二執饌者一設二祖奠於輴車一、如二大斂之儀一。祝酌奠訖、進二饌南一、北面跪曰、『永遷之礼、霊辰不レ留、謹奉二柩車一、式遵二祖道一、尚饗』。興退。少頃徹レ之」とある。

(8)以下、『儀礼』の項目名は、東海大学古典叢書本による。

(9)『儀礼』池田末利氏解説部分を参照。

(10)註(4)『新唐書』は、黒が一束、纁が二束としている。

(11)『礼記』第一〇礼器に「大饗其王事與。(中略)束帛加レ璧、尊レ徳也。(後略)」とある。

(12)劉可維「唐代の賵賻制度について—唐喪葬令を中心として—」(『史学雑誌』一二二—一一、二〇一三年)は、「親賓」を「親しい賓客」と解し、皇帝からの束帛支給をこれに含める本章の見解を批判し、①「親賓」は「親戚と賓客(賓客は主に官員の同僚や友人を指す)」とし、②皇帝からの支給は『開元礼』巻一三四賵賻に基づくものである、と論じた。

②の皇帝からの支給が賵賻条に基づくことには、著者も異論はないが、本章で問題としているのは、その支給が一連の喪葬儀礼のどの段階において実施されたか、である。そのため、あえて喪葬儀礼の諸段階を記す『開元礼』巻一三八以下から、対応項目を検出しようとしたのである。

①で指摘されるように、確かに皇帝を「親賓」に含めるのは問題があるかもしれない。しかし、劉氏も指摘されているように、『儀礼』には「公賵」(国君による賵)の後に続けて「賓賵」と「兄弟賵」の儀式が記されており、「賓賵」「兄弟賵」の二者が『開元礼』の「親賓致賵」に相当するとの劉氏の見解をふまえれば、「公賵」の項目を欠く『開元礼』において、皇帝からの支給を「親賓致賵」にかけて、その儀礼段階を理解するのも、あながち的外れではなかろう。

(13)他に外祖父母、后父母、貴臣及其妻、宗戚、蕃国主の喪についても同様の規定がある。

(14)大津透「天皇の服と律令・礼の継受」(『古代の天皇制』岩波書店、一九九九年、初発表一九九七年)の註(21)参照。

(15)その区別は場合によって判断されるのであろうが、「在レ礼、大臣之喪、天子臨レ弔。諸侯之薨、又庭哭焉」(『通典』巻八一天子為大臣及諸親挙哀儀、魏の王粛の表)とあるように、上位者は臨喪、下位者は挙哀というのが基本のようである。

(16) ただしこの範囲は史料によってばらつきがあり、喪葬令復旧第三条では挙哀の対象を執事二品以上・散官一品としており、『通典』巻一三五開元礼纂類「為貴臣挙哀」では貴臣を職事二品以上・散官一品としている。臨喪における皇帝の服を定める喪葬令復旧第四条では、四品以下の服（疑縗）を規定するが、これは貴臣以外の資格で（宗戚・恩賜など）おこなわれる者についての規定と考えられる。

(17) 巻一四二の四品五品喪の「赴闕」の項においても同様の記述があるものの、「若遣レ使赴二於闕一……」の語句で始まっているように、必ずしも全員がこの儀礼をおこなうとは考えられていない。また巻一四六の六品以下喪には項目自体が立てられていない。

(18) 散一位・散二位としているのは、正従一・二位の相当官である太政大臣・左右大臣について別に挙げているため、一位・二位からこれらを省いた記載にするためであろう。

(19) この復原は、『唐六典』巻一八司儀令条と『唐会要』巻三八葬とを、隋開皇令を参考につなぎあわせて組み立てられたものである。

〔唐六典〕　凡五品已上薨卒、及三品已上有二周已上親喪一者、皆示二其礼制一焉。

〔唐会要〕　凡詔喪大臣一品、則鴻臚卿護二其喪事一。〈二品則少卿、三品丞一人往、皆命二司儀一、示以レ制。〉

〔隋開皇令〕　諸正一品薨、則鴻臚卿監二護喪事一、司儀令示二礼制一、二品已上則鴻臚丞監護、司儀丞示二礼制一、五品已上薨卒、及三品已上有二期親已上喪一、並掌儀一人示二礼制一。

隋開皇令は理解しやすく、一品には鴻臚卿の監護と司儀令の礼制を示すこと、二品には鴻臚丞と司儀丞、五品以上と三品以上の期親以上の喪には監護はなく、司儀署の掌儀一人による礼制を示すことのみがおこなわれる（司儀署には『隋書』巻二八百官志下によれば掌儀二〇人が置かれた）。

『唐六典』の記事は司儀令条にあることから、礼制を示す主体として司儀を補って復原する必要があろうが、そうすると『唐会要』の「皆命司儀示以制」との関係が気になり、復原案には再考の余地があろう。また、他にも復原の参考とすべき記事がある。

凡詔葬大臣、一品則卿護二其喪事一、二品則少卿、三品丞一人往、皆命二司儀一以示二礼制一也。

（『唐六典』巻一八鴻臚卿条、『旧唐書』巻四四職官志もほぼ同じ）

『唐会要』の記事とほぼ一致するが、「詔喪」が「詔葬」となっている。詔喪（詔葬）の意味については後述するが、喪と葬とが喪葬儀礼の別の段階を示すことは当然であるものの、喪のみを詔する、あるいは葬のみを詔するということが実際におこなわれたとは考え難いので、特に区別することなく用いられたと解する。ちなみに、『天聖令』の対応条文である宋5条では「勅葬」としている。

(20) 池田温「唐・日喪葬令の一考察―條文排列の相異を中心として―」（『法制史研究』四五、一九九六年）。

(21) たとえば『魏書』巻一九中の任城王伝に、「神亀二年薨、年五十三。（中略）大鴻臚卿監二護喪事一、詔二百僚一会喪」とある。

(22) 直木孝次郎「土師氏の研究」（『日本古代の氏族と天皇』塙書房、一九六四年、初発表一九六〇年）、註(1)和田「殯の基礎的考察」。

(23) 帍尾達哉「上代監喪使考―唐令監喪規定の継受と実態―」（『律令官人社会の研究』塙書房、二〇〇六年、初発表一九八五年）。

(24) 鹵簿令復旧第三乙条・第四条は、それぞれ以下の通り。

三乙 （前略）右応レ給二鹵簿一者、職事四品以上、散官二品以上、爵郡王以上、及二王後、依レ品給。国公準二三品一給。官爵両応レ給者、従レ高給。若京官職事五品、身婚葬、並尚二公主一娶二県主一、及職事官三品以上、有二公爵一者嫡子婚、並準二四品一。

四 諸自二王公一以下、在京拝官初上、正冬朝会、及婚葬則給レ之。〈婚及拝官初上、正冬朝会、去二稍弓箭及楯、大小鼓、横吹、大角、長鳴、中鳴一。〉

(25) 『宋会要輯稿』で実際に確認することはできなかったが、『唐会要』『五代会要』には該当する内容は見出せないことから、『宋会要』にあったと考えてよいだろう。

(26) 中国史料では「賻」が支給品目全体を指し、その内容として「物」「粟」などが含まれるのであり、支給品目全体を表す語句としての「賻物」は日本独自のものであるが、ここでは便宜的に用いる。

(27) 反対に身分よりも下の待遇を与える例として、宝亀三年（七七二）の道鏡の例がある。道鏡は権力の座から追われた後も、造薬師寺別当という地位を与えられていたが、喪葬にあたっては「死以二庶人一葬之」とされた（『続日本紀』宝亀三年四月丁巳条）。

（28）　唐代史料などを見ると、官給と賻物とが並立している場合が多々見られる。たとえば『旧唐書』巻一四一張茂昭伝には、「(元和）六年（八一一）二月、疽発二於首一、卒、時年五十。廃朝五日、冊贈二太師一、賻絹三千匹、布一千端、米粟三千石、喪事所レ須官給、詔京兆尹監護、謚曰二献武一」とあり、これなどは典型的な例であるが、詔喪により監護と官給がおこなわれているのとは別に、賻物の支給もおこなわれており、一見『宋史』の記載と矛盾するようである。しかし賻物の内容を見ると「絹三千匹、布一千端、米粟三千石」とあり、張茂昭は従一品かと思われるが（註(23)雨尾論文）、唐令復旧第八条の定める文武一品の賻物と比べるとかなり超過している。したがって張茂昭への賻物は、賻物と言っても第八条末尾に記す「別勅」によるものと考えられ、品位によって自動的に支給される第八条前半部の賻物とは区別すべきである。別勅の賻物は故人の恩に対して臨時に定められるものであろうから、官給と並立していても問題はないだろう。

第八条に対応する日本令5職事官条には「其別勅賜物者、不レ拘二此令一」とあり、唐令と同様の一文を含んでいる。しかし実際に史料に見える官給記事は、賻物支給の記事とは決して重複して現れない（表2参照）。六国史には天平九年（七三七）藤原武智麻呂から弘仁三年（八一二）伊勢継子までの八例に「所須官給」の語句が見えるが、これらの記事にはいずれも賻物のことが記されていない。また、前述の五例の「送以〜葬儀」などとある記事にも賻物のことは見えない。「須いる所は官給す」「〜の葬儀を以て送る」は、ともに中国史料では詔喪（詔葬）の記事中に用いられる表現であり、これと賻物支給とが共存しないという在り方は、『宋史』の記述と一致する。つまり詔喪の対象者には官給が、それ以外の者には賻物がおこなわれるという区別をはっきり見て取れる。中国では別勅によって、詔喪の場合にも重ねて賻物支給がおこなわれることがあったが、日本ではそうした実例は見出せず、「其別勅賜物者、不レ拘二此令一」の一文も、賻物の支給量を規定以上に増やす以外には用いられなかったと思われる。

すでに述べたように令文上では、日本は唐よりも官給の対象とする人物の範囲も、その支給物の範囲も広かった。しかし実態は、多くの場合で賻物が支給され、八例にのみ「官給」の語句が見られるなど、令文通りの葬具支給は不可能だったようだ。ただし監護の使者については、宝亀二年（七七一）の藤原永手など、賻物とともに賜っている例が見られ、『宋史』

表2　官給と賻物

年代		故人		内容		
天平五年（七三三）	正月庚戌	正三位	県犬養橘三千代	監護	賜葬儀准散一位	
天平七年（七三五）	十一月己未	正四位上	賀茂比売		以散一位葬儀送	
天平七年（七三五）	十一月乙丑	一品	舎人親王	監護	其儀准太政大臣	
天平九年（七三七）	四月辛酉	正三位	藤原房前		送以大臣葬儀	
天平九年（七三七）	七月丁酉	正一位	藤原武智麻呂	監護	所須官給	
天平宝字元年（七五七）	正月乙卯	正一位	橘諸兄	監護	所須官給	
天平宝字六年（七六二）	六月庚午	正三位	藤原宇比良古			（賻物）
天平宝字六年（七六二）	九月乙巳	正三位	石川年足			弔賻
天平宝字六年（七六二）	十月己未	正三位	県犬養広刀自			（賻物）
天平神護二年（七六六）	三月丁卯	正三位	藤原真楯		賜以大臣之葬	
宝亀元年（七七〇）	十月丁酉	従二位	文室浄三			弔賻
宝亀二年（七七一）	二月己酉	正一位	藤原永手	監護		弔賻
宝亀三年（七七二）	九月乙酉	正三位	石川豊成			弔賻
宝亀四年（七七三）	二月乙丑	正四位下→従三位	渤海副使慕昌禄			賻物如令
宝亀五年（七七四）	七月戊午	従三位→正三位	藤原家子			弔賻
宝亀六年（七七五）	十月壬戌	正二位	吉備真備			弔賻
宝亀七年（七七六）	七月壬辰	正四位上→従三位	大伴駿河麻呂			賻
宝亀八年（七七七）	五月庚申	→正五位下	渤海判官高淑源			賻物如令
宝亀八年（七七七）	五月庚申	→従五位下	渤海少録事			賻物如令
宝亀八年（七七七）	五月癸酉		渤海国王后			（賻物）
宝亀九年（七七八）	五月癸酉	三品	坂合部内親王	監護	所須並官給之	
宝亀九年（七七八）	十二月己丑		唐使趙宝英			賻贈
宝亀十年（七七九）	五月丙寅		阿倍仲麻呂			（賻物）
宝亀十年（七七九）	七月丙子	従三位→従二位	藤原百川		葬事所須官給	
宝亀十年（七七九）	十二月己酉	従三位→従二位	藤原縄麻呂		葬事所須官給	
天応元年（七八一）	二月丙午	三品	能登内親王	監護	所須官給	
延暦二年（七八三）	七月庚子	正二位	藤原魚名			（賻物）
延暦十五年（七九六）	七月乙巳	正二位→従一位	藤原継縄	監護	葬事所須令官給	
弘仁三年（八一二）	七月壬戌	従四位下→従三位	伊勢継子		葬事所須令官給	

のように「詔喪→官給・監護」ときちんと対応している訳ではなく、官給・監護それぞれが可能な限りおこなわれていたと考えられる。

(29) 将作監で造り供える葬具は、他にも身寄りのない囚人などにも用いられた。

諸囚死、無二親戚一者、皆給レ棺、於二官地内一権殯、〈其棺、在京者、将作造供、在外者、用二官物一給。〉（中略）置二磚銘於壙内一、立二牓於上一、書二其姓名一、仍下二本属一、告二家人一令レ取。即流移人在レ路及流所、徒在レ役死者、亦准レ此。（『唐令拾遺』獄官令復旧第一〇条）

(30) 本書第二部第一章の表9参照。

(31) 同右。

(32) 関晃「大化のいわゆる薄葬制について」（『関晃著作集第二巻 大化改新の研究 下』吉川弘文館、一九九六年、初発表一九五八年）。

(33) 『日本書紀』大化二年正月甲子朔条。

(34) 『貞観儀式』贈品位儀は、「贈品位儀　葬日遣二勅使二人一、〈随二亡者品位一、臨時定レ之。〉勅使到二門外一、喪家設二榻一基於殯室堂上一、北面東上。〈随二処便一而設レ之、不三必用二此制一。〉前立二高机一基一、其上置レ筥。訖喪家行事者開レ門、左右相分迎レ之。勅使二人、〈一人持二宣命文一、一人持二位記一。〉依レ次就レ座、勅使一人宣制。〈其詞臨時制レ之。〉訖行事者二人相共進、一人留二机辺一、一人受二位記函一納レ筥。訖共舁レ机、進置二霊柩前一。訖復二本座一。勅使下レ座、挙哀三度。喪家答哭。勅使引出、霊柩即発」とある。また『延喜式』巻一一太政官に、「凡親王及大臣薨、即任二装束司及山作司一。〈或任二主行所及山作所一、軽重随二品高下一。事見二薨葬記一。〉送葬之日、勅使二人、〈一人持二詔書一、一人持二位記一。若無二贈位一者、一人持二賻物一、数・其使人位階随二亡者高下一。〉就レ第弔贈。其中納言以上及妃夫人薨時、弔賻亦准レ此。〈事見二儀式一〉」とあるが、この条文には「弘」の鼇頭標目が付されており、弘仁式にも存在したものと考えられる。したがって「事見二儀式一」の部分から、『貞観儀式』のような勅使弔贈の規定が、『弘仁儀式』の段階で成立していたと推測される。

(35) 横田健一「日継の形成―誄と歴史意識―」（『日本古代神話と氏族伝承』塙書房、一九八二年、初発表一九七六年）。

(36) 佐藤信「『家伝』と藤原仲麻呂」（沖森卓也・佐藤信・矢嶋泉『藤氏家伝　鎌足・貞慧・武智麻呂伝　注釈と研究』吉川弘

文館、一九九九年）。

（37）中西進氏は、永手への弔詔について、その子孫への言及は中国の誄の形式の模倣であるとし、稲岡耕二氏もその見解を受け入れている。しかし中西氏が検討したと思われる『文選』所載の誄は、すべて故人の知人縁者によって作られており、内容も故人の先祖の功績に始まり、本人の性格や事績を述べた後、葬儀の描写などをおこないつつ哀悼の意を表して終わるというのが定型化しており、永手への弔詔のような子孫の将来についての約束は見出せない。『文苑英華』などを参照しても、子孫を取り立てる約束ができるような立場の人間、具体的には皇帝などが誄の作者となっている例は見出せない。中西進「人麿作品の形成」（『中西進　万葉論集』第一巻、講談社、一九九五年、初発表一九六二年）、稲岡耕二「続日本紀における宣命」（新日本古典文学大系『続日本紀』二、岩波書店、一九九〇年、解説）。

（38）天武の殯宮では「諸臣各挙二己先祖等所レ仕状一、遞進誄焉」（『日本書紀』持統二年（六八八）十一月戊午（四日）条）とある。

（39）吉村武彦「古代王権と政事」（『日本古代の社会と国家』岩波書店、一九九六年）。氏（ウヂ）の理解については、熊谷公男氏の諸研究も参照した。熊谷公男「〝祖の名〟とウヂの構造」（関晃先生古稀記念会編『律令国家の構造』吉川弘文館、一九八九年）など。

（40）吉田孝『律令国家と古代の社会』（岩波書店、一九八三年）Ⅱ章四節「ヤケを含む人名」九五頁。

（41）『日本書紀』によれば、天武天皇五年（六七六）六月、壬申の乱の功臣である朴井連雄君が死亡すると、天皇は雄君を物部氏の氏上の地位に任じた。

物部雄君連忽発レ病而卒。天皇聞レ之大驚。其壬申年従二車駕一、入二東国一以有二大功一。降レ恩贈二内大紫位一。因賜二氏上一。

朴井氏は、「物部朴井連椎子」（大化元年（六四五）九月戊辰条）や「物部朴井連鮪」（斉明四年（六五八）十一月甲申条）などとあるように、複姓氏族であり、追尊の意味合いの強い雄君の氏上任命は、結果的に親氏族である物部氏の氏上の地位を、下位氏族である朴井氏が奪うものであった。このような事例は、天皇と氏との関係における、喪葬の場の特殊な役割を示していよう。

（42）『日本書紀』天武九年七月癸巳条。

(43)『日本書紀』天武九年十一月丁亥条。
(44)『日本書紀』天武十二年六月己未条。

第二章　喪葬令と礼の受容

はじめに

日本古代における中国礼制の受容については、これまでにも多くの研究成果が蓄積されてきたが、日唐令比較という手法による成果としては、儀制令に関する大隅清陽氏の研究がまず挙げられよう(1)。著者も喪葬令の分析を通して、日本古代の喪葬儀礼について検討したが(2)、令文の分析によって明らかにされる特質は、あくまで令制定時の意図にすぎず、現実にどのように礼制が受容されていったのかを検討するには、個々の実例を追っていくほかない。そこで本章では、喪葬儀礼におけるいくつかの要素に着目して実態を検討し、その上で礼制受容の過程と喪葬令との関係を考察していきたい。

一　持統の画期と葬送儀礼

1　持統の喪葬

喪葬令の原型は、すでに飛鳥浄御原令段階でほぼできあがっていたと考えられるが(3)、実際に喪葬令に基づいた儀礼が試みられるのは、大宝二年（七〇二）の持統太上天皇の喪葬が史料上初めてとなる。『続日本紀』には次のようにある。

（大宝二年十二月）甲寅、太上天皇崩。遺詔、勿㆓素服挙哀㆒。内外文武官釐務如㆑常。喪葬之事、務従㆓倹約㆒。乙卯、以㆓二品穂積親王・従四位上犬上王・正五位下路真人大人・従五位下佐伯宿禰百足・黄文連本実㆒、為㆓作殯宮司㆒。三品刑部親王・従四位下広瀬王・従五位上引田朝臣宿奈麻呂・従五位下民忌寸比良夫、為㆓造大殿垣司㆒。

（大宝三年十月）丁卯、任㆓太上天皇御葬司㆒。以㆓二品穂積親王㆒為㆓御装長官㆒、従四位下広瀬王・正五位下石川朝臣宮麻呂・従五位下猪名真人大村為㆑副。政人四人、史二人。四品志紀親王為㆓造御竈長官㆒、従四位上息長王・正五位上高橋朝臣笠間・正五位下土師宿禰馬手為㆑副。政人四人、史四人。

ここではいくつかの画期的な変化が指摘できるが、まず第一に遺詔として素服（特別な衣装を着して喪に服すること）と挙哀（一定の所作により声を挙げて哭くこと）との二つの辞退をおこなっている点であり、これ以後天皇や太上天皇・三后の喪葬において、服喪・挙哀が求められ、あるいは辞退されるようになる。服喪と挙哀とは、ともに中国的・律令制的な儀礼であり[4]、辞退したとはいえ初めてそのことに言及したこの遺詔からは、律令制に基づく新しい儀礼を積極的に取り入れようとする持統の姿勢が窺えよう。

第二に、旧来通り作殯宮司・造大殿垣司などの殯宮関連官司が任命されると同時に、新たに御装長官・造御竈長官などの御葬司が任命されている点が挙げられる。遺体は埋葬されるまでのある期間、柩に収められて、喪屋内に安置または仮埋葬され、殯に付される。被葬者が天皇・皇后・皇子女などの場合には、喪屋として殯宮と呼ばれる殿舎が新たに造営され、そこで様々な儀礼がおこなわれた[5]。作殯宮司・造大殿垣司はともに、この殯宮造営に関する官司である[6]。

殯宮儀礼が終了すると、柩を墓所まで運び埋葬する、葬送儀礼がおこなわれる。御装長官らは葬列の装束を担当し、造御竃長官らは火葬施設の準備を担当する官司である。葬送に関わる御葬司は、他にも山陵造営を担う造山陵司や、その役夫を管理する養役夫司、葬列を司る前後次第司・騎兵司や、その道を整える作路司、葬列に従う方相氏を用意する造方相司など、順次整備されて、宝亀元年（七七〇）の称徳の喪葬でほぼ出揃い定着していく。(7) これに対し殯宮関連官司は、慶雲四年（七〇七）の文武の葬儀を最後に見えなくなる。(8) このことから、従来の殯宮儀礼の衰退とともに、儀式の重心が外来の礼制を多く取り入れた葬送へと移動したことが知られる。次に、この葬送儀礼における礼制受容の過程について、少し詳しく見ていこう。

2　葬送儀礼について

葬送儀礼における葬列に関しては、喪葬令8親王一品条に規定がある。

凡親王一品、方相・轜車各一具、鼓一百面、大角五十口、小角一百口、幡四百竿、金鉦・鐃鼓各二面、楯七枚、発喪三日。二品、鼓八十面、大角四十口、小角八十口、幡三百五十竿。三品四品、鼓六十面、大角卅口、小角六十口、幡三百竿。其轜車・鐃鼓・楯・鉦、及発喪日、並准㆓一品㆒。諸臣一位及左右大臣、皆准㆓二品㆒。二位及大納言、准㆓三品㆒。唯除㆓楯・車㆒。三位、轜一具、鼓四十面、大角廿口、小角四十口、幡二百竿、金鉦・鐃鼓各一面、発喪一日。太政大臣、方相・轜車各一具、鼓一百四十面、大角七十口、小角一百四十口、幡五百竿、金鉦・鐃鼓各四面、楯九枚、発喪五日。以外葬具及遊部、並従㆓別式㆒。五位以上及親王、並借㆓轜具及帷帳㆒。若欲㆓私備㆒者聴。〈女亦准㆑此。〉

本条は四品以上の親王と三位以上の諸臣に対し、方相氏・轜車（柩を載せて墓所まで運ぶ車）や鼓吹などの葬列に従う葬具の支給を定めたもので、同じく葬列について定める唐令復旧第一三・一四条をもとに、日本令で継受されなかった鹵簿令復旧第三乙・四条の、鼓吹に関する規定を取り込んで、立条されたものと考えられる。[9]

本条に規定された要素が、各々どのように実行されたのかを見ていくと、まず方相氏は、『周礼』に埋葬前に墓穴内の悪鬼魍魎を駆除することが記されており、[10]穢を清めつつ葬列を先導するという、中国の伝統的儀礼に由来する要素であることが知られるが、日本では、聖武・光仁・桓武・文徳の葬送においてのみ確認される。[11]

また轜車は、『続日本紀』養老五年（七二一）十月に、

丁亥、太上天皇召㆓入右大臣従二位長屋王・参議従三位藤原朝臣房前㆒、詔曰、（中略）又皇帝摂㆓断万機㆒、一同㆓平日㆒。王侯卿相及文武百官、不㆑得㆘輙離㆓職掌㆒追㆗従喪車㆖。各守㆓本司㆒視㆑事如㆑恒。（中略）庚寅、太上天皇又詔曰、喪事所㆑須、一事以上准㆓依前勅㆒。勿㆑致㆓闕失㆒。其轜車霊駕之具、不㆑得㆘刻㆓鏤金玉㆒絵㆗飾丹青㆖、素薄是用、卑謙是順（後略）

とあり、元明太上天皇は遺詔で王臣が職務を怠り喪車に追従することを戒めており、また轜車霊駕への華美な装飾を止めていることからも、漢籍の影響を差し引く必要があるが、実際に轜車が用いられたと考えてよいだろう。ただし、8親王一品条では轜と車とを別の二つのものと考えており、[12]同条の集解諸説も、車の上に喪屋である轜を乗せたものと解釈するなど、[13]中国の本来の轜車とは異なるものであったと考えられる。

鼓吹は、天武十二年（六八三）に壬申の乱の功臣である大伴望多に支給されたのが初見であり、[14]天平元年（七二九）には長屋王の変で死亡した吉備内親王が鼓吹を止められ、[15]宝亀元年（七七〇）文室浄三が薄葬のため遺言により鼓吹を辞退し、[16]宝亀十年には藤原縄麻呂に鼓吹司夫が充てられている。[17]これらの鼓吹の供給は、喪儀司の指示のもと鼓吹司がおこなうのであろう。[18]

天皇・太上天皇の葬送では、嘉祥三年（八五〇）の仁明の遺詔中に鼓吹の辞退が見え、[19]また天平勝宝八歳（七五六）の聖武太上天皇の葬送では、山陵への道中で笛が吹かれたことが知られ、その功によってか翌年には鼓吹戸人の田租が免ぜられている。[20]ここで鼓吹の中でも特に笛が挙げられている点については、継体紀に見える毛野臣の葬送で「笛吹き上る」と歌われていることとの関連性が指摘されているように、[21]外来の鼓吹を導入しつつも、その実態は従来の葬法を受け継いだものであったと推測される。

このように、実際には天皇や太上天皇などの大規模な葬列を中心に、しかも中国の儀礼そのままではなく、従来の儀礼と折衷する中で実現が試みられた8親王一品条であるが、天武・持統朝以来、段階的に令文規定の実行が図られていたことは注目に値しよう。延暦十一年（七九二）には「応レ禁三断両京僭二奢喪儀一事」として、

如レ聞、富豪之室、市郭之人、猶競二奢靡一不レ遵二典法一、遂敢妄結二隊伍一仮設二幡鐘一

とあり、[22]喪葬令的な儀礼がある程度一般にまで浸透していたことが知られる。

喪葬令に継受された儀礼は、ただちには実現不可能な内容も含まれていたが、それらの規定を目標に従来の儀礼も取り入れつつ順次実現していくことが、喪葬儀礼における礼制受容の基本的な在り方であったのである。こうした礼制受容の過程は、光仁・桓武朝においてさらに飛躍的に発展することになるが、次に服喪について検討する中で考察していこう。[23]

二　服喪について

1　服紀条の由来

喪葬令17服紀条は、近親者や本主・天皇のための服喪期間について定めた条文である。

凡服紀者、為㆓君・父母及夫・本主㆒一年。祖父母・養父母、五月。曾祖父母・外祖父母・伯叔姑・妻・兄弟姉妹・夫之父母・嫡子、三月。高祖父母・舅姨・嫡母・継母・継父同居・異父兄弟姉妹・衆子・嫡孫、一月。衆孫・従父兄弟姉妹・兄弟子、七日。

本条については佐藤誠實氏や瀧川政次郎氏以来、唐令ではなく唐礼の五服制度をもとに立条されたとする見解が広く知られている[24]。瀧川氏は本条以外にも、儀制令を中心に多くの条文が『大唐開元礼』序例に見えることから、唐令ではなく唐礼より継受されたと考えたが、仁井田陞氏が『大唐開元礼』序例に引用される内容が唐令であることを明らかにしたため[25]、現在では喪葬令服紀条と、同じく親族関係の遠近を規定する儀制令25五等親条のみが、唐礼をもとに立てられた条文と考えられているようである。

しかし、丸山裕美子氏によって敦煌本『新定書儀鏡』に「喪葬令」として、服喪期間に関わる規定が記されていることが指摘され[26]、また仁井田氏も『唐令拾遺』仮寧令末尾において、五服制を附載した本が五代後唐におこなわれていたことを示しており[27]、これらを受けて『唐令拾遺補』では、唐朝後期には喪葬令に五服関連条項を含む本が存在したのではないかと推測している[28]。近年発見された北宋天聖令にも、喪葬令の後に五服制度を内容とする「喪服年月」

の項目が附載されており、[29]『唐令拾遺補』での推測はより蓋然性を高めた。

このことにより、喪葬令17服紀条に対応する唐令が存在しないということが最大の根拠であった、日本令の唐礼からの立条という指摘にも、再考の余地が生まれたと言えよう。貞観十三年（八七一）清和天皇の祖母である太皇太后藤原順子が死亡した際に、天皇の喪服についての議論がおこなわれ、その中で東宮学士である橘広相は以下のように発言した。[30]

至二於喪制一、則唐令無レ文。唯制二唐礼一、以拠二行之一。而国家制レ令之日、新制二服紀一条一、附二喪葬令之末一。

従来はこの発言内容をそのままに受け入れ、唐礼からの立条が考えられてきたが、附載という形式であれば、広相が「唐令に文なし」としてしまったのも、矛盾なく理解できるのではなかろうか。日本令全体の傾向から考えても、本条と五等親条のみが唐礼を参考に立てられたと考えるには無理があり、日本令の形成において中国の礼制への深い理解が背景にあるとしても、実際に継受された礼制は唐令の範囲内であったと考えておきたい。[31]

2　一般官人の服喪

その上で日本における服喪の実態について見ていくと、喪儀に際して特殊な衣装を着ることは、『隋書』倭国伝の段階ですでに見えているものの、[32]礼典に基づいた中国的な服喪は、前述のように持統の遺詔による素服・挙哀の辞退において初めて明確に知られるようになる。文武の死亡時には一月の凶服が命ぜられており、[33]元明は持統と同じく遺詔で辞退し、[34]光明子所生の皇太子のためには「在京官人以下畿内百姓」に素服三日が命ぜられている。[35]また元正の時には「勅天下悉素服」として服喪を開始し、「令二百官及諸国釈服一」として一月強の服喪を終了している。[36]

このように持統以後、天皇や太上天皇・三后・皇太子などの喪葬に際して服喪のことが問題とされるようになるが、その喪に服する範囲は、元正の例などから百官および諸国の百姓であったことが知られる。

ところで一般の官人が、天皇の喪葬に限らず、近親者の死に対しても服喪をおこなっていたことは、平安時代以降であれば、官人の薨卒伝の中などで「遭二母喪一解レ職」といった表現を散見し確認することができるが(37)、奈良時代においても服喪がおこなわれていたことを窺える史料が存在する。職事官が近親者の死に遭遇した場合に関しては、仮寧令3職事官条が、父母の場合は解官、それ以下の親族には服喪のための仮（休暇）を取らせることを規定しており(38)、他にも任への復帰などに関して、選叙令や儀制令などに規定が存在するが(39)、これらの規定が実際に運用されていたであろうことは、賦役令21免朞年徭役条の古記から推測される。免期年徭役条は、

凡遭二父母喪一、並免二朞年徭役一

とあり、父母の死に遭遇した場合に、服喪期間である一年間の徭役を免除するという内容であるが、ここで古記は所養父母（養父母）と本生父母（実父母）とがいた場合に、どのように対処すべきかを問題としている。養老令では前掲の喪葬令17服紀条に、養父母のためには五月の服喪であることが明記されているので問題とはならないのであるが、大宝令には養父母への服喪に関する規定が存在しなかったため、このような議論がなされているのである。そこで古記は以下のような例を挙げている。

但左兵衛大荒木牛養為二所レ養父一、先解レ任、復任後、本生父母死。仍請二翼葛井連男成一、答、「贈左大臣藤原尊、依レ令『為二人後一者、不レ在二兄弟之子一、不レ得二出身一』、然則以レ父代レ伯、宜下為二本生父一五月服仮給上耳。依二此答一宣」。此府独行例如レ此。唯百官人等、依レ律並解レ任也(40)。

左兵衛大荒木牛養は養父の喪のために先に解任され、復任の後に、今度は実の父母が亡くなった。そこで上司である左兵衛翼（養老令では左兵衛佐に相当）葛井連男成に相談したところ、答えて言うには「贈左大臣藤原尊（藤原房前）(41)

は、選叙令32為人後者条に「兄弟の子供を養子とした場合でなければ、嫡子として蔭に預かり出身することはできない」という規定があるので、実の父のために伯父の場合と同じく五月（養老令では三月）の喪に服し、それに対応した休暇を取るべきである、とおっしゃったので、この答えに依って宣す」ということである。これは左兵衛府が例として単独でおこなっているものであり、他の百官人は職制律30匿父母夫喪条により解任すべきである。

以上の解釈で正しいとすれば、左兵衛府では本生父母のためには解任せず、伯父の場合と同じ五月の喪に服することがおこなわれていた、ということが読み取れる。したがって遅くとも古記の成立した天平十年（七三八）頃には、一般に官人の服喪、およびそれに基づく解任がおこなわれていたことが知られるのである。下級官人においても、たとえば写経生の請暇解に休暇申請の理由として服闋（喪明け）の斎食が挙げられており[42]、また『日本霊異記』には、服喪を理由に防人の役を免れるため、母の殺害を謀る人物が登場する[43]。

このように服喪が広く一般官人に受け入れられていた状況を背景に、天皇の喪葬に対しても百官・百姓の服喪が命じられたのであろう。ただしその服喪期間については、服紀条に「君のために一年」という規定があるものの、当初は全く守られず、不定期な服喪がおこなわれていた。しかし宝亀元年（七七〇）の称徳天皇の死亡時に皇太子であった光仁は、『続日本紀』宝亀元年八月乙未条に、

天下挙哀。服限二一年一

とあるように、初めて一年の服喪を命じている。その後も天応元年（七八一）の光仁太上天皇死亡に際して桓武天皇は、政務がおろそかになることを懼れる群臣の奏上の旨を考慮し、一度は天下に六月の服喪を命じるが（『続日本紀』天応元年十二月丁未条）、父を失った悲しみは増すばかりであると、四日後には服喪期間を一年に延長している（同辛亥条）。

丁未、太上皇崩。春秋七十有三。天皇哀号（中略）、詔曰、「（中略）方欲三諒闇三年以申二罔極一、而群公卿士咸倶執奏、『宗廟不レ軽、万機是重。（中略）惣断二万機一、一同二平日一』者。（中略）宜下天下着レ服六月乃釈上。（後略）」

辛亥、勅曰、「昨群卿来奏、天下着レ服以二六月一為レ限。（中略）終身之痛毎深、罔極之懐弥切。宜下改二前服期一、以二一年一為上レ限。（後略）」

このように、それ以前の服紀条とは無関係な服喪期間に代わり、光仁朝からは明らかに一年という期間が意識されるようになり、服紀条に基づいた服喪の実現が図られたことがわかる。(44)

3　天皇の服喪

ところで天皇自身、および天皇死亡時の皇太子自身は、喪に服することはあったのであろうか。これも平安時代以降であれば、いくらでもその例を見ることができる。たとえば承和七年（八四〇）五月に淳和太上天皇が死亡すると、その三日後に仁明天皇が清涼殿で素服を着している（『続日本後紀』承和七年五月甲申条）。

天皇於二清涼殿一着二素服一、〈以二遠江貲布一、奉レ着二御冠一。〉哀泣殊甚。為二人之後一者、為二其子一故也。

ここで、「人の後たる者は、其の子たるの故なり」と言っているのは、仁明にとって淳和は血縁的には叔父に当たるものの、その跡継ぎである以上、淳和の子としてこのことをおこなうのである、という意味であり、仁明が自ら「親」である淳和のために服喪していたことが確認できる。

それでは、奈良時代には天皇は服喪していたのであろうか。おそらく従来は、喪葬令2服錫紵条の存在や平安時代以降の事例を理由に、奈良時代においても天皇の服喪が存在したと漠然と考えられてきたのではなかろうか。しかし、服錫紵条を天皇の喪服規定とする従来の解釈には疑問があり、また『続日本紀』などで実例を追ってみても、天皇自身が服喪したことを示す徴証は得られず、かえって服喪していないと考えた方が理解しやすい事例が見られる。こうしたことから著者は、奈良時代には天皇の服喪がおこなわれなかったと考えるが、以下でまず服錫紵条の解釈を、ついで実例の検討をおこない、この点について考察していきたい。

喪葬令2服錫紵条は次のような条文である。

凡天皇、為二本服二等以上親喪一、服二錫紵一。為二三等以下及諸臣之喪一、除二帛衣一外、通二用雑色一。

大津透氏は、通説に従い日本令本条を天皇の喪服規定であるとした上で、これに対応する唐令復旧第四条は皇帝の喪服規定ではなかったとしている。大津氏によれば、中国皇帝の喪服は、一般民衆と同じく礼に規定された斬衰・斉衰などの五服であったが、日本ではこれを採用せず、代わりに唐令復旧第四条が定める臨喪（皇帝や皇太子が諸臣または東宮官の喪儀に自ら赴き弔う儀式）の装束である錫紵（正しくは錫縗・緦縗・疑縗）を、喪服規定に読み替えて継受したということである。[45]

これは前述の貞観十三年の喪服議論における橘広相の発言のうち、

錫紵是君弔二臣喪一之服、而非二喪服一也。唐天子喪服、用二斬衰斉衰一。而国家制レ令、殊以二錫紵一為二喪服一

という見解を支持したものである。[46]実際にはこの時、清和は喪服として錫紵を着しており、日本令において錫紵を喪服としたとする広相の主張は認められたようである。しかし同じ議論の中で都言道と菅原道真は、

錫衰是君弔レ臣之服、不レ可下為二祖母太后一施上レ之。然則先レ葬暫服二斉衰一、既葬即便除レ之

として、あくまで錫紵を喪服とは認めない立場をとっており、[47]広相の解釈がどこまで依拠し得るものなのか、疑問が残る。

服錫紵条について、大宝令の注釈書である古記を見ると、「もし自ら臨まざれば服さざるのみ」「退かばすなわち除

くのみ」、また「臨当の時」などとあり、さらに大宝令に「本服五月以上の服親の喪に臨むに……」とあった可能性を示唆しており、[48] 大宝令段階では唐令同様、臨喪時の装束に関する規定であったと推測することができる。中国皇帝の臨喪に関しては、『大唐開元礼』に記述があり、それによると皇帝は常服で宮殿を出発し、行宮において素服に着替え、臨喪を終えると再び行宮において常服に戻り、宮殿へ帰るという。[49] 素服は故人の身分によって錫紵に代えられるのであろうが、このように臨喪時に一時的に着用される装束は、期間中恒常的に着用される喪服とは全く異なるのであり、古記の説明は、まさにこうした臨喪時の装束を想定していると理解される。

しかし実際にはこの時期、天皇が臨喪をおこなった記録は全く見えない。史料に限界があるとはいえ、天皇の行幸が悉く欠落したとは考え難く、やはり臨喪はおこなわれなかったと思われる。大宝令制定時には唐令そのままに臨喪装束の規定を継受したものの、日本において本条は実際には空文化していた。おそらくはそのために、養老令において本条の改訂がおこなわれたのであろう。前掲のように養老令では「臨」の字は除かれ、臨喪時の規定ではなくなった。だがそこで本条が喪服規定になったかというと、そうとも考え難い。

養老令の注釈書である令釈や義解は、ともに本条の「本服」に着目し、天皇の絶服について論じている。絶服とは、国君は宗族を絶つとの考えから、傍期（傍系親族で一年の喪に当たる者）を絶って服さないことをいう。[50] 本条の「本服」は、「本来は（＝絶服がなければ）喪に服すべき親族」を意味しているのであり、したがって日本令では天皇の絶服を前提に立条されていることがわかる。つまり天皇は父母・祖父母などを除き、傍期より疎遠の者に対してはそもそも服喪しないのであり、そうした人々を対象としている本条は喪服規定とはなり得ないのである。そこで集解諸説でも本条の装束をいつ着すべきかが問題とされ、儀制令7太陽虧条の「事を視ざる」（廃朝）期間と解している。[51] 儀制令に基づいた廃朝は奈良時代にも散見するが、[52] その際の天皇の装束は不明であり、おそらくここでも錫紵は用いられなかったと推測される。

以上より、服錫紵条は大宝令・養老令ともに天皇の喪服規定ではなかったことが明らかになったと思う。したがって本条の存在を根拠に、奈良時代において天皇の服喪が存在したとすることはできない。ただし、それでは日本令において天皇の服喪は全く想定されていなかったかというと、そうは言えまい。唐でも皇帝独自の喪服をあえて喪葬令に規定することはおこなわれず、庶人とともに礼典に規定された五服制度に従うものとされた。おそらく日本令でも同じことが目指されたのであろう。前述のように本条の「本服」は、天皇の絶服があって初めて意味をなすのであり、裏を返せば絶服の対象にならない父母・祖父母などに対する天皇の服喪も、当然想定されていたと考えるべきである。唐令と同じく日本令でも天皇の喪服そのものが規定されることはなかったが、その立条の前提として礼典に基づく天皇の服喪を想定していたのである。しかし現実には、当時の日本で中国的な礼典が編纂されることはなく、喪葬儀礼における礼制受容は喪葬令規定の範囲内でおこなわれ、喪葬令が想定しつつも規定しなかった天皇の服喪は実行されなかったと考える。次に実態面からこのことを検討していこう。

奈良時代における天皇服喪の実例としてまず挙げられるのが、『続日本紀』に散見する「諒闇」の語句であろう。例を挙げると、天平勝宝八歳（七五六）五月に聖武太上天皇が歿し、翌年の元日朝賀が諒闇を理由に廃されている（『続日本紀』）。

天平宝字元年春正月庚戌朔、廃朝。以㆓諒闇㆒故也。

新日本古典文学大系本では、「諒闇」の脚注として「前年五月乙卯（二日）に没した聖武太上天皇の喪。喪葬令17に「凡服紀者、為㆓君、父母、及夫、本主㆒一年」とある」と説明しており、諒闇が服紀条に基づいた天皇の服喪であると解釈している[53]。

しかしこの「諒闇」を以て、はたして天皇が服喪していたと言えるだろうか。前述の貞観十三年の喪服論議で都言道と菅原道真は、『晋書』に見える杜預の言を引用して、以下のように述べている。(54)

三年之喪、自二天子一達。此謂天子絶レ朞唯有二三年之喪一也。非レ謂下居喪衰服三年与二士庶一同上也。周公不レ云二服喪三年一、而云二諒闇三年一。此釈服心喪之文也。

三年の喪に服することは天子から庶人まで同じと言うが、これは天子が一年の喪を絶ちただ三年の喪にのみ服することを言っているのであり、庶人と同じく衰服を三年着すことを言っているのではない。周公は殷の高宗のために服喪三年とは言わず、諒闇三年と言うが、これは喪服を釈き心喪を三年おこなったという意味である。

これによると、諒闇とは服喪せずに心喪（心中でのみ喪に服）することを意味するのである。以上は漢籍による説明であるが、「諒闇」の語句は日本でも同じ意味に用いられた。大宝三年（七〇三）の元日朝賀は、

三年春正月癸亥朔、廃朝。親王已下百官人等、拝二太上天皇殯宮一也

とあり（『続日本紀』）、前述の天平宝字元年の元日朝賀と同様に、前年の持統太上天皇の死歿を受け、その諒闇によって廃されたと考えられるが、前日の大宝二年十二月晦日には、

壬戌、廃二大祓一。但東西文部解除如レ常

とあり、十二月恒例の大祓を百官は止められているものの、文武天皇の解除は通常通りおこなわれたことが知られる。後述のように、大祓・解除は服喪を終える時にもおこなわれる行事であり、天皇が服喪中に解除をおこなったとは考え難いので、やはりこの時点で文武は服喪していなかったと思われる。

以上より、「諒闇」記事を天皇が服喪していた事例とみなすことができないことは明らかであり、むしろ廃朝の理由を「服喪」とせずに「諒闇」としている点は、天皇がその時点で服喪していなかった積極的証拠とも言えよう。傍

期には絶服であるが、父母・祖父母などには庶人と同じように服喪するというのが、たてまえとはいえ中国皇帝の立場であった。これに対し奈良時代の天皇は、以上のように父母・祖父母の喪にさえ服さなかったのである。しかしこうした状況も、桓武朝に入ると一変する。

延暦八年（七八九）皇太后高野新笠の死に際して、子の桓武天皇は錫紵を服し、正殿を避けて西廂へ移御し、皇太子や群臣を率いて挙哀をおこなった。『続日本紀』延暦八年十二月丙申条には次のようにある。

天皇服二錫紵一、避二正殿一御二西廂一。率二皇太子及群臣一挙哀。

西廂は服喪における倚廬に相当し、天皇はここにおいて初めて錫紵を喪服として着し、服喪したのである。以後は桓武のために皇太子であった平城が服喪したり、前述のように淳和太上天皇のために仁明が服喪するなど、天皇が父母・祖父母などの死亡時に服喪することは常態となる。ただし喪服の表現は「錫紵」「遠江貲布」「素服」「縗麻」など定まらず(55)、中国の喪服や錫紵とはまた異なった装束であったと思われる。

いずれにせよ広相の考えた錫紵を喪服とすることは、この母に対する桓武の服喪から始まったと考えられ、服錫紵条の本来の意図とはずれるものの、喪葬令の想定していた中国的服喪行為は、ここに至ってようやく天皇にまで及んだのである(56)。

三　光仁・桓武朝の礼制受容

1　服喪と王権

一般官人における服喪が、令の施行後まもなく受け入れられ、令制に従って実行されていったのに対し、天皇の服喪に関しては、このように桓武朝に至ってようやく実行されるようになるが、その原因として、まず王権の安定化が挙げられよう。即位儀礼に関する研究の中ですでに指摘されてきたように、前の天皇が譲位または死亡すると、即時に王権の象徴である神璽・宝剣が東宮に奉上されるという「剣璽渡御の儀」（践祚）が、光仁・桓武の即位時からおこなわれるようになり、以後定式化して、践祚と即位との分離という現象を引き起こす[57]。早い段階での東宮への剣璽渡御は、それだけ天皇位の継承が安定してきたことを示していると言えよう。

和田萃氏は皇位継承における殯宮儀礼の役割を指摘したが[58]、奈良時代においても未だ安定的な皇位継承がおこなわれるには至っておらず、そのため服喪期間も中国の礼制に基づいた、長期で一定した制度を受け入れることは放棄され、時々の事情に従って任意に選択することがおこなわれたのであろう。それが光仁・桓武朝に至り、皇位の安定的な継承が可能になると、服紀条に規定された「君のために一年」も実行が図られるようになり、喪葬令に想定しつつも実現の難しかった天皇の服喪も、ようやく受容されるようになったと考えられるのである。

天応元年（七八一）十二月に光仁が死亡すると、桓武は一年の服喪を命じる（『続日本紀』天応元年十二月丁未・辛亥条）。しかし翌延暦元年七月には群臣が上奏し、頻発する災異は、服喪中に神祇祭祀をおこなうことで天下に吉凶が入り乱れ、そのために伊勢神宮以下の諸神社が祟りを成しているからであると訴えたため、桓武は服喪を中止し諸国に除服を命じている（『続日本紀』延暦元年七月庚戌条）。

右大臣已下参議已上、共奏偁、「頃者災異荐臻、妖徴並見。（中略）神祇官・陰陽寮並言、『雖㆓国家恒祀依㆑例奠㆑幣、而天下縞素、吉凶混雑。因㆑茲伊勢大神及諸神社、悉皆為㆑崇』。（中略）伏乞、忍㆓曾閔之小孝㆒、以㆓社稷㆒為㆓重任㆒、仍除㆓凶服㆒、以充㆓人祇(神)㆒」。詔報曰、「（中略）事不㆑獲㆑已、一依㆓来奏㆒。其諸国釈服者、待㆓祓使到㆒、祓㆓潔国内㆒、然後乃釈。不㆑得㆔飲酒作楽幷着㆓雑彩㆒」。

その際、祓の使者を諸国に派遣し、使者が国内を清めた後に除服するよう指示しており、これ以後除服に先立って、祓の使者を派遣することや、諸国に命じて大祓させることを散見するようになる。また光仁以前にも、称徳のための服を除く前日に京師および天下諸国に大祓を命じており、これも除服のための大祓と考えてよいだろう[59]。除服と同時に祓がおこなわれるということは、服喪自体が穢に属するものと考えられていたことを示しており、光仁・桓武朝以前はそのような性格を持つ服喪は、天皇から慎重に遠ざけられていた。これに対し、以後はむしろ率先して父母などの喪に服することにより、親への孝を尽くしていることを示し、自らが礼の主催者であることをアピールするようになる。

このことから、奈良時代以前と平安時代以降の天皇との、根本的な性格の変化を見ることができ、大隅氏の指摘をふまえれば、氏族制的秩序や神話イデオロギーによって守られてきた天皇の権威を、伝統的畿内豪族の没落を経て、新たに礼の理念に基づく支配へと転換させようという桓武の姿勢が窺える[60]。桓武朝における積極的な唐礼の摂取はよく指摘されるところであるが、喪葬儀礼においてはそれが喪葬令の実行という形でなされた点は、特徴的だと言えよう。

2　その他の喪葬令の実行

光仁・桓武朝における喪葬令の実行は、他にも9皇都条や1先皇陵条においても見ることができる。

　凡皇都及道路側近、並不レ得二葬埋一。　（皇都条）

　凡先皇陵、置二陵戸一令レ守。非二陵戸一令レ守者、十年一替。兆域内、不レ得二葬埋及耕牧樵採一。　（先皇陵条）

皇都条は京域および幹線道路付近における埋葬を禁じる規定であり、その内容からほぼ唐令の引き写しであると考えられる(61)。浄御原令以前より、宮都造営にあたって京域から墳墓を排除することはおこなわれていたが(62)、京域周辺での埋葬を直接禁止する記事が見られるようになるのは、桓武朝の延暦年間以降のことである。

　十一年八月丙戌、禁レ葬二埋山城国紀伊郡深草山西面一。縁レ近二京城一也。十二年八月丙辰、禁下葬二瘞京下諸山一及伐中樹木上。（中略）十六年正月壬子、勅、山城国愛宕葛野郡人、毎レ有二死者一、便葬二家側一、積習為レ常。今接二近京師一、凶穢可レ避。宜下告二国郡一厳加中禁断上。若有二犯違一、移二貫外国一。　（『類聚国史』巻七九禁制）

また先皇陵条についても、陵戸の設置は令施行時から認められるものの、後半の兆域保護を定める部分に関しては、平城朝の大同年間より、兆域内の百姓の田地を移動させたり、樹木の伐採を取り締まるなどの記事が見られるようになる。

　大和山城二国定二八嶋・河上・柏原等山陵兆域一。陵之四至、各有二其限一。其百姓田幷地、在二八嶋河上二陵界内一者、以二乗田一賜レ之。但地者准レ估賜レ直。　（『類聚国史』巻三六山陵、平城天皇大同二年（八〇七）八月己巳条）

　遣二使於吉野山陵一、掃二除陵内一幷読レ経。以二亢旱累旬山陵為レ祟也。　（『日本紀略』大同四年七月丁未条）

これは桓武朝以来の、祖先墓地に対する一般的な意識の高まりの中で、ようやく令文が現実に機能しはじめたことを示していよう。京域や兆域への関心は、すなわち天皇の治める都、天皇の葬られた墓への関心であり、礼制に基づく天皇を頂点とする支配イデオロギーの確立過程は、こうしたところにも変化を促したのであろう。

おわりに

唐令に様々な改変を加え継受した喪葬令であったが、当初からそのすべてを実現することは不可能であり、持統の喪葬を契機として、主に葬送儀礼の葬列などにおいて、徐々にその実現が図られてきた。しかし服喪に関しては、一般官人には抵抗なく受け入れられたのに対し、天皇は皇位継承や穢の問題から、容易に受容することはできなかった。やがて光仁・桓武朝に至り天皇位が安定し、また礼の理念に基づいた支配が目指されるようになると、天皇は自ら率先して喪に服するようになり、喪葬令に定められた礼制を次々に実現していくようになる。

しかしこうした儀礼も九世紀中頃から後半にかけて、薄葬思想などを背景に徐々に放棄されるようになる。葬送における鼓吹や方相氏は、嘉祥三年（八五〇）の仁明天皇や天安二年（八五八）の文徳天皇の葬送の後には、その有無を論ずることさえなくなり、仁和三年（八八七）の光孝天皇喪儀を最後に百官・百姓の挙哀・素服もおこなわれなくなる(63)。喪葬令4百官在職条に基づく葬司の派遣も、この頃を境に衰退していく。

平安初期における儀礼の唐風化が、実は七世紀終わりに構想された喪葬令の実現であって、九世紀中頃から後半に喪葬儀礼がさらに変化するまでの数十年間が、最も喪葬令的な儀礼がおこなわれた時期であった、というのは興味深いことであり、今後の礼制研究にも必要な視角となるのではなかろうか。

註

（1）大隅清陽「儀制令と律令国家―古代国家の支配秩序―」「儀制令における礼と法―律令法系の構造的特質をめぐって―」（『律令官制と礼秩序の研究』吉川弘文館、二〇一一年、初発表一九九二・九三年）。

（2）本書第一部第一章。

（3）個々の喪葬令条文に関し、飛鳥浄御原令での存在を指摘した論考として、以下のものが挙げられる。瀧川政次郎「令の喪制と方相氏」（『日本上古史研究』四―一、一九六〇年）は8親王一品条の鼓吹支給について、林紀昭「飛鳥浄御原律令に関する諸問題」（『史林』五三―一、一九七〇年）は1先皇陵条の陵戸設置規定などについて、浄御原令での存在を指摘している。また熊谷公男「治部省の成立」（『史学雑誌』八八―四、一九七九年）は5職事官条の賻物制度や、3京官三位以上条・4百官在職条などの存在を推定している。

（4）服喪に関しては後掲の喪葬令17服紀条、挙哀は唐令復旧第一条に規定があるが、ともに『大唐開元礼』などの礼典にも詳しい記述が見える。

（5）和田萃「飛鳥・奈良時代の喪葬儀礼」（『日本古代の儀礼と祭祀・信仰』上巻、塙書房、一九九五年、初発表一九八二年）。

（6）『日本書紀』允恭天皇五年七月己丑条には、「五年秋七月丙子朔己丑、地震。先レ是、命二葛城襲津彦之孫玉田宿禰一、主二瑞歯別天皇之殯一。則当二地震夕一、遣二尾張連吾襲一、察二殯宮之消息一。時諸人悉聚無レ闕。唯玉田宿禰無レ之也。吾襲奏言、殯宮大夫玉田宿禰、非レ見二殯所一」とあり、地震が起きたにもかかわらず、殯宮大夫である玉田宿禰が殯宮を離れていたことが非難されている。ここから、殯宮の管理を担当する「殯宮大夫」が任命されたことが知られる。

また『日本書紀』推古十一年（六〇三）二月丙子条の「来目皇子、薨二於筑紫一。（中略）仍殯二于周芳娑婆一。乃遣二土師連猪手一、令レ掌二殯事一。故猪手連之孫曰二娑婆連一。其是之縁也。後葬二於河内埴生山岡上一」、皇極二年（六四三）九月の「丁亥、吉備嶋皇祖母命薨。癸巳、詔二土師娑婆連猪手一、視二皇祖母命喪一。天皇、自二皇祖母命臥レ病、及レ至二発喪一、不レ避二床側一、視養無レ倦」、白雉五年（六五四）十月壬子条の「天皇崩二于正寝一。仍起二殯於南庭一。以二小山上百舌鳥土師連土徳一、主二殯宮之事一」などの記事からも、殯宮の担当官が任命され、彼らは殯宮の管理や、そこでの儀礼を取り仕切る役割を果たしたと推測される。

（7）『続日本紀』より、文武の喪葬時に造山陵司が（慶雲四年〔七〇七〕十月丁卯条）、元正の時に養役夫司が（天平二十年〔七四八〕四月辛酉条）、聖武の時に造方相司が（天平勝宝八歳〔七五六〕五月丙辰条）、光明子の時に前後次第司が（天平宝字四年〔七六〇〕六月乙丑条）、称徳の時に作路司・騎兵司が（宝亀元年〔七七〇〕八月癸巳条・乙未条）、初めて設けられたことが知られる。御葬司については稀尾達哉「上代葬司の任用をめぐって—律令政治社会管見—」（『律令官人社会の研究』塙書房、二〇〇六年、初発表一九八七年）を参照。

（8）『続日本紀』慶雲四年六月壬午条。

（9）唐喪葬令復旧第一三条は、輀車の装飾に関する規定である。

諸輀車、三品已上油幰、朱絲絡網、施レ襈、両廂画レ龍、幰竿諸末垂二六旒蘇一。七品已上油幰、施レ襈、両廂画二雲気一、四旒蘇。八品已下無二旒蘇一。男子幰・襈・旒蘇、皆用レ素、婦人皆用レ綵、庶人鼈甲車、無二幰・襈・画飾一。

同第一四条は、葬列を構成する要素について個々に規定したものである。

三品已上四引四披、六鐸六翣、挽歌六行三十六人。有二挽歌一者、鐸依二歌人数一。已下準レ此。五品已上二引二披、四鐸四翣、挽歌四行十六人。九品已上二鐸二翣。其執二引・披一者、皆布幘・布深衣。挽歌者白練幘・白褠衣、皆執二鐸・披一。其方相四目、五品已上用レ之。魌頭両目、七品已上用レ之。並玄衣朱裳、執二戈・楯一、載二於車一。其纛、五品已上竿長九尺、六品已下五尺。其下帳、五品已上用二素繒一、六品已下用レ練、婦人用レ綵。

日本喪葬令8親王一品条には、以上の復旧唐喪葬令には見られない、鼓・大角・小角・幡・金鉦・鐃鼓・楯などの支給が規定されている。このことから註（3）瀧川論文では、日本令が依拠した唐格の存在を推測するが、必ずしもそのように考える必要はなく、日本令では篇目自体が立てられなかった唐鹵簿令の、復旧第三乙・四条の規定を取り込んで立条されたと理解することができる。

三乙　王公以下鹵簿、第一品、清道四人、為二二重一。幰弩一騎、青衣十人、車輻十人、戟九十、絳引幡六、刀楯八十、弓箭八十、矟八十、捆鼓金鉦各一、大鼓十六、長鳴十六、節一、夾矟二、告止幡二、伝教幡二、信幡六、誕馬六、儀刀十六、府佐四人夾行、革輅一、駕四馬、駕士十六人、繖一、朱漆団扇四、曲蓋二、僚佐本服陪従、麾幡各一、大角八、鐃吹一部、鐃鼓一、簫笳各四、横吹一部、横吹六、節鼓一、笛簫篳篥笳各四。第二品、（中略）右応レ給二鹵簿一者、職事四品以上、散官二品以上、爵郡王以上、及二王後、依レ品給。国公準二三品一給。官爵両応レ給者、従レ高給。若京官職事五品、身婚葬、並尚二公主一娶二県主一、及職事官三品以上、有二公爵一者嫡子婚、並準二四品一。

四　諸自二王公一以下、在京拝官初上、正冬朝会、及婚葬則給レ之。〈婚及拝官初上、正冬朝会、去二稍弓箭及楯、大小鼓、横吹、大角・長鳴・中鳴一。〉

(10)『周礼』夏官に、「方相氏。掌下蒙二熊皮一、黄金四目、玄衣朱裳、執レ戈揚レ盾、帥二百隷一而時難、以索レ室敺上レ疫。大喪、先レ匶。及レ墓入レ壙、以レ戈撃二四隅一、敺二方良一（方相氏。この職は熊の皮をかぶって、黄金づくりの四つ目をつけた仮面をつけ、玄色の衣と朱色の裳を着て、戈を持ち盾を挙げ、大勢の家来を引き連れて凶悪を追い払い、部屋に入って疫鬼を捜し求めて之を駆逐することを掌る。大喪の葬る時には、霊柩の前に在って先導する。墓地に到着すると壙の中に進入し、戈で四辺の隅を突き刺し、山川の精怪を駆除する）」とある。本田二郎『周礼通釈 下』（秀英出版、一九七九年）参照。

(11) 聖武の場合は天平勝宝八歳（七五六）五月丙辰条に造方相司を任命、光仁は天応元年（七八一）十二月丁未条に作方相司を任命（以上『続日本紀』）、桓武は大同元年（八〇六）三月壬午条に作方相司を任命（『日本後紀』）とある。また文徳は天安二年（八五八）九月六日甲子条より、葬送に方相氏を用いたことが知られる（『日本文徳天皇実録』『日本三代実録』）。仁明は嘉祥三年（八五〇）三月癸卯条より、薄葬の遺制のため方相の儀を停止したことが知られる（『続日本後紀』）。

(12) 8親王一品条では、諸臣一位と左右大臣、二位と大納言について、それぞれ二品・三品の待遇に準じるとした上で、「唯除二楯・車一」として楯と車は支給から除外している。ところが三位に対しては「轜一具」としており、轜が支給されているのである。このことから、除外された「車」は轜車の内の車の部分であり、轜の部分は諸臣一位以下三位まで、同様に支給されたと解釈できる。

(13) 古記一云は、「轜、謂葬屋也。車、謂載レ轜之車。下文見也」とあり、跡記には、「轜、謂喪屋造二載於車一。々載レ轜行車也。又説云、轜、謂喪屋。抑合レ求二礼記一也」とある。中国の轜車は、「轜」と「車」とが別々に意味を持つことはなく、もちろん『礼記』にも「轜」を「喪屋」としている記述は見られない。喪屋については天若日子（天稚彦）の神話に詳しい描写があるが（『古事記』上巻・『日本書紀』巻二神代下第九段）、古記・跡記はそうした死体安置施設（葬屋・喪屋）を車に載せたものを、轜車と認識していたと推測される。同条朱説では、「額云、轜与レ車二色者。私同。見二下文一也。或云、轜、俗云二小屋形一也。轜与レ車二色也。在二釈背一」とあり、「轜」を「小屋形」と俗称したことが知られるが、『西宮記』巻一二天皇崩事（この部分は延長八年〔九三〇〕の醍醐の喪葬と、翌承平元年〔九三一〕の宇多の喪葬を参考に記されている）に見える棺は、大輿の上に竹の台と絹の覆いで作った小屋形を載せ、その内に須々利、さらに中に榔が置かれるという構造であった。一般に輿の屋蓋を「屋形」といい、これは車の屋蓋についても使用される語なので、朱説所引額説では轜車から車輪を除いた部分として、「轜」＝「小屋形」と考えたのだろう。『西宮記』の小屋形は、大輿とともに遺体の安置されている殿舎に運び込まれ、遺体を中に入れて運搬するだけの役割であり、喪屋としての機能は全くない。

(14)『日本書紀』天武十二年六月己未条。

(15)『続日本紀』天平元年二月甲戌条。

(16)『続日本紀』宝亀元年十月丁酉条。

(17)『続日本紀』宝亀十年十二月己酉条。

(18)唐鹵簿令に規定する鼓吹や武器類が、太常寺鼓吹署・衛尉寺武器署から支給されることは、『唐六典』巻一四太常寺鼓吹令条に「鼓吹署（中略）鼓吹令掌鼓吹施二用調習之節一、以備二鹵簿之儀一」とあること、同巻一六衛尉寺武器令条に「武器署（中略）凡大祭祀、大朝会、大駕巡幸、則納二於武庫一、供二其鹵簿一。若王公百官拝命及婚葬之礼応レ給二鹵簿一、及三品已上官合レ列二棨戟一者、並給焉」とあることから知られる。

　喪葬儀礼を司る鴻臚寺や管下の司儀署には、これら鹵簿支給に関する規定は存在しない。このことは、儀礼の性格にかかわらず鹵簿支給の過程は同一であって、儀礼担当官司の鹵簿支給への直接関与はなかったことを示しており、唐喪葬令に鹵簿支給の規定が存在しない点と軌を一つにしている。

　ところが日本では、喪葬儀礼における鹵簿支給は喪儀司の職掌となっていた。職員令20喪儀司条によると、喪儀司の職掌として「凶事儀式及喪葬之具」が挙げられており、このうち「凶事儀式」に付された集解諸説は、「釈云、金鉦・鐃鼓・楯・竿等行列法式。謂二之儀式一也」「跡云、儀式、謂立二列幡・鼓・大少角之類一。次第注載レ式耳」「古記云、凶事儀式者、親王、金鉦・鐃鼓・楯・竿等若干云レ式耳」などとしている。ここに挙げられた金鉦・鐃鼓・楯・竿や幡・鼓・大少角は、喪葬令8親王一品条の鹵簿に関する内容とほぼ一致している。兵部省は職掌として儀仗を挙げており、その管下の鼓吹司は鼓吹を調習することを司るとしているものの（職員令24兵部省条・27鼓吹司条）、唐の武器署・鼓吹署のような儀礼への鹵簿支給の任は負っておらず、喪儀司の指示のもとで供出するという関係であったと推測される。

(19)『続日本後紀』嘉祥三年三月癸卯条。

(20)『続日本紀』天平勝宝八歳五月壬申条、天平宝字元年四月辛巳条。

(21)『日本書紀』継体二十四年是歳条。新日本古典文学大系『続日本紀』三（岩波書店、一九九二年）の天平勝宝八歳五月壬申条脚注を参照。

(22)『類聚三代格』巻一九禁制事、延暦十一年七月二十七日太政官符。

(23)次節で論じる内容について、その後の議論をふまえて再検討をおこなったのが、本書第三部第一章である。見解を改めた点や叙述が重複する部分もあるが、議論の展開過程を明らかにするため、修正は最小限にとどめた。

(24)佐藤誠實「律令考」（『佐藤誠實博士律令格式論集』汲古書院、一九九一年、初発表一八九九年）、瀧川政次郎「唐礼と日本令」（『律令の研究』刀江書院、一九三一年、初発表一九二九年）。

(25)仁井田陞「唐令拾遺採択資料に就いて」（『唐令拾遺』東京大学出版会、一九三三年）。

(26)池田温「唐・日喪葬令の一考察―条文排列の相異を中心として―」（『法制史研究』四五、一九九六年）七一頁、丸山裕美子「敦煌写本書儀にみる唐代法制史料」（國學院大學日本文化研究所編『律令法とその周辺』汲古書院、二〇〇四年、初発表一九九七年）二六七～二六八頁。

(27)『唐令拾遺』七五二～七五六頁。

(28)仁井田陞著、池田温編集代表『唐令拾遺補』（東京大学出版会、一九九七年）八四五頁。

(29)戴建国「天一閣蔵明抄本《官品令》考」（『宋代法制初探』黒龍江人民出版社、二〇〇〇年、初発表一九九九年）六九頁注釈11に、「《喪葬令》于不用唐令之后尚附有《喪服年月》、（中略）按：観《喪服年月》内容、其属五服制度」とある。

(30)『日本三代実録』貞観十三年十月五日丁未条、二九七頁六～七行目。『日本三代実録』貞観十三年十月五日丁未条の天皇服喪をめぐる礼議については、別に註釈を作成した。稲田「藤原順子のための天皇喪服議―註釈『日本三代実録』貞観十三年九月二十八日～十月七日条―」（『法史学研究会会報』一八、二〇一四年〔二〇一五年発行〕）。

（31）儀制令25五等親条に関しては、仁井田氏が『唐令拾遺』儀制令復旧第三〇条について述べる中で、対応条文が唐令に存在したという有力な徴証は見当たらないとしながらも、『唐六典』巻一六宗正卿条所載の皇帝五等親制が唐儀制令に存在した可能性を指摘している（『唐令拾遺』五一一～五一三頁）。仁井田氏も述べるように、皇帝五等親制と日本令本条の規定する五等親制とは性格の異なる規定ではあるが、立条の参考とした唐令が存在したことは推測できるのではなかろうか。

（32）『隋書』巻八一東夷伝倭国条に、「死者斂以㆓棺槨㆒、親賓就㆑屍歌舞、妻子兄弟以㆓白布㆒製㆑服」とある。

（33）『続日本紀』慶雲四年（七〇七）六月辛巳条。

（34）『続日本紀』養老五年（七二一）十月丁亥条。

（35）『続日本紀』神亀五年（七二八）九月壬子条。

（36）『続日本紀』天平二十年（七四八）四月丁卯条、六月癸卯条。

（37）『日本三代実録』貞観十七年（八七五）九月九日戊子条の藤原良近卒伝など。早い例では『続日本紀』天応元年（七八一）八月甲午条に、大伴家持が「先㆑是、遭㆓母憂㆒解任」とある。

（38）仮寧令3職事官条は、「凡職事官、遭㆓父母喪㆒、並解官。自余皆給㆑仮。夫及祖父母、養父母、外祖父母卅日。三月服二十日。一月服十日。七日服三日」とある。

（39）選叙令17本主亡条・22職事官患解条、儀制令20遭重服条・21凶服不入条など。

（40）『令集解』賦役令21免朞年徭役条、四一八頁。「宣」は、新訂増補国史大系本では「宜」となっているが、底本の田中本により「宣」に改めた。田中本は『国立歴史民俗博物館蔵　貴重典籍叢書』歴史篇第三巻〈令集解3〉（臨川書店、一九九九年）の写真版によった。

（41）ここで左兵衛翼葛井連男成が藤原房前の発言を受けて答えていることから、他の史料では確認できないものの、房前が左兵衛率（長官）であった可能性が考えられる。大宝令では左兵衛率は従五位上か従五位下に相当したことが知られているので（荊木美行「大宝官位令の復原的研究」『律令官制成立史の研究』国書刊行会、一九九五年、初発表一九九二年）、房前が従五位であった慶雲二年（七〇五）十二月から霊亀元年（七一五）正月の間に、この大荒木牛養の議論がなされたと推測される。しかし以上は推測の域を出ないので、ここでは議論の年代を古記成立以前としておく。

なお、『続日本紀』養老四年（七二〇）五月壬戌条の白猪氏から葛井氏への改姓記事以前に、葛井姓が存在したことについては、東野治之「井真成の墓誌を読む」（専修大学・西北大学共同プロジェクト編『遣唐使の見た中国と日本 新発見「井真成墓誌」から何がわかるか』朝日新聞社、二〇〇五年）参照。

(42) 天平宝字五年（七六一）正月十九日韓国毛人請暇解（『大日本古文書』編年文書四巻四八六～四八七頁）など。

(43) 『日本霊異記』中巻第三「悪逆子愛㆑妻将㆑殺㆑母謀現被㆓悪死㆒縁」。

(44) ただし光仁・桓武とも、実際には一年を終えずして天下の服喪を停めている。『続日本紀』宝亀元年九月壬午条、延暦元年七月庚戌条・八月辛亥朔条。

(45) 大津透「天皇の服と律令・礼の継受」（『古代の天皇制』岩波書店、一九九九年、初発表一九九七年）。唐喪葬令復旧第四条は「皇帝臨㆓臣之喪㆒、一品服㆓錫縗㆒、三品已上緦縗、四品已下疑縗。皇太子臨㆑弔、三師三少則錫縗、宮臣四品已上緦縗、五品已下疑縗」とある。

(46) 『日本三代実録』貞観十三年十月五日丁未条、二九七頁三～四行目。

(47) 同右、二九八頁三～四行目。

(48) 『令集解』喪葬令2服錫紵条、九五六頁四 a 行目、九五七頁四 b 行目。古記は九五六頁五行目で、「問、以㆔文称㆓本服㆒、何知㆑絶㆓服期㆒也。答、若不㆑絶㆓服期㆒者、文称㆑臨㆓五月以上服親喪㆒。可㆑云㆓本字不㆑合㆑称、故絶㆓服期㆒可㆑知也」といった問答をおこなっている。本条に「本服」とあることにより、なぜ服期を絶つことがわかるのか、との問いに、もし服期を絶たないのであれば、本条は「臨五月以上服親喪」とあって、「本（服）」の字はないはずであり、それゆえ服期を絶つことがわかるのだと答えている（「服期〔傍期〕を絶つ」については後述）。この問答からすれば、養老令の「為本服二等以上親喪」の部分に対する大宝令文は、「臨本服五月以服親喪」とあったと推定される。

(49) 『大唐開元礼』巻一三三凶礼「臨喪」。

(50) 廣池千九郎「中国喪服制度の研究」（『東洋法制史研究』創文社、一九八三年、初発表一九〇八年）。

(51) 儀制令7太陽虧条は「凡太陽虧、有司預奏。皇帝不㆑視㆑事。百官各守㆓本司㆒。不㆑理㆑務、過㆑時乃罷。皇帝二等以上親、及外祖父母、右大臣以上、若散一位喪、皇帝不㆑視㆑事三日。国忌日〈謂、先皇崩日、依㆓別式㆒合㆓廃務㆒者、〉三等親、百官三

位以上喪、皇帝皆不レ視レ事一日」とある。
（52）『続日本紀』養老元年（七一七）三月癸卯条など。
（53）新日本古典文学大系『続日本紀』三、一七四頁。
（54）『日本三代実録』貞観十三年十月五日丁未条、二九八頁五〜七行目。
（55）平城は桓武のために「遠江貲布」を着し（『日本後紀』大同元年〈八〇六〉三月癸未条）、仁明は淳和のために「素服、〈以遠江貲布〉」を着している（『続日本後紀』承和七年〈八四〇〉五月甲申条）。宇多は光孝のために「素服」「縗麻」を着している（『日本紀略』仁和三年〈八八七〉九月二日壬申条、十五日乙酉条）。
（56）服喪と同様に、天皇による挙哀も、臣下に対し例外的におこなわれた事例を除くと、高野新笠に対して桓武がおこなったこの事例が最初となる。
（57）橋本義彦「即位儀礼の沿革」（『日本古代の儀礼と典籍』青史出版、一九九九年、初発表一九九一年）。
（58）和田萃「殯の基礎的考察」（註（5）著書所収、初発表一九六九年）。
（59）『続日本紀』宝亀元年（七七〇）九月辛巳条。
（60）大隅清陽「君臣秩序と儀礼」（『日本の歴史08　古代天皇制を考える』講談社、二〇〇一年）。
（61）本条の都城周辺での埋葬禁止規定については、和田萃「東アジアの古代都城と葬地—喪葬令皇都条に関連して—」（註（5）著書所収、初発表一九七六年）および天聖令の発見により、唐令に存在したことが明らかとなった。
（62）『日本書紀』白雉元年（六五〇）十月条は難波宮、持統七年（六九三）二月己巳条は藤原京、『続日本紀』和銅二年（七〇九）十月癸巳条は平城京造営時の墳墓の処理に関する記事である。
（63）『続日本後紀』嘉祥三年三月癸卯条、『日本文徳天皇実録』『日本三代実録』天安二年九月六日甲子条、『日本紀略』仁和三年八月二十九日庚午条。

第三章　律令官人と葬地
——都城か本拠地か——

はじめに

律令制の導入に伴う喪葬儀礼の変化と同時に、この時期には葬地においても大きな変化が起きていた。律令官人が祖先の墓をどのように捉え、また自身の埋葬地をどのように選択したのか。この時期の葬地をめぐる変化からは、中央集権的な官僚制度の進展や氏族制の変質などが透けて見えてくる。本章では律令制成立期を焦点に据え、七・八世紀の官人たちの事例から、彼らにとっての葬地の意味と、その変化を見ていきたい。

葬地に関して、『日本書紀』大化二年（六四六）三月甲申条のいわゆる「大化の薄葬令」は、

凡自二畿内一及二諸国等一、宜定二一所一而使二収埋一、不レ得三汚穢散二埋処々一

とするだけで、特に積極的な規定はない。律令規定においても、喪葬令9皇都条に、

凡皇都及道路側近、並不レ得二葬埋一

とあり、1先皇陵条には、

（前略）兆域内、不レ得二葬埋及耕牧樵採一

とあって、それぞれ都城と公行の道路周辺への埋葬と、天皇陵の兆域内への埋葬を禁じているのみで、具体的に埋葬

場所を指定するようなことはない。したがってこの時期の埋葬地の特徴は、制度よりも実例を集めて考察していく必要がある。そこで以下では、六国史や墓誌、絵図などに見える事例から、考察していくことにしたい。

一　和気清麻呂の二つの墓

まず和気清麻呂の事例を取り上げよう。『日本後紀』延暦十八年（七九九）二月乙未条に清麻呂の薨伝が掲載されているが、そこに以下のような記述がある。

高祖父佐波良、曾祖父波伎豆、祖宿奈、父平麻呂、墳墓在㆓本郷㆒者。拱樹成㆑林。清麻呂被㆑竄之日、為㆔人所㆓伐除㆒。帰来上疏陳㆑状。詔以㆓佐波良等四人幷清麻呂㆒為㆓美作備前両国々造㆒。

ここでは清麻呂の高祖父・曾祖父・祖父・父の先祖四代の墳墓が本郷、つまり一族の本拠地に築かれていたことを伝えている。清麻呂の本郷の地は、『続日本紀』天平神護元年（七六五）三月甲辰条に、

備前国藤野郡人正六位下藤野別真人広虫女、右兵衛少尉従六位上藤野別真人清麻呂等三人、賜㆓姓吉備藤野和気真人㆒

とあることから、備前国藤野郡（現在の岡山県和気郡和気町）であったと思われ、清麻呂や姉の広虫が京へ移貫して朝廷に出仕している間も、この地で祖先の墓地は林を成して維持されていたことがわかる。

清麻呂は神護景雲三年（七六九）に宇佐八幡宮神託事件で因幡員外介に左遷され、ついで大隅国へ配流されたが、翌宝亀元年（七七〇）には道鏡の失脚によって再び京へ召還される。前掲史料ではこの間に、本郷にある祖先の墓地の林が何者かに伐採されてしまったという。これは、本郷を離れて京へ出仕した清麻呂・広虫の権力が、地元の祖先

墓地の維持にも意味を持っていたことを示しているのだろう。清麻呂と本郷とのつながりは、清麻呂の賜姓と同時に藤野郡の人も賜姓されていること、それに伴い郡名までも藤野郡から和気郡に改められていることなどから明らかで、平野邦雄氏は清麻呂の土豪的性格を強調している。(1)

藤野郡において墓地を守っていた一族は、清麻呂と同時に賜姓に預かっている藤野郡大領子麻呂らをはじめとする人々と推測される。(2) 彼らは清麻呂の権威のもとに墓地を管理するのと同時に、先祖の墓地を通して在京の清麻呂とのつながりを保ち、地元で主導権を得るための手段にしていたのだろう。また清麻呂や広虫にしても、地方の一下級官人にすぎない立場から、中央で高い地位を得るようになると、その出自の正統性を主張する必要が生まれ、(3) そうした意図から本郷の祖先墓地を保護しようとしたのだろう。

ところが神託事件で二人が失脚すると、地元でも一族は主導権を失い、墓地の維持もままならなくなる。再び地位を取り戻した清麻呂は、本郷の墓地の保護を朝廷に訴え、朝廷はこれに対して祖先四人と清麻呂を美作・備前両国の国造に任命した。国造任命をもって祖先墓地の存続を保証したという事実からも、氏族の本拠地における墓地の確保は、その氏族の地元における権威を象徴する行為であったことを示していよう。

このように、本拠地における氏族の墓地は、地元に残る子孫のみならず、中央へ出仕した官人にとっても、自らの出自の正統性を示す場として、あるいはその系譜によってつながる氏族集団の結集の場として存在し、国家もそうした墓地の存在を容認する立場にあったことが知られる。

ところで清麻呂は、この奏言によって先祖四代の墓地を守ることに成功したにもかかわらず、自らは死後この墓地に埋葬されることはなかった。清麻呂の埋葬地については、同時代の記録はないものの、現在神護寺に清麻呂の墓と称するものが残されていることなどから、おそらく当初より同地に埋葬されたと考えられる。清麻呂は地方豪族の出身で、その土豪性を強く残した官人であったにもかかわらず、埋葬は平安京周辺で、単独でおこなわれたことになる。これは何を意味しているのであろうか。

二　墓誌にみる葬地の変化

こうした葬地の変化は、出土した古代の墓誌銘からも窺うことができる。墓誌銘（蔵骨器銘を含む）は、実際の墳墓遺構と結びついた文字資料であり、墳墓の埋葬者や造営年代などを明らかにし、特定の人物とその葬地をピンポイントで結びつけてくれる、またとない史料である。そこで以下、七〜八世紀の紀年を持つ墓誌の事例をいくつか取り上げ、墓主と葬地との関係を中心に、その変化を見ていきたい（表3参照）。

まず、七世紀の紀年を持つ2小野毛人の事例に注目する。小野毛人の墓誌は、山城国愛宕郡小野郷にあたる地域（現在の京都府京都市左京区上高野西明寺山）から出土した。小野氏は近江国滋賀郡小野村（滋賀県大津市、かつての滋賀郡和邇村小野）に本拠を持つ氏族であり、毛人の父である妹子もそこに居住していたが[4]、愛宕郡小野郷はその地に近接しており、やはり小野氏が居住していたことが知られている[5]。おそらく毛人もこの愛宕郡小野郷に移り住み、ここを新たな本貫の地としたのだろう。墓誌は石室遺構とともに出土し、古代の墓誌としては唯一、土葬墓に納められていたことが確実な事例である。その墓誌銘は、

飛鳥浄御原宮治二天下一天皇 御朝任二太政官兼刑部大卿一位大錦上小野毛人朝臣之墓。営造歳次二丁丑一年十二月上旬即葬

とあり、天武六年（六七七）の紀年にもかかわらず天武十三年に賜姓された「朝臣」が使用されていること、また大

表3　墓誌と出土地

番号	被葬者名	墓誌の出土地	葬法	紀年	相当位階
1	船王後	大阪府柏原市国分松岳山	不明、土葬か	六四一「殞亡」、六六八「殯葬」（墓誌は追納か）	五位
2	小野毛人	京都府京都市左京区上高野	土葬	六七七「営造」「葬」（墓誌は追納か）	四位
3	文禰麻呂	奈良県宇陀市榛原八滝	火葬	七〇七「卒」	正四位上
4	威奈大村	奈良県北葛城郡香芝町穴虫	火葬	七〇七「終」「葬」	正五位下
5	下道圀勝圀依母	岡山県小田郡矢掛町東三成	火葬	七〇八「成」	―
6	伊福吉部徳足比売	鳥取県鳥取市国府町宮下	火葬	七〇八「卒」、七一〇「殯」	従七位下
7	僧道薬	奈良県天理市岩屋町西山	火葬	七一四「命過」	―
8	太安万侶	奈良県奈良市此瀬町	火葬	七二三「卒之」	従四位下
9	山代真作	奈良県宇陀郡大阿太町東阿太	不明	七二八「逝去」	従六位上
10	小治田安万侶	奈良県山辺郡都祁村甲岡	火葬	七二九「葬」	従四位下
11	美努岡万	奈良県生駒市萩原町	火葬か	七二八「卒」、七三〇「納置」	従五位下
12	僧行基	奈良県生駒市有里町	火葬	七四九「終」「葬」	―
13	石川年足	大阪府高槻市真上	火葬	七六二「卒」「葬」	正三位
14	宇治宿禰	京都府京都市右京区大枝塚原町	火葬	七六八？	？
15	高屋枚人	大阪府南河内郡太子町太子	不明	七七六「葬」	正六位上
16	紀吉継	大阪府南河内郡太子町春日	不明	七八四	―

錦上が『続日本紀』所載の位階と合わず贈位と思われることなどから、(6)七世紀末以降の制作・追納と考えられている。(7)したがって毛人は、氏族の本拠地内部に土葬され、埋葬後も墓誌が追納されるなど、氏族集団による墓の保護が窺われる。こうした点は、天智七年（六六八）の紀年を持つ1船王後墓誌にも共通している。その銘文には、

（前略）共二婦安理故能刀自一同レ墓、其大兄刀羅古首之墓並作墓也。即為下安二保万代之霊基一、牢中固永劫之宝地上也

とあって、夫婦の墓を長兄の傍らに設けることで、船氏の墓所を子孫に伝えようとしており、このような墓所の在り

方は七世紀の特徴と言える。(8)

これに対し、八世紀の事例は大きく二つの傾向に分類できる。一つは七世紀の特徴を受け継ぎ、出身氏族の本拠地内に埋葬されるもので、5下道圀勝圀依母や6伊福吉部徳足比売などがこれにあたる。和銅元年（七〇八）の紀年を持つ下道圀勝圀依母の蔵骨器は、岡山県小田郡矢掛町より出土したが、この付近は吉備地方の有力豪族である下道氏の集住地であった。下道圀勝は吉備真備の父であり、墓主は真備の祖母ということになる。和銅三年の紀年を持つ伊福吉部徳足比売の蔵骨器は、鳥取県鳥取市（かつての岩美郡国府町）より出土したが、これもこの地方の豪族である伊福吉部氏の本拠地であった。蔵骨器に刻まれた銘文によれば、徳足比売は都に出仕して従七位下を授けられたとあり、おそらく采女として宮廷に仕えたのであろう。

以上のような本拠地での埋葬に対し、八世紀には都城周辺での埋葬も見られるようになる。ここでは8太安万侶と10小治田安万侶の事例を取り上げたい。養老七年（七二三）の紀年を持つ太安万侶の墓誌は、奈良県奈良市此瀬町より出土した。太安万侶は『古事記』の撰者として著名であるが、従四位下民部卿という肩書きを持つ官人であり、墓誌銘には、

左京四条四坊従四位下勲五等太朝臣安万侶、以㆓癸亥年七月六日㆒卒之。養老七年十二月十五日乙巳

とあって、左京に居住していたことがわかる。太氏の本拠地は大和国十市郡飫富郡（現在の奈良県磯城郡田原本町多）とされるが(9)、安万侶は朝廷に出仕するため平城京内に居を構えていたのであろう。そしてその墓所も、本拠地とは関係なく平城京東方の丘陵地に設けられた。この地は志貴親王や光仁天皇の墓もあり、奈良時代の葬地であったとされている。

小治田安万侶の場合も同様で、神亀六年（七二九）とある墓誌によると、従四位下の位階を持つ安万侶は、氏族の

本拠地である大和国高市郡小墾田（現在の奈良県高市郡明日香村）を離れて、右京三条二坊に居住していたらしい。そしてその墓誌は、奈良県奈良市（かつての山辺郡都祁村）より出土しており、やはり本拠地とは無関係の土地に埋葬されていたことがわかるのである。[10]

三　本拠地での埋葬

冒頭に挙げた和気清麻呂の先祖四代の墳墓は、下道圀勝圀依母や伊福吉部徳足比売などと同じく、出身氏族の本拠地内に置かれたものであった。同年の『日本後紀』延暦十八年（七九九）三月丁巳条には、やはり氏族の本拠地における墓地の存在と、その保護をめぐる奏言が登場する。

丁巳、正四位下行左大弁兼右衛士督皇太子学士伊勢守菅野朝臣真道等言、己等先祖、葛井、船、津、三氏墓地、在二河内国丹比郡野中寺以南一。名曰二寺山一。子孫相守、累世不レ侵。而今樵夫成レ市、採二伐冢樹一。先祖幽魂、永失レ所レ帰。伏請依レ旧令レ禁。許レ之。

菅野真道は、清麻呂と同様に、自らの祖先の墓地を伐採者から守るため、朝廷にその保護を求め、許されている。真道は津氏に属するが、記事により同祖の渡来系氏族である葛井・船・津の三氏は、その本拠地に近い河内国丹比郡野中寺以南の寺山という場所に共同の墓地を営んでいたことがわかる。[11]羽曳野丘陵北端に位置する埴生野古墳群は、七世紀代から八世紀にかけて形成されたものであり、葛井・船・津の氏々祖墓であると考えられている。[12]墓地は氏族の子孫によって代々守られてきたと記されており、やはり地元における一族の管理がおこなわれていたことが知られる。樹木の伐採による墓地の破壊に際して、京に居住していたと思われる真道を通して訴えている点も、清麻呂の場合と共通する。このような一族の紐帯としての墓地の存在を、次に「額田寺伽藍並条里図」（以下、「額田寺図」）を参考に考えてみたい。

「額田寺図」は、大和国平群郡額田郷（奈良県大和郡山市）の額田寺の寺域および周辺の寺領を描いた荘園図である。[13]額田寺は奈良盆地の西北部、額田部丘陵の南端にあり、佐保川と初瀬川が合流し大和川となる地点のすぐ北にあたる。図はこの額田寺を中心に、平群郡条里の九条三里、九条四里、十条三里、十条四里が描かれており、作成年代は山口英男氏らの研究により、天平勝宝八歳（七五六）六月を上限とし、天平宝字年間をさほど下らぬ時期とされている。[14]この図で注目されるのは、四ヵ所に及ぶ「墓」の記載であるが、特に九条三里二十五・二十六坪には、丹で描かれた二重線の瓢箪型の上に墨書で、

船墓〈額田部宿禰先祖〉

と記されており、墓と氏族との関係を知る上で、重要な手がかりとなる。この「額田部宿禰」については議論があるが、[15]ここでは平群郡を本拠地とし、天武十三年（六八四）に宿禰姓を賜った、額田部連氏を指すものと考える。

表4をもとに、図に描かれている墓について、服部伊久男氏の指摘に導かれつつ見ておこう。[16]前述の船墓は、その瓢箪型が前方後円墳を示していること、埴輪・須恵器などの遺物から、おおむね六世紀前半代に比定される（①）。九条四里十五・十六坪にも二重線で瓢箪型が描かれ、「□墓」と墨書されており、これは額田部狐塚古墳に比定されている（②）。狐塚古墳は全長五〇メートルの前方後円墳で、後円部から二つの木棺が検出され、鏡、鉄剣、鉄刀、挂甲札、馬具などが出土しているという。これも年代は六世紀初頭に比定される。九条三里三十一坪の小さな円に「墓」と墨書されたものは、少し場所がずれるが、鎌倉山古墳に比定されている（③）。この古墳は円墳で横穴式石室墳であったが、現在は全壊しており、石室規模から六世紀後半から七世紀前半頃の築造とされている。他にも九条四

表4　額田寺周辺の古墳

番号	古墳名	図中の位置	表現	築造年代	特徴
①	船墓古墳	九条三里二十五・二十六坪	船墓	六世紀前半	前方後円墳、埴輪・須恵器
②	額田部狐塚古墳	九条四里十五・十六坪	□墓	六世紀初頭	前方後円墳（全長五〇㍍）、木棺・鏡・鉄剣・鉄刀・挂甲札・馬具
③	鎌倉山古墳	九条三里三十一坪	墓	六世紀後半〜七世紀前半	円墳、横穴式石室墳
④	―	九条四里十七坪	墓	―	―
⑤	来迎墓ノ間古墳群	十条四里十三・十四・二十三坪	―	六世紀代	前方後円墳一基・方墳一基・円墳六基
⑥	推古神社古墳	十条三里三十六坪	―	五世紀後半〜六世紀前半	前方後円墳（全長三九㍍）
⑦	堀ノ内古墳	（九条四里二十七坪）	―	六世紀前半	円墳（径約二〇㍍）
⑧	松山古墳	（九条三里十五・十六坪）	―	五世紀前半	円墳（径約五二㍍）

里十七坪に古墳を表すと思われる大きな円が描かれ、「墓」と墨書されているが、現在は全く痕跡を留めていない（④）。

「墓」の記載はないものの、古墳らしきものが描かれているのが、十条四里十三・十四・二十三坪の辺りであり、来迎墓ノ間古墳群に比定されている（⑤）。古墳群は前方後円墳一基、方墳一基、円墳六基から構成されており、六世紀代のものとされている。十条三里三十六坪にも墨書のない瓢簞型が描かれている。これは推古神社古墳に比定され、全長三九メートルの前方後円墳で、五世紀後半から六世紀前半の築造とされる（⑥）。

図の欠損部にあたり、あるいは描かれていたかもしれない周辺の古墳についても見てみると、額田寺の西北約五五〇メートルに堀ノ内古墳が存在する（⑦）。図の条里からすると、九条四里二十七坪にあたる。径約二〇メートルの円墳らしく、採集された円筒埴輪より六世紀前半のものとされている。松山古墳は九条三里十五・十六坪にあたり、径五二メートルの円墳で、五世紀前半の築造である（⑧）。

以上をまとめると、額田部台地周辺では、最古と推測される五世紀前半の松山古墳に始まり、六世紀後半から七世紀前半の鎌倉山古墳に至るまで、集中的に古墳が築かれており、特に五世紀後半から六世紀前半にかけては、船墓古墳・額田部狐塚古墳・推古神社古墳・来迎墓ノ間古墳群・堀ノ内古墳など、次々と古墳が作られたことがわかる。こうした古墳が「額田寺図」に描かれていた意味については、やはり額田寺とそれを氏寺とする額田部宿禰氏との関連を考慮する必要があろう。

先に述べたように、六世紀前半の築造とされる船墓古墳は、図に「船墓〈額田部宿禰先祖〉」と墨書されている。額田部宿禰を姓とする氏族には、この平群郡を本拠地とし、天武十三年に宿禰姓を賜った額田部氏（もと額田部連氏）があるが、船墓の被葬者である「額田部宿禰先祖」は、おそらくこの額田部台地周辺を本拠とした豪族で、額田部氏の祖となる人物が築いたものであろう。周辺の他の古墳も同様にこの豪族によって築かれたものであると考えられ、それらの古墳が代々、この額田部台地を本拠とする一族によって守られていたのが、「額田寺図」の作成にあたって、当時の氏の姓であった「額田部宿禰」の先祖であるという記載に結びついたものと推測される。

「額田寺図」は前述の通り、額田寺の寺域および周辺の寺領を描いた荘園図であるが、古墳の描かれている場所はすべてその寺領内にあたっている。特に船墓は、公田に周囲を囲まれているにもかかわらず、その墓域を確保するように寺領に組み込まれており、意図的なものが感じられる。このことは、古墳を先祖の墓として守ってきた地元の一族が、氏寺である額田寺の寺領とすることで、墓地の維持・確保に努めた結果であると考えられる。

氏族の墓地を寺領の中に組み込むことで存続を図るという例は、時代は下り十世紀になるが、「蔭子橘元実玉瀧杣施入状案」に見ることができる。(17) 元実の先祖の墓地は伊賀国玉瀧杣にあり、累代子孫が相伝して守ってきたが、度重なる材木の伐採を受け墓地が荒らされていた。官符を楯に進入・伐採してくる寺や官司・後院等の有力な侵入者に対抗する手段として、元実はこの墓地を東大寺へ施入する。

其祟弥可レ有二元実并子孫之身一。不レ若下永奉レ施二入伽藍一、令レ得二先祖菩提之道一、兼免中元実禍殃之祟上。仍施入如レ件。

つまり同じ杣山とされてしまうのでも、寺に施入するのであれば先祖の祟りも心配なく、また大寺院であるので勢力も大きく、他の侵入者に墓地を荒らされることもない、と判断したのである。

額田寺においてもこれと同様に、一族の墓を守るために氏寺である額田寺の寺領とすることで他人の侵入を防ぎ、墓地の維持を実現しようとしたのではないか。寺と墓との密接な関係は、前述の葛井・船・津氏の墓地と野中寺、あるいは藤原武智麻呂の墓と栄山寺などにも見られる。

以上のように額田部氏は、遠い先祖の墓を代々伝承によって守り続け、それらを寺領に組み込むことで保持してきた。このような遠い先祖の墓の維持は、たとえば次の著名な歌の中にも読み取ることができよう[18]。

大伴の遠つ神祖の奥津城はしるく標立て人の知るべく

この歌は、大伴氏が「遠つ神祖」である大来目主の跡を引き継いで天皇に仕えていることを歌ったものへの反歌として記されており、ここでの墓（奥津城）は朝廷における氏の存在の正統性を示すと同時に、その子孫である一族の結合を促す紐帯としての役割が期待されていたと考えられる。『令集解』喪葬令10三位以上条の古記には、墓を営むことのできる条件として、

一云、雑戸陵戸官戸家人奴婢訴レ良、得レ免亦合レ聴。為二後表一故也

と記しており、この解釈が令意にかなっているかはともかく、墓がその子孫である一族の者にとって「後表」、つまりその正統性や結集の根拠となるという事実をよく表している。

このように、本拠地に形成される一族の墓地には、氏族の正統性や結合の上で重要な役割が期待されていたと考えられる。それにもかかわらず、前節で見た太安万侶や小治田安万侶、さらには和気清麻呂のように、八世紀になると

都城周辺での埋葬を選択し、氏族の集団墓地を形成しなくなる事例が登場する。次にその理由を考えてみたい。

四　都城周辺での埋葬

墓誌から知られる都城周辺に埋葬された事例として、第二節では太安万侶と小治田安万侶を取り上げたが、他に3文禰麻呂・4威奈大村・11美努岡万・12行基なども含めてよかろう。その上で表3を見直してみると、都城周辺に埋葬されるのは主として五位以上の上中級官人層であるとの傾向を看取することができる。そこで本節は、上級官人の代表とも言える藤原氏の葬地について、確認することから始めたい（表5参照）。

鎌足は、天智八年（六六九）に近江大津宮近辺の私邸で薨じ、約一年後、大津から山を隔てて南側にある山科において火葬・埋葬された(19)。火葬・埋葬の地である山階精舎は、本来は鎌足の居宅であった場所を、斉明三年（六五七）に妻の鏡王女が、鎌足の病気平癒を願って寺院としたもので、興福寺の前身であると言われる(20)。山階精舎（山階寺）を興福寺と結びつけることを疑問視する見解はあるものの、鎌足が山科に「陶原の家」と呼ばれる居宅を持ち、一族

表5　藤原氏の埋葬地

人名	死処	葬地	出典
鎌足	淡海之第	山階精舎→多武岑墓（十市郡）	日本書紀・藤氏家伝（鎌足伝）・延喜式
不比等	—	佐保山	公卿補任・帝王編年記
武智麻呂	左京私第	佐保山→後阿陁墓（宇智郡）	藤氏家伝（武智麻呂伝）・延喜式
良継	—	阿陁墓（宇智郡）	延喜式
百川	—	相楽墓	日本後紀・延喜式

らとともに集住していたことは、『扶桑略記』の記事のみならず、[21]山科区に残る中臣町の地名からも窺うことができる。[22]したがって鎌足の埋葬地は、大津宮の周辺である前に、一族の居住地の付近であったと言えよう。

また『延喜式』巻二一諸陵寮に、

多武岑墓、〈贈太政大臣正一位淡海公藤原朝臣、在二大和国十市郡一、兆域東西十二町、南北十二町、無二守戸一〉

とあり、これは鎌足の墓を指すと考えられることから、後に大和国十市郡倉橋山の多武峯へ改葬されたことがわかる。鎌足は、『藤氏家伝』鎌足伝に「大倭国高市郡人也」とあるように、本来は飛鳥京のある高市郡の出身であるから、隣接する十市郡への改葬は、藤原氏の本拠地への移動と考えることができる。

鎌足の子である不比等は、養老四年（七二〇）に薨じ、[23]死後二ヵ月を経て平城京のすぐ北方にある佐保山において火葬・埋葬されたことが知られる。[24]その後も改葬はおこなわれず、佐保山に葬られていたらしい。[25]平城京のすぐ北にある佐保山での火葬や埋葬は、他にも元明・元正天皇、また大伴家持の亡妾や大伴書持など、多くの例が見られる。[26]

不比等の第一子である武智麻呂も、佐保山で火葬をおこなった一人である。武智麻呂は天平九年（七三七）に左京の私邸に薨じた。[27]『延喜式』諸陵寮には次のようにある。

後阿陁墓、〈贈太政大臣正一位藤原朝臣武智麻呂、在二大和国宇智郡一、兆域東西十五町、南北十五町、守戸一烟。〉

不比等の第三子となる宇合の子の良継は、『延喜式』諸陵寮に、

阿陁墓、〈贈太政大臣藤原朝臣良継、日本根子推国高彦尊天皇外祖父、在二大和国宇智郡一、兆域東西十五町、南北十五町、守戸一烟〉

とあり、武智麻呂と同じ郡内に、同じ兆域で葬られていることがわかる。良継は宝亀八年（七七七）に死去しており、平城・嵯峨両天皇の外祖父にあたることから、諸陵寮式にあるような太政大臣の贈官や大規模な兆域は、大同元年

（八〇六）の平城即位に際して、正一位の追贈とともに与えられたものと推測される。[28] 兆域が武智麻呂と全く同じなのは、本来は単独で作られていた武智麻呂と良継の墓が、良継の兆域が武智麻呂の墓を含む形で設定され、両者がその兆域を共有することになったと理解すべきであろう。[29]

同じく宇合の子である百川は、

賜二山城国相楽郡田二町六段一、為二贈右大臣従二位藤原朝臣百川墓地一

とあるように、延暦十六年（七九七）に相楽郡に墓地を賜っている。[30] 百川は宝亀十年（七七九）に死去しており、相楽郡のこの土地にすでに葬られていた百川に、桓武が特別に保護を加えて兆域を設定したものと理解される。『延喜式』諸陵寮には、

相楽墓、〈贈太政大臣正一位藤原朝臣百川、淳和太上天皇外祖父、在二山城国相楽郡一、兆域東西三町、南北二町、守戸一烟〉

とともに、

後相楽墓、〈贈正一位藤原氏、同天皇外祖母、在二山城国相楽郡贈太政大臣墓内一、無二守戸一〉

があり、夫婦同墓であったことがわかる。

以上から知られる点をまとめると、次のようになる。まず墓の作られる単位であるが、いずれも個人、または夫婦の墓になっている。これは前節で挙げた一族が集団になって埋葬されるのと大きな相違である。親子・兄弟関係にありながら、その埋葬地は別々で、唯一同じ場所に築かれた例である武智麻呂と良継の場合は、武智麻呂の兄弟であり良継の父である宇合の埋葬地が不明なので確かなことはわからないが、おそらく意図的に集められたものではなく、この地に築かれた栄山寺との関係から、藤原氏と縁の深い土地であり、[31] 埋葬地として選ばれやすかったものと思われ

る。

また埋葬地が、鎌足の例を除いて、氏族発祥の地である大原を離れ、広く京周辺に広がっていることが指摘できる。鎌足の初葬地は一族集住の地であり、また改葬地も出身地に近いところに営まれていることから、船王後や小野毛人と同様、七世紀の特徴である本拠地での埋葬がおこなわれていたことがわかる。それに対して不比等以降の埋葬地には、本拠地との関連性を見ることができない。一方で都城との関連からみると、鎌足の初葬地と不比等の火葬・埋葬地は特に当時の京に近接しており、それ以外も平城京時代の大和国宇智郡、平安京時代の山城国相楽郡というように、おおまかには京の移動に伴って埋葬地が変化していることがわかる。

以上のように、律令制下の上級官人の埋葬地は、氏族の本拠地を離れた都城周辺に設けられ、個人あるいは夫婦という小さな単位で葬られた。このことは、前述の都城周辺に埋葬された墓誌の事例についてもあてはまる。このような埋葬方法の発生は、藤原氏、墓誌ともに、七世紀から八世紀への転換期を境とする。この時期の埋葬地の変化、また下級官人以下との埋葬地の性格の差異は、どこから生まれるのだろうか。

五　中央と地方

冒頭で述べた和気清麻呂の事例も、こうした八世紀になって新たに登場してくる、氏族の本拠地を離れ都城周辺に単独で埋葬されるという特徴を持っていた。同時期に地元に葬られている事例と対比すると、彼らの共通点として考えられるのが、いずれも中央の五位以上官人として京内に居住していたという事実である。

造都に先立つ官人への宅地班給は、『日本書紀』持統五年（六九一）十二月乙巳条の藤原京造営における記事を実質的な始まりとして、以後の遷都でも班給が継続しておこなわれていたことが知られる。班給の対象とされたのは主に官人層であったが、特に五位以上の官人は原則的に京内に居住していたと考えられる。(32) このような上中級官人層の都城への集住は、畿内豪族である彼らを在地から引き離し、京内へ生活の基盤を移させることで、律令官僚制のもとに再編成するという意味があったと考えられる。こうしたなかで、京内の居住地を自らの本貫地と意識する官人が生まれ、その結果、都城周辺での埋葬がさかんになったと推測することができる。実際、太安万侶と小治田安万侶の墓誌には、それぞれ「左京四条四坊」「右京三条二坊」として、氏族の本拠地ではなく京宅の所在地を記している。藤原氏の場合でも、武智麻呂伝には「左京人也」とあって、鎌足が「大倭国高市郡人也」と記されていたのに対し、すでに土豪としての立場よりも、京を本貫とする中央官人としての意識に変化している様子を見て取ることができる。

八世紀以降の上中級官人の葬地が、彼らの本貫地や氏族の本拠地と関わりなく、都城の周辺諸郡に設定されたということは、『延喜式』巻二一諸陵寮陵墓条所載の「陵墓歴名」に見える奈良・平安時代前半の貴族の陵墓について検討した橋本義則氏も指摘している。(33) それによると、平城京時代には大和国の盆地周縁部の葬地に、長岡京時代には山城国乙訓郡や河内国交野郡・山城国相楽郡などの葬地に分散して埋葬されたが、平安京時代には京に隣接する愛宕・宇治・紀伊・葛野の四郡に集中して営まれるようになったといい、貴族の葬地が都城の移動とともに所在を移す政治的存在であったとしている。

また埋葬の単位についても橋本氏は、平城京・長岡京時代には貴族夫婦は別々の葬地に埋葬されたが、平安京時代になると、夫婦の墓が近接して営まれるようになり、同墓の場合も見られるようになると述べる。夫婦同墓は、奈良時代にも下級官人層ではおこなわれ、七世紀中頃にも存在したことから、むしろ奈良時代の貴族の別墓が特殊なのであって、これは律令国家が貴族の「家」(家令職員を中核とする家政官司によって管理・運営される「家」)の自立を実現しようとしたためであるとした。

夫婦同墓が本来の在り方であったかについては若干の疑問もあるが、従来の氏族本拠地での「氏々祖墓」（『続日本紀』慶雲三年〔七〇六〕三月丁巳条）から脱却した中央官人が、豪族の長としてではなく律令国家の一官人として、新たな「家」を単位に個別の墓所を築いたがために、和気清麻呂らのような単独での埋葬がおこなわれるようになったのではなかろうか。

ところで、都城に居住する官人であっても、その生活は都城と氏族の本拠地の両方の基盤の上に成り立っていたとする「両貫性」が指摘されている。(34) 藤原氏にしても、武智麻呂は鎌足と同じく大原で誕生しており、(35) 不比等の兄弟である定慧（貞恵）は郷里で死去している。(36) したがって少なくとも平城京段階までは、氏族の本拠地を離れて生活の基盤を都城へ完全に移動するということは達成されていなかった。

『周礼』によると、官人は王墓の周辺に兆域を授かり葬られることが、庶民は地元で一族が集まって葬られることが理想とされていた。(37) 王の墓の周辺に葬るいわゆる陪葬の制は、この『周礼』を根拠とするものと認識され、以後も礼として受け継がれた。(38) 『周礼』に言うような兆域の賜与は、『周礼』を政治理念として重視した漢・後漢において多くの例を見ることができる。賜与される墓田には陪葬墓以外のものも含まれるが、なかでも陪葬墓はこの時期、数・規模ともに拡大して画期をなした。(39) 一般に帝王陵は都城の付近に作られるので、陪葬墓も必然的に都城の周辺に作られることになる。その後の西晋の墓地に関して、福原啓郎氏は、京師周辺の墓を広義の陪葬墓とした上で、官人の埋葬地には郷里と京師の二方向のベクトルがあることを指摘し、それが当時の貴族の在り方の二面性、すなわち地方の名望家であり、なおかつ中央の官僚でもあるという立場の反映であるとした。(40) 地方の有力者が中央官人として地元を離れ、墓地を国からの賜与によって帝王陵あるいは都城の周辺に求めるという構造は、そのまま唐にも受け継がれて

いる。(41)

日本では唐令に存在した陪葬規定は継受しておらず、中国での状況を直接参照することはできないが、西晋に関する福原氏の指摘をふまえれば、おそらくは日本古代の上級官人たちも「両貫性」のなかで思い悩みながら、都城周辺での埋葬を選択していったのではなかろうか。

おわりに

本章では、律令制成立期における官人層の葬地の在り方と、その変化の様相を通じて、地方豪族が中央官僚へと編成されていく過程を読み取ろうとした。第一節では和気清麻呂の事例を取り上げ、彼が氏族の本拠地にある先祖代々の墳墓の保護に尽力しながら、一方で自身は都城の周辺で単独で埋葬されたことに注目した。第二節では墓誌の事例から、七世紀には本拠地の一族の集団墓地に埋葬されていたものが、八世紀には本拠地埋葬とともに、都城周辺への埋葬が、新たに登場することを指摘した。

第三節では、このうちの本拠地への埋葬について検討した。地元の祖先墓の保護を訴えた和気清麻呂や菅野真道の事例からは、中央貴族と地元の一族墓との密接な関係が窺え、また「額田寺伽藍並条里図」に描かれた祖先墓からは、古墳が氏族結合に果たした役割、さらに氏寺と古墳との連続した関係を読み取ることができる。そうした事例をもとに、古代社会において、一族墓地の存在がいかに重要であったかを指摘した。第四節では、もう一方の、都城周辺での埋葬について検討した。藤原氏の事例からは、もともと本拠地の一族墓に埋葬されていたものが、やがて時々の都城周辺への埋葬へと変化していく様を窺うことができるとし、また埋葬単位も個人あるいは夫婦という小単位であったとした。

これらを受けて、第五節では、埋葬地が都城周辺に移る理由を推測した。律令国家が形成されてくるに従い、中央の上中級官人は、一族の本拠地を離れて都城に集住するようになり、氏族制的秩序を離れて律令官僚制のもとに再編成されていった。彼らの埋葬地の変化は、こうした政治的要素を如実に示しているのである。

喪葬制度の変革は、天武・持統朝における旧豪族集団の解体と律令官僚制への再編成という流れのなかで理解できることを、前章までで述べてきた。本章で扱った官人層の埋葬地の変化も、同様の文脈で理解すべきものであり、都城周辺への埋葬は、都城を中心とした官僚制秩序の表現であるとともに、本拠地の一族墓地を紐帯とした氏族結合を解体する意味合いを孕んでいたのである。喪葬儀礼への国家的介入も、一族の集住する地からの脱却という、埋葬地の変化を背景として初めて、受け入れられていったのであろう。

註

（1）平野邦雄『和気清麻呂』（人物叢書、吉川弘文館、一九六四年）。

（2）前掲『続日本紀』天平神護元年（七六五）三月甲辰条には、広虫・清麻呂への賜姓に続けて、「藤野郡大領藤野別公子麻呂等十二人、吉備藤野別宿禰。近衛従八位下別公薗守等九人、吉備石成別宿禰」と記している。また同神護景雲三年（七六九）五月乙未条に、「乙未、従五位下吉備藤野和気真人清麿等、賜二姓輔治能真人一。外従八位上吉備藤野宿禰子麿・従八位下吉備藤野宿禰牛養等十二人、輔治能宿禰。近衛无位吉備石成別宿禰国守等九人、石成宿禰」とある。

（3）薨伝でも祖先を垂仁天皇の皇子である鐸石別命にもとめ、その三世孫である弟彦王が軍功によって封ぜられたのが美作・備前両国であるとし、同じ地方に本拠を持つ吉備氏を意識した祖先伝承を作り上げている。註（1）平野著書参照。

（4）『新撰姓氏録』左京皇別下「小野朝臣」。『延喜式』巻一〇神祇・神名下・近江国滋賀郡に「小野神社二座」と見える。以

下、墓誌に記された人物の本貫地比定に際しては、佐伯有清『新撰姓氏録の研究』（吉川弘文館、一九六二〜二〇〇一年）での考証を多く参照した。

(5)『日本三代実録』元慶二年（八七八）十二月二十五日丙戌条に「山城国愛宕郡小野郷人勘解由次官従五位下小野朝臣当岑、改二本居一貫二隷左京職一」と見える。また『延喜式』巻九神祇・神名上・山城国愛宕郡に「小野神社二座」と見える。

(6)『続日本紀』和銅七年（七一四）四月辛未条に、「辛未、中納言従三位兼中務卿勲三等小野朝臣毛野薨。小治田朝大徳冠妹子之孫、小錦中毛人之子也」とある。

(7) 藪田嘉一郎『日本上代金石叢考』（河原書店、一九四九年）、東野治之「古代の墓誌」（『日本古代金石文の研究』岩波書店、二〇〇四年、初発表一九七九年）。

(8) 船王後墓誌も小野毛人墓誌と同様に、その内容の検討から七世紀末から八世紀初に製作・追納された可能性が指摘されており（註(7)東野著書）、やはり一族集団による墓地の守護の様子が窺える。

(9)『延喜式』巻九神祇・神名上・大和国十市郡には「多坐弥志理都比古神社二座」が見える。

(10) 小治田氏一族の者で居住地が知られるのは、平城京右京五条一坊の小治田朝臣於比売（「天平十四年十一月十四日尼宝蔵優婆夷貢進解」『大日本古文書』編年文書八巻一三三頁）、左京六条一坊の小治田朝臣（「天平十四年十一月十五日優婆塞貢進解」同二巻三一五頁）、左京四条三坊の小治田朝臣弟麻呂（「天平二十年十月二十七日太政官符案」同二四巻五二六頁）、左京三条四坊の小治田朝臣藤麻呂（「天平二十年十一月十九日小治田藤麻呂解」同三巻一三五頁）などがあり、一族が多数、京内に居住していた様子がわかる。

(11) 井上光貞「王仁の後裔氏族と其の仏教—上代仏教と帰化人の関係に就ての一考察—」（『日本古代思想史の研究』岩波書店、一九八二年、初発表一九四三年）。

(12) 森浩一「古墳時代後期以降の埋葬地と葬地—古墳終末への遡及的試論として—」（同編『論集 終末期古墳』塙書房、一九七三年、初発表一九七〇年）。

(13)「額田寺図」に関する研究には、米倉二郎「庄園図の歴史地理的考察」（『広島大学文学部紀要』一二、一九五七年）、伊藤寿和「大和国における奈良時代の農業的土地利用の諸相」（『日本女子大学文学部紀要』四一、一九九一年）、山口英男「『額

田寺伽藍並条里図』の復原をめぐって」（『条里制研究』九、一九九三年）、同「大和b額田寺伽藍並条里図」（金田章裕他編『日本古代荘園図』東京大学出版会、一九九六年）、服部伊久男「額田寺と条里」（『条里制研究』一〇、一九九四年）などがある。東京大学史料編纂所編『日本荘園絵図聚影』三・近畿二（東京大学出版会、一九八七年）参照。

(14) 註(13)山口「大和b額田寺伽藍並条里図」。

(15) 福山敏男「額田寺（額安寺）」（『奈良朝寺院の研究』高桐書院、一九四八年）、狩野久「額田部連と飽波評—七世紀史研究の一視角—」（『日本古代の国家と都城』東京大学出版会、一九九〇年、初発表一九八四年）の両者は、天武十三年（六八四）に宿禰姓を賜った額田部連に由来するとし、前田晴人「額田部連の系譜と職掌と本拠地」（『古代王権と難波・河内の豪族』清文堂出版、二〇〇〇年、初発表一九九一年）では天平宝字二年（七五八）に宿禰姓を賜った額田部河田連に由来するという。

(16) 服部伊久男「国宝額田寺伽藍幷条里図にみえる墓について」（森浩一編『考古学と生活文化』同志社大学考古学シリーズV、一九九二年）、註(13)山口「大和b額田寺伽藍並条里図」。

(17) 天徳二年（九五八）十二月十日付（『大日本古文書』東南院文書之二、四七八号）。

(18) 『万葉集』巻一八—四〇九六。

(19) 『日本書紀』天智八年十月辛酉条。『藤氏家伝』鎌足伝。

(20) 「興福寺縁起」（『群書類従』第二四輯、巻四三五）。

(21) 『扶桑略記』斉明三年条に「内臣鎌子於㆓山階陶原家㆒〈在㆓山城国宇治郡㆒〉始立㆓精舎㆒」とあり、同四年条に「中臣鎌子於㆓山科陶原家㆒、屈㆓請呉僧元興寺福亮法師㆒〈後任㆓僧正㆒〉」とある。

(22) 井上満郎「山科区概説 古代」（京都市編『史料京都の歴史第11巻 山科区』平凡社、一九八八年）。

(23) 『続日本紀』養老四年八月癸未条。

(24) 『公卿補任』養老四年頭書に「十月八日戊子、火㆓葬佐保山推(椎)山岡㆒。従㆓遺教㆒也」とあり、『帝王編年記』にも「養老四年八月三日薨、六十二、葬㆓佐保山㆒。贈㆓太政大臣正一位㆒、諡号㆓淡海公㆒」とある。

(25) たとえば『帥記』永暦五年（一〇八一）三月二十六日条に、「今日可㆑立㆓多武峯幷椎岡使㆒」とあり、鎌足の葬られている多武峯とともに佐保山の椎岡にも使者が送られている。

(26) 元明は『続日本紀』養老五年（七二一）十二月乙酉条、元正は同天平二十年（七四八）四月丁卯条。家持の亡妾は『万葉集』巻三―四七三・四七四（天平十一年六月）、書持は同巻一七―三九五七（天平十八年九月二十五日）。

(27)『続日本紀』天平九年七月丁酉条、『藤氏家伝』武智麻呂伝。

(28)『日本後紀』大同元年六月辛丑条。

(29) 福山敏男氏は、武智麻呂の兆域内に良継の墓が作られたとされたが（「栄山寺の創立と八角堂」、福山敏男・秋山光和『栄山寺八角堂の研究』便利堂、一九五一年）、次に述べる百川の例で、特に勅を下して兆域を与えていることからすると、平安初期以前には諸陵式に定めるような大規模な兆域を設定することは一般的ではなかったと思われ、武智麻呂の場合も良継埋葬時にすでに式に定めるような広大な兆域を持っていたかどうかは疑問である。また後述するように、八世紀段階においては、上級官人の墓が同族ごとに集中して設けられることはなかったと考えるので、良継が武智麻呂の兆域に入り込む形で埋葬されたとは考え難い。

(30)『日本後紀』延暦十六年二月丁巳朔条。

(31) 註(29)福山論文、岸俊男「奈良朝の宇智郡」（『五條市史』上巻、一九五八年）。

(32) 北村優季「日唐都城比較制度試論」（『平城京成立史論』吉川弘文館、二〇一三年、初発表一九九二年）。

(33) 橋本義則「古代貴族の営墓と「家」―『延喜式』巻二一諸陵寮陵墓条所載「陵墓歴名」の再検討―」（笠谷和比古編『公家と武家Ⅱ―「家」の比較文明史的考察―』思文閣出版、一九九九年）。

(34) 薗田香融「万葉貴族の生活圏」（『万葉』八、一九五三年）、吉田孝「八世紀の日本―律令国家」（『岩波講座 日本通史第四巻 古代3』岩波書店、一九九四年）。

(35)『藤氏家伝』武智麻呂伝に「天武天皇即位九年歳次二庚辰一四月十五日、誕二於大原之第一」とある。

(36)『藤氏家伝』貞慧伝に「則以二其年十二月廿三日一、終二於大原之第一」とある。

(37) 杉本憲司「中国古代の墓地」（森浩一編『日本古代文化の探求　墓地』社会思想社、一九七五年）。『周礼』春官冢人には「冢人、掌二公墓之地一、辨二其兆域一而為二之図一。先王之葬居レ中、以二昭穆一為二左右一。凡諸侯居二左右以レ前、卿大夫士居レ後、各以二其族一。（中略）凡諸侯及諸臣葬二於墓一者、授二之兆一、為二之蹕一、均二其禁一」とあり、同春官墓大夫には「墓大夫、掌二凡邦墓之地域一、為二之図一。令二国民族葬一、而掌二其禁令一。正二其位一掌二其度数一。使二皆有レ私二地域一」とある。

（38）　劉慶柱・李毓芳『前漢皇帝陵の研究』（来村多加史訳、学生社、一九九一年）。『唐大詔令集』巻六三陪陵「賜二功臣陪陵地一詔」には「諸侯列葬、周文創陳二其礼一」とある。

（39）　註(37)杉本論文、註(38)劉・李著書。

（40）　福原啓郎「西晉の墓誌の意義」（『魏晉政治社会史研究』京都大学学術出版会、二〇一二年、初発表一九九三年）。

（41）　『唐大詔令集』巻六三陪陵「賜二功臣陪陵地一詔」（貞観十一年（六三七）十一月）は、功臣の墓地を陪陵として与えることを定めており、『旧唐書』にその実例が多数存在する。『唐令拾遺』喪葬令復旧第二条は「諸功臣密戚、請二陪陵葬一者聴レ之。以二文武一分為二左右一而列。（中略）若父祖陪陵、子孫従レ葬者亦如レ之。（後略）」と復原され、功臣の陪葬が一般におこなわれていたことが窺える。

第四章　奈良時代の天皇喪葬儀礼

――大唐元陵儀注の検討を通して――

はじめに

奈良時代の喪葬儀礼については、その儀式次第を体系的に記した史料は存在せず、六国史等に残された断片的な記事の他は、喪葬令規定の分析を通して考察せざるを得ない。そこで著者は、これまで主に唐令との比較を通して喪葬令の検討をおこない、奈良時代の官人層における喪葬儀礼の復原に努めてきた。(1)ところが天皇（および太上天皇）の喪葬儀礼については、喪葬令は何ら規定しない。すでに指摘されているように、これは天皇の死を諱んで意図的に欠落させたためであり、母法たる唐令や『大唐開元礼』（以下、『開元礼』）が中国皇帝の喪葬儀礼を記さず、もっぱら官人層の儀礼の規定であったのを、そのままに継承しているのである。したがって、奈良時代の天皇喪葬儀礼の復原には、喪葬令の分析という手法は必ずしも有効ではない。

一方、唐代皇帝の喪葬儀礼に関しては、日本と同じく令や礼典には規定されなかったものの、比較的詳細にその儀式次第を窺うことができる。これは、大暦十四年（七七九）に歿した代宗の葬儀に際しての儀注（事前に作成される儀式次第）が、『通典』所引「大唐元陵儀注」（以下、「元陵儀注」）として残されているためである。本史料については、すでに来村多加史氏による詳細な検討がなされており、(2)著者の参加する研究会においても訳註書を刊行した。(3)

本史料は、唐代皇帝のみならず、日本古代の天皇喪葬儀礼を考える上でも、重要な意味を持つであろう。喪葬令には天皇の喪葬に関する規定は存在しないものの、そこに規定された諸要素は、実際には天皇喪葬儀礼において積極的に取り入れられ、官人層へと広められたと考えられる。(4)このように天皇は率先して喪葬令規定、ひいては中国礼制に則った儀礼の導入に努めているのであり、おそらくは「元陵儀注」に見えるような中国皇帝の喪葬儀礼の情報も収集し、参考にしたであろう。

平安時代に入ると、各種の古記録・儀式書が作成されるようになり、天皇の喪葬儀礼に関する史料も比較的豊富に残されるようになる。そこに記される儀礼内容は、すでに喪葬令規定に現れる諸要素（方相氏・鼓吹・轜車など）を失うとともに、仏教的要素が色濃く反映するなど、独自の様相を呈している。九世紀中頃から後半にかけて、喪葬儀礼が大きく変化したであろうことは明らかで、それ以後の史料を安易に奈良時代に遡らせることはできない。しかし、新しい儀礼であるとして切り離してしまうのは簡単だが、「元陵儀注」をも参照することで、従来ほとんど解明されてこなかった奈良時代における天皇の喪葬儀礼を復原する手がかりとすることはできないだろうか。本章ではこうした試みとして、比較的史料の豊富な葬送（遺体を陵墓へ移動し、埋葬する過程）を中心に検討していきたい。

一　『西宮記』からの概観

平安時代の天皇の葬送について、十世紀という比較的早い時期の成立であり、儀式書として体系的に記されている『西宮記』を素材に見ていきたい。『西宮記』巻一二「天皇崩事」に見える天皇葬送に関する記述は、その成立時期や勘物の存在から、延長八年（九三〇）の醍醐天皇の事例を中心に、承平元年（九三一）の宇多法皇の事例も参考にしつ

11出版社　共同復刊
＜書物復権＞

岩波書店／紀伊國屋書店／勁草書房／青土社／創元社
東京大学出版会／白水社／法政大学出版局／みすず書房／未來社／吉川弘文館

この度は＜書物復権＞復刊書目をご愛読いただき、まことにありがとうございます。

本書は読者のみなさまからご要望の多かった復刊書です。ぜひアンケートにご協力ください。

アンケートに応えていただいた中から抽選で10名様に2000円分の図書カードを贈呈いたします。

（2023年1月31日到着分まで有効）当選の発表は発送をもってかえさせていただきます。

●お買い上げいただいた書籍タイトル

●この本をお買い上げいただいたきっかけは何ですか？
1．書店でみかけて　2．以前から探していた　3．書物復権はいつもチェックしている
4．ウェブサイトをみて（サイト名：　　　　　　　　　　　　　　　　　）
5．その他（　　　　　　　　　　　　　　　　　　　　　　　　　　　　）

●よろしければご関心のジャンルをお知らせください。
1．哲学・思想　2．宗教　3．心理　4．社会科学　5．教育　6．歴史　7．文学
8．芸術　9．ノンフィクション　10．自然科学　11．医学　12．その他（　　　　）

●おもにどこで書籍の情報を収集されていますか？
1．書店店頭　2．ネット書店　3．新聞広告・書評　4．出版社のウェブサイト
5．出版社や個人のSNS（具体的には：　　　　　　　　　　　　　　　　）
6．その他（　　　　　　　　　　　　　　　　）

●今後、＜書物復権の会＞から新刊・復刊のご案内、イベント情報などのお知らせをお送りしてもよろしいでしょうか？
1．はい　　　　　　　　　2．いいえ

●はい、とお答えいただいた方にお聞きいたします。どんな情報がお役に立ちますか？
1．復刊書の情報　2．参加型イベント案内　3．著者サイン会　4．各社図書目録
5．その他（　　　　　　　　　　　　　　　　　　　　　　　　　　　　）

●＜書物復権の会＞に対して、ご意見、ご要望がございましたらご自由にお書き下さい。

郵便はがき

料金受取人払

本郷局承認

5197

差出有効期間
2024年1月
31日まで

113-8790

（受取人）

東京都文京区
本郷7-2-8

吉川弘文館　営業部内

〈書物復権〉の会　事務局 行

ご住所　〒 TEL	
お名前（ふりがな）	年齢 代
Eメールアドレス	
ご職業	お買上書店名

※このハガキは、アンケートの収集、関連書籍のご案内のご本人確認・配送先確認を目的としたものです。ご記入いただいた個人情報は上記目的以外での使用はいたしません。以上、ご了解の上、ご記入願います。

つ組み立てられたと推測される。比較するにはあまりにも隔たった内容ではあるが、「元陵儀注」との共通点・相違点を中心に『西宮記』の内容を見ていきたい(5)。

まず柩を載せて運ぶのが、「元陵儀注」では車（轀輬車）であるのに対し、『西宮記』は御輿である。

大輿如レ床四角有レ轅、其上四角朱欄、々内立二小障子一、以レ帛作、〈黒縁、〉障間内立二同障子一、其中立二小屋形一、々々如二加レ廂五間屋一、々上張二紫絹覆一、瓦形廻二五間一施二帛帷一、有二同冒額剣一、内置二須々利一、以レ帛張如レ槨、中有二御槨一、

御輿は、朱欄の間に黒縁の帛で作った小障子が立てられ、小屋形と呼ばれる箱が置かれ、紫絹や帛帷の覆いがかけられている。小屋形の内側には須々利、その中に槨が置かれるという構造であった。日本でも奈良時代には輿ではなく車が用いられていたと推測されるが、この点については後述したい。

次に葬列について見てみよう。

御輿長十六人、（中略）舁二御棺一載二御輿一、（中略）蔵人所執二帛行障一、〈十六基蔽繞、〉駕丁卌四人、〈道間相替、〉（中略）雅楽・絵所・作物所人執二歩障一、（中略）孝子（中略）立二御輿後一、（中略）御前僧卌口、導師・呪願・念仏等、（中略）大舎人・内竪・主殿寮人四十人、秉レ燭在二歩障外一、〈雖二天明一不レ滅、〉香輿、

「元陵儀注」に登場する挽歌や鐸が『西宮記』には存在しない。日本でも喪葬令には唐令を継承した鼓吹の支給規定が見え、天武十二年（六八三）や宝亀十年（七七九）に実際に支給された事例も確認できるが(6)、九世紀後半以降は支給を辞退する言葉さえ見られなくなる。また聖武太上天皇の葬送にある「在レ路令三笛人奏二行道之曲一」(7)などは、律令制的というよりも、むしろ令制以前の「枚方ゆ　笛吹き上る　近江のや　毛野の若子い　笛吹き上る」(8)といった音楽を想像させ、令制下においても唐令の規定する音楽とは異質であった可能性が高い。

『西宮記』で御輿を中心とした葬列を蔽う行障・歩障は、「元陵儀注」にはそのまま対応する語句は見えないものの、柩を蔽う翣や女性参加者を隠す行帷が登場する。また唐代の葬儀を復原するには問題もあるものの、『三才図会』儀制七「発引図」に描かれる「布幃」などは、古記録や「聖徳太子絵伝」に描かれた行障・歩障と大変よく合致している。(9)西本昌弘氏は、唐鹵簿令に「行障」が見えること、延暦八年（七八九）の皇太夫人高野新笠の葬儀で「支障柱」が確認できることなどから、行障・歩障の利用は八世紀まで遡ることを明らかにしている。(10)

ところで、「元陵儀注」に頻出する女性参加者を蔽い隠す行帷が、『西宮記』には全く見られない。承和九年（八四二）の嵯峨太上天皇の薄葬遺詔には、「従者不レ過二廿人一。〈謂院中近習者。〉男息不レ在二此限一。婦女一従二停止一」(11)とあり、女性の葬列への参加が拒まれている。あるいはこの頃から、天皇の葬列には女性が参加しないのが一般的になったのかもしれない。ただし中宮など女性の死の場合には、女性が葬列に参加していたことを確認できる。

『西宮記』では、孝子が父天皇の御輿の後に従うことを記している。

孝子、着二商布衣袴、絹下襲、布冠、素帯、布鈍色帽、楬袴、藁履、白杖、檜笠一、立二御輿後一、〈扶持者着二当色一相従。〉

孝子は、商布の衣袴・絹の下襲・布の冠・素帯・布の鈍色の帽・楬袴・藁履・白杖・檜笠という姿で、扶持者を従えている。ただし新天皇が葬列に参加した事例は見出し難く、ここでの孝子は天皇以外の諸皇子を指すと考えるべきであろう。「元陵儀注」でも徳宗自身は承天門で轀輬車を見送っている。

葬列には、香輿も従っていた。

香輿、〈二分在二前後一、旧例共在レ前、一張二大蛇瓶燭一、一居二香花一、大蔵・図書供レ之、〉

長元九年（一〇三六）の後一条天皇の葬列には火輿・香輿が見えており、(12)『西宮記』にも「香輿」が登場する。(13)「元陵儀注」では、柩を載せた轀輬車（轜車）とは別に霊を載せた玉輅（霊車）が存在し、その中には几や服御とともに香案が置かれ、これによって死者の霊を寄せていたと考えられる。後述のように日本では、中国的な霊の観念は稀薄であり、轜車と別に霊車が設けられることもなかったが、あるいは香輿がそうした役割を持っていたのかもしれない。「聖徳太子絵伝」でも、柩を載せた御輿の前に香炉を載せた輿が描かれているものがある。(14) また後掲の聖武天皇の事例から、香輿が奈良時代にまで遡る可能性も考えられる。

日本に特徴的なのは、葬列が夜おこなわれるということである。それゆえ『西宮記』にも秉燭のことが見え、「天明と雖も滅せず」との注記もある。『万葉集』には霊亀二年（七一六）志貴親王の葬送を題材にした「高円山に　春野焼く　野火と見るまで　もゆる火を（中略）天皇の　神の御子の　いでましの　手火の光そ　ここだ照りたる」という歌があり、葬列の松明が夜の高円山に長く連なる様子を描いている。(15) 平安時代の葬列も知られる限りほぼ夜に葬列が出発し、天皇の場合でも翌朝には葬送を終えており、発引から埋葬までに一〇日間を費やした「元陵儀注」とは対照的である。

最後に陵内の記述では、やはり陵の施設が日唐で大きく異なっているが、それでも『西宮記』の場合は醍醐の事例に従い、「元陵儀注」と同じ土葬を想定している。

御物安二陵中一〈硯、平生御物、除二重代一、（中略）〉上物事、〈蔵人二人、於二陵艮地一焼二御物・小屋類一〉導師呪願後、御輿長舁二御棺一安二陵中一、（中略）喪庭雑具分二配近辺諸寺一事、

遺愛の品を陵中に安置すること、陵の北東で御物・小屋類を焼き上げること、喪庭の設営に用いた雑具は近辺諸寺に分配することなどについては、後に触れたい。

二　聖武太上天皇の葬送

天平勝宝八歳（七五六）五月二日に歿した聖武は、十九日に佐保山陵に葬られた。その様子を『続日本紀』は以下のように記している。(16)

壬申、奉㆑葬㆓太上天皇於佐保山陵㆒。御葬之儀、如㆑奉㆑仏。供具有㆓師子座香天子座金輪幢大小宝幢香幢花縵蓋繖之類㆒。在㆑路令㆔笛人奏㆓行道之曲㆒。

鑑真から菩薩戒を受けた聖武の葬送は、「仏に奉るが如」き有様であった。葬列に従う品々を書き上げた傍線部を、新日本古典文学大系本は「供具に、師子座の香、天子座の金輪幢、大小の宝幢、香幢、花縵、蓋繖の類有り」と読み、「「香」の下、あるいは「爐」脱か」「天子座には天子を象徴する竜文、あるいは仏に準じ蓮華文などが付いていた可能性もある。なお「天子座」と「金輪幢」と訓む説もある。その場合、天子座は聖武の棺をその上に置いたか」と註している。(17)

正倉院宝物の中に、この葬送で用いられた品々が残されている。いずれも繊維製品の残欠であるが、以下のような墨書銘が残されているものがある。(18)

・緑絁紐「師子座小枋　天平勝宝八歳五月十九日　納東大寺」（中倉二〇二）
・香天子輿綱残欠「香天子輿小枋綱　長四尺五寸」（南倉一一九―一一）
・花曼緒残欠「花漫緒　長一丈六尺　天平勝宝八歳五月十九日　納東大寺」（南倉一四七―七）

まさに葬送のおこなわれた「天平勝宝八歳五月十九日」の年紀を持ち、それぞれ「師子座をかつぐための枋《おうご》」「香天子輿をかつぐための朸」「花漫の緒」であることが記され、いずれも葬儀終了後に東大寺に納入されたことがわかる。これを参考にすると、『続日本紀』の記事は「供具に、師子座、香天子座、金輪幢、大小宝幢、香幢、花縵、蓋繖の類有り」と読み直すべきであろう。

師子座と香天子座とがそれぞれ何を指すのかが問題であるが、宝物銘を参考にすると香天子座は輿であったことがわかり、同じように朸で運ばれた師子座も輿であった可能性が高い。新日本古典文学大系本の註では「天子座は聖武の棺をその上に置いたか」としているが、その場合、柩は輿で運ばれたことになる。

唐喪葬令の規定によれば、柩の運搬には轜車が用いられており、「元陵儀注」[19]でも轀輬車が使用されている。日本でも官人についてではあるが、喪葬令8親王一品条に轜車が規定されており、養老五年（七二一）の元明太上天皇の葬送には「王侯卿相及文武百官、不レ得下輙離二職掌一追中従喪車上」「其轜車霊駕之具、不レ得下刻二鏤金玉一絵中飾丹青上」[20]とあって、実際に車が使用されたと考えられる。[21]また承和九年（八四二）の嵯峨太上天皇の場合は、薄葬を求める遺詔中で「挽レ柩者十二人」[22]としており、これも文飾の可能性を考慮する必要があるが、やはり車の使用が推測される。ところが元慶四年（八八〇）の清和太上天皇の時には、「梓宮御レ棺、其制同レ輿」[23]とあって輿が用いられたようであり、以後の醍醐・宇多の葬送や『西宮記』はすべて輿が使用されている。

こうした理解に基づけば、聖武葬送段階での柩の運搬には、いまだ車が用いられていたと推測されるので、輿である師子座・香天子座はいずれも柩運搬具には該当しないだろう。そもそも「供具に」と書き出していることからも、傍線部の品々とは別に轜車が存在したと考えるべきである。憶測にすぎないが、師子座は仏の座という意味であり、あるいは仏像を載せた輿ではなかったか。[24]香天子座は後の香輿に相当する可能性があり、香輿の使用は奈良時代にまで遡らせることができるかもしれない。

聖武の葬送でもう一つ注目したいのが、使用後の葬具の扱いである。正倉院宝物中にその残欠があり、銘文にも「納東大寺」とあることから、葬儀終了後ただちに東大寺に納入されたものと考えられる。これらは重要儀式に使用された品物として東大寺に保管されたのであろうが、仏事等への転用も意図されていたであろうことは、天平宝字六年（七六二）造石山寺解移牒符案から知られる。(25)

造石山院所

応二借充用一衣服事、先御葬時御輿人装束物者、

右、被二竪子別広虫今月十日宣一云、奉レ勅依二少〔僧脱カ〕都申状一、弥努為レ用、奉二請仏装束一、許給已畢。宜二司察レ趣、早速施行一者。今依二宣旨一、申送如レ件。

天平宝字六年三月十一日　主典安都宿禰

これによると、東大寺には聖武の葬送に従った御輿人の装束も保管されており、天皇の許しを得て石山寺での仏事に利用された。西本昌弘氏が指摘しているように、皇太夫人高野新笠の葬儀では、支障柱の調達を御葬司（御装束司）から僧綱所を介して東大寺に命じている。(26)このような葬具と仏具の転用は、死穢の意識が高まるとされる平安時代にもおこなわれたようで、『西宮記』の「喪庭の雑具は近辺諸寺に分配する事」はその流れを汲むものであろう。後一条天皇の場合も、「事畢、行事資業朝臣、以二所レ用絹布材木等一分二給近辺寺々一云々」とある。(27)

三　上物の事

一方で、持ち帰ることはせず、陵内で焼却するものもあった。『西宮記』では「上物事」として、蔵人二人が陵の

艮（北東）の地で御物・小屋類を焼くとある。醍醐の時は、[28]

　左衛門尉時忠・右衛門尉成国、預二御上物一。於二陵艮地一焼レ之。〈唐匣御膳、及御便具等也。又焼二槨・小屋形・須々利・大輿一云々。〉上物辛櫃八合、扈従時在二歩障後一。御膳辛櫃二合、在二歩障前一、

とあり、朱雀太上天皇の場合は、[29]

　其上物并御輿等、於二内墻北一焼レ之云々、

とある。後一条天皇の場合はさらに詳しく、[30]

　事漸欲レ畢間、行事蔵人貞章、向二挙物所一、令レ焼二御物等一。御櫛机一脚、〈納二雑具等一、〉御冠筥二合、〈在二御冠一、〉唐匣一合、〈納二雑具等一、〉御泔坏并台、御硯箱一合、〈納二雑具等一、〉御脇息一脚、御手巾筥一合、〈在レ台、〉御衣筥一合、御枕二顆、御冠形一頭、御大櫃一具、御靴一足、御挿鞋四具、御手水大床子、并雑具等、御座六枚、長筵等、〈已上、自二一条院一送レ之、〉御輿一具、〈火香輿相具、〉御膳并御手水具等、〈御手洗打敷、抜簀御椀一双、御手巾筥等、已上、今夜所レ供、〉大床子一脚、御車、〈破壊、已上、自二上東門院一送レ之、〉

とある。

　辛櫃等に納められた生前の愛用品が焼かれていることに注目すると、遺体の火葬と同時にこれらの品々を焼き上げることで、土葬における墓壙内への副葬に代えたと解釈することも可能であろう。しかし『西宮記』や醍醐の事例は土葬であり、墓壙内に御硯・書・色紙・倭琴・笛などを副葬した上で、さらに上物の事がおこなわれるのであって、上物の事の本来の意義が副葬の代替手段であったとは言えまい。そこで問題となるのが、御物とともに焼き上げられる御輿等（槨・小屋形・須々利・大輿等）である。

　ここで「元陵儀注」の次の記載に注目したい。

轀輬車・龍輴之属、於㆓柏城内庚地㆒焚㆑之。其通㆓人臣㆒用者、則不㆑焚。(31)

これは皇帝の柩を山陵へ埋葬する儀式の直後に記されており、官人層の葬儀について詳しく記す『開元礼』巻一三八〜一五〇品官喪儀にも見えない、皇帝の葬儀に独自の内容である。おおよそ「皇帝葬儀に用いた轀輬車・龍輴等の柩運搬具は、山陵の兆域内の西の地において焚く。柩運搬具のうち、人臣にも共通して使用される品目については、焚くことはしない」といった意味であろう。(32)

この轀輬車（轜車、柩車）と龍輴（殿上から轀輬車まで、轀輬車から墓室内までなど、柩の小移動に用いられる台車）とを焚く行為について、来村多加史氏は、

> 周制では魄を墓所へ送り、魂を居所へ返すという基本的な姿勢があったため、空になった車に死者の衣服を載せて帰還するという作法をとった。（中略）柩とともに墓所に運ばれた魂の腰輿は霊車とともに第（邸宅）へ戻される。霊車は葬儀が終了しても、魂を還すという立派な役目を担っていたのである。（中略）ならば皇帝の轀輬車と龍輴はどうして柏城の庚地（西南西）で焼却してしまうのであろうか。その答えこそ漢唐陵寝制度の核心にあり、しかも大いなる矛盾のうちに存在する。魂を持ち帰ることなく山陵に置き去る。体よくいえば寝宮に安置するのであるが、魂が乗って帰るはずの轀輬車を焼き棄てることは、少なくとも山陵へ運んだ魂には別離の宣言をする行為に等しいのではないか。（中略）『儀注』の撰者、ひいては唐の礼官は吉礼と凶礼の明確な区別を主張するのたちであった。諸臣の礼はともかく、皇帝の送終儀礼においては吉凶の仕切りを明確にしたい。そういう礼官たちの方針が轀輬車を焼き棄てるという新礼を創出させたのではなかろうか

としている。(33)

確かに来村氏が指摘するように、『儀礼』既夕礼には「柩至㆓于壙㆒、斂㆑服載㆑之」とあり、墓壙に至った柩車から遺

体を降ろすと、今度は服を載せて帰るのであり、死者の霊を連れて帰るのに柩車が用いられている。[34] ところが『続漢書』礼儀志の場合は、柩を載せた大行載車の他に、衣服を載せた金根容車が存在し、柩が埋葬されている間に衣服は一度車から降ろされて供物がされ、再び金根容車に載せられて帰るのであり、ここでは柩車とは別の車で霊が帰っている。[35]『開元礼』品官喪儀の場合は、発引から一貫して霊を載せた霊車と柩を載せた柩車が並存するのであり、墓所から霊を載せて帰るのは霊車であって、柩車ではない。

霊車と柩車が並存するのは「元陵儀注」も全く同じで、それぞれ玉輅と轀輬車がこれに相当する。したがって轀輬車と龍輴が焼却されても、霊は玉輅に乗って帰るので、全く問題ないのである。ちなみに霊車（玉輅）の中身であるが、霊が主（神主）に宿るのは埋葬後の虞祭以降であるから、それ以前は物質としての実体を持たない存在としてあったと考えられる。陵への埋葬に際し、太極殿上の霊幄の神座にあった霊は、殿庭の神座を経て承天門外で吉駕の玉輅に載せられる。陵までの移動中にも、宿営地ごとに吉帷内の霊座に安置されながら進み、陵門東の吉帷宮の神座にたどり着く。そして柩の埋葬が終われば再び玉輅で太極殿に戻るのである。霊が神座や玉輅の間を移動する際には腰輿が用いられるが、移動には常に几・香炉・衣箱など霊を寄せるための道具が従っている。『開元礼』品官喪儀では、腰輿を介して霊を霊車から霊座に移動させる過程について、「祝以二腰輿一詣二霊車後一、少頃入詣二霊座前一、少頃以レ輿降出」と記しており、[36] 具体的なモノの移動は伴わず、車や座に腰輿を近付けるだけで霊が移動していることから、霊が実体を持たない存在であったことが確認できる。

それではなぜ、轀輬車と龍輴は焚かれるのであろうか。推測の域を出ないが、「其れ人臣を通じて用いるは、則ち焚かず」とあることから、皇帝の死が繰り返されるのを避けるために、皇帝の死の象徴である柩車を処分する意味があったのではなかろうか。[37] 日本における御輿等を焼く行為についても、あるいはこれとの関連で理解できるかもしれない。

日本の場合には中国的な霊という観念は稀薄であったようで、招魂儀礼も『小右記』に一例見えるのみである[38]。したがって霊を連れて帰る乗り物を確保する必要はなく、焼却してしまって問題ない。『西宮記』からも棺や御輿は毎度新たに造られるものであったことが知られ、前掲の「其れ轜車霊駕の具、金玉を刻鏤し、丹青を絵飾するを得ず」という元明遺詔によれば、それは奈良時代から一貫していたと考えられる。陵内での御輿や柩車の焼却が、奈良時代にまで遡る可能性も考えられよう。そして日本においては火葬の普及に伴い、御物の焼き上げという要素が新たに加わったと推測されるのである。

朝鮮王朝の成宗五年（一四七四）に成立した『国朝五礼儀』は、『通典』なども含む様々な中国礼典を参考に構成されているが、王の喪葬儀礼について記すなかで、以下のような記述がある[39]。

大轝及輴之属、於㆓柏城内庚地㆒焚㆑之。其通㆓人臣㆒用者、則不㆑焚。

これは「元陵儀注」の当該箇所とほぼ同内容であり、おそらくは『通典』をそのまま継承した文章であるが、同様の儀式が日本だけでなく朝鮮半島においても導入が目指されていたことが知られ、中国礼制の東アジアにおける広がりを考える上でも、大変興味深い事例と言えるであろう。

おわりに

以上、史料的制約が大きく推測に推測を重ねる議論となってしまったが、従来ほとんど明らかにされて来なかった奈良時代の天皇の葬送について、いくつかの指摘ができたかと思う。奈良時代の儀礼に関しては、史料的制約から研究には困難な点が多い。しかし、平安時代以降の史料と唐代史料とを比較検討することにより、新たな研究視角が得られるのではないかと考えており、本章はそうした試みの一環である。(40)

註

(1) 本書第一部第一・二章、第二部第一章。

(2) 来村多加史『唐代皇帝陵の研究』（学生社、二〇〇一年）。

(3) 金子修一主編『大唐元陵儀注新釈』（汲古書院、二〇一三年）。本書の執筆者は編者の他に、稲田・江川式部・小倉久美子・小幡みちる・金子由紀・河内春人・榊佳子・鈴木桂・野田有紀子・牧飛鳥。

(4) 本書第一部第二章。

(5) 『西宮記』の引用は、改訂増補故実叢書本をもとに、尊経閣文庫所蔵巻子本三種（巻一二（甲）（乙）（丙））によって校訂した。尊経閣善本影印集成4『西宮記 四』（八木書店、一九九四年）参照。

(6) 『日本書紀』天武十二年六月己未条、『続日本紀』宝亀十年十二月己酉条。

(7) 『続日本紀』天平勝宝八歳（七五六）五月壬申条。

(8) 『日本書紀』継体天皇二十四年是歳条に見える毛野臣の送葬歌。

(9) 平安時代の葬列を考える際に役立つのが「聖徳太子絵伝」である。「聖徳太子絵伝」は、聖徳太子信仰の高まりを背景に作成された、聖徳太子の生涯を描いた絵画で、現存最古の作品には延久元年（一〇六九）秦致貞筆がある（現在、東京国立博物館所蔵）。鎌倉・室町以降もさかんに描かれ、多くの遺品が存在するが、それらに描かれた聖徳太子の葬列（推古天皇三十年〔六二二〕歿）や用明天皇の葬列（用明天皇二年〔五八七〕歿）は、絵伝の制作された当時、つまり平安時代以降の天皇やそれに准ずる人々の葬列に対する認識を、ある程度反映していると考えられる。『西宮記』の記述に合う描写も見受けられ、参考になるであろう。奈良国立博物館編『聖徳太子絵伝』（奈良国立博物館、一九六九年）、信仰の造形的表現研究委員会編『真宗重宝聚英　七　聖徳太子絵伝』（同朋舎出版、一九八九年）。

(10) 西本昌弘「高野新笠の葬儀と崩後行事」(『日本古代の王宮と儀礼』塙書房、二〇〇八年、初発表二〇〇四年)。

(11) 『続日本後紀』承和九年七月丁未条。

(12) 『左経記』類聚雑例、長元九年五月十九日条。

(13) 『西宮記』は香輿に二種あり、「一張二大蛇瓶燭一、一居二香花一」と記している。おそらくは「大蛇瓶燭を張る」ものが後一条の事例における火輿、「香花を居く」ものが同じく香輿に相当するのであろう。

(14) 茨城県・上宮寺蔵「聖徳太子絵伝」(鎌倉時代)や、愛知県・勝鬘皇寺蔵「聖徳太子絵伝」(室町時代)など。註(9)参照。

(15) 『万葉集』巻二—二三〇。なお、『万葉集』には「霊亀元年歳次乙卯秋九月、志貴親王薨時作歌一首」とあるが、『続日本紀』では霊亀二年八月甲寅(十一日)条に志貴親王の薨去を記しており、『続日本紀』に従って志貴親王の葬送は霊亀二年と判断した。

(16) 『続日本紀』天平勝宝八歳五月壬申条。

(17) 新日本古典文学大系『続日本紀』三、一六〇～一六一頁。

(18) 正倉院事務所編『正倉院宝物』(毎日新聞社、一九九四～九七年)、松嶋順正編『正倉院宝物銘文集成』(吉川弘文館、一九七八年)。

(19) 喪葬令8親王一品条については、本書第一部第二章参照。

(20) 『続日本紀』養老五年十月丁亥・庚寅条。

(21) 御葬司に「作路司」が加えられたのは、宝亀元年(七七〇)の称徳喪葬以降であり(『続日本紀』宝亀元年八月癸巳条)、それ以前の葬送に轜車の通行に堪える道が用意できたのか疑問もあるが、ここでは史料上の表記に従い、轜車が用いられたと想定しておく。橋本義則「古代御輿考—天皇・太上天皇・皇后の御輿—」(上横手雅敬監修、井上満郎・杉橋隆夫編集『古代・中世の政治と文化』思文閣出版、一九九四年)も、奈良時代の天皇は車ではなく御輿に乗ったものの、葬送では車(喪車・轜車)に載せられたとしている。

(22) 『続日本後紀』承和九年七月丁未条。

(23) 『日本三代実録』元慶四年十二月四日癸未条。

(24) 師子座とそこに載せられたであろう仏像については、稲田「聖武天皇の葬列と純金観音像」（東京大学史料編纂所編『日本史の森をゆく―史料が語るとっておきの42話』中央公論新社、二〇一四年）で再論した。

(25)『大日本古文書』編年文書一五巻一六二頁。

(26) 註(10)西本論文。

(27)『左経記』類聚雑例、長元九年（一〇三六）五月十九日条。葬具と同様に、聖武の一周忌の仏事で使用した装飾品類も、永く寺物として保管し、事あるごとに再利用するようにとの指示が出されていることが注目される（『続日本紀』天平勝宝八歳十二月己亥条）。

(28)『西宮記』巻一二天皇崩事所引「吏部王記」延長八年（九三〇）十月十一日条。

(29)『醍醐寺雑事記』所引「吏部王記」天暦六年（九五二）八月二十日条。

(30)『左経記』類聚雑例、長元九年五月十九日条。

(31) 註(3)訳註書、二七二頁。

(32) 引用箇所については、「其通人臣用者則不焚」の部分を、「元陵儀注」本文ではなく『通典』の地の文とする見方もあろう。確かに「元陵儀注」では、しばしば項目の末尾部分に『通典』の地の文が入り込むことがあるが（表6参照）、そこで記される内容は、A官人の制については『開元礼』に詳細な記述があるということ、B『開元礼』からの引用・抄出、C『唐六典』あるいは唐令からの引用・抄出であって、いずれも直前の「元陵儀注」本文と切り離して解釈することが可能な、独立した内容となっている。しかし本項目の「其通人臣……」は、『開元礼』には対応する記載がなく、また「元陵儀注」本文と切り離すと意味をなさなくなってしまい、他の項目の後に記される『通典』地の文とは明らかに性格が異なっている。したがって、この部分は「元陵儀注」の一部として解釈すべきであろう。ちなみに朝鮮王朝期の『国朝五礼儀』でも、後述のようにこの部分を「元陵儀注」本文と理解し継受している。

(33) 註(2)来村著書、四二三～四二四頁。

(34)『儀礼』既夕礼「窆柩蔵器葬事畢」（項目名は東海大学古典叢書本による）。

(35)『後漢書』志六礼儀下「大喪」。

表6　「元陵儀注」各項目末尾に引用される『通典』の注釈内容

通典	項目名	本文	分類	備考
巻八〇	総論喪期	皇帝本服周者、凡二朝哭而止。本服大功者、晡哭而止。本服小功以下、一挙哀而止。	C	唐六典（唐喪葬令復旧三条）の抄出
巻八三	復	其三品以下儀制、並具開元礼。	A	
巻八四	沐浴	其五品以上沐用稷、四人浴。六品以下沐用粱、二人浴。余具開元礼。	A＋B′	開元礼では、六品以下は四人
	含	其三品以上用粱及璧、四品五品用稷与碧、六品以下用粱与貝。其儀具開元礼。	A＋B	
	設銘	其三品以上長九尺、五品以上八尺、六品以下七尺、皆書某官封姓君之柩。具開元礼。	A＋C	唐六典（唐喪葬令復旧一二条）
	懸重	其三品以上至六品以下、懸重降殺如開元礼。	A	
	小斂	其百官以理去職而薨卒者、聴斂以本官之服。無官者介幘単衣。婦人有官品、亦以其服斂。〈応珮者、皆要蠟代玉、禁以金玉珠宝而斂也。〉余如開元礼。	A＋C′	唐六典（唐喪葬令復旧七条）＋α
巻八五	小斂奠〈代哭附〉	其百官以下儀、具開元礼。	A	
	大斂	百官儀制、具開元礼。	A	
	大斂奠	其百官儀制、具開元礼。	A	
	殯	其百官以下儀、如開元礼。	A	
	将葬筮宅	其百官以下儀制、具開元礼。	A	
	啓殯朝廟	其百官儀制、具開元礼。	A	
	薦車馬明器及飾棺	其百官之制、将監甄官令、掌凡喪葬、供明器之属。〈別勅葬者供、余並私備。〉三品以上九十事、五品以上七十事、九品以上四十事。当野・祖明・地軸・䩥馬〈䩥、馬帯也。凡贈馬授䩥、曰䩥馬也。䩥、徒爛反。〉偶人、其高各一尺。其余音声隊与僮僕之属、威儀・服翫、各視生之品秩。	C′	唐六典（唐喪葬令復旧一五条）

巻八六	祖奠	其百官以下儀制、具開元礼。	A	
	遣奠	百官以下儀制、如開元礼。	A	
	挽歌	其百官制、鴻臚寺司儀署令掌挽歌。三品以上六行三十人、六品以上四行十六人、皆白練褠衣、皆執鐸帗。	C	唐六典
	葬儀	其通人臣用者則不焚。	★	元陵儀注本文
	虞祭	其百官之制、既葬而虞、其儀具開元礼。	A	
巻八七	祔祭	其百官之制、如開元礼。〈若祔曾祖妣、則不告祖。若父在、不可遞遷祖・祖妣・先妣、宜於廟東北、別立一室蔵其主、待後者同祔也。〉嫡殤者時享、皆祔食祖、別無祝文、亦不拝。〈設祔食之座於祖座之左、西向。献一而已、以其従祖祔食。祝辞末云「孫某祔食」。〉庶子不祔食、庶子之嫡祔如嫡殤。	A＋B	
	小祥変	其百官儀制、具開元礼。	A	
	大祥変	其百官儀制、具開元礼。	A	
	禫変	其百官儀制、具開元礼。	A	

(36) 『開元礼』巻一三九到墓。

(37) あるいは、改元や遷都のように、旧皇帝に属する事物を棄て改めるという意識が関係しているのかもしれない。岡野誠氏の指摘による。

(38) 『小右記』万寿二年（一〇二五）八月七日条。

(39) 『国朝五礼儀』巻七凶礼「遷奠儀」。

(40) 同様の試みとして、稲田「文書を焼く」（義江彰夫編『古代中世の社会変動と宗教』吉川弘文館、二〇〇六年）がある。

第二部　天聖令の可能性

第一章　北宋天聖令による唐喪葬令復原研究の再検討

——条文排列を中心に——

はじめに

日本令の母法である唐令はすでに散逸し、断片的な逸文によってのみ、その内容を知ることができる。こうした逸文を集成し唐令を復原する試みは、仁井田陞『唐令拾遺』や仁井田陞著・池田温編集代表『唐令拾遺補』といった大著に結実しており（1）、この両書に依拠して唐代法制史研究や日唐令の比較研究が進められてきた。ところが一九九九年、戴建国氏が中国寧波の天一閣博物館に所蔵される明抄本「官品令」が、実は北宋天聖令の残本であることを発見・報告し（2）、唐令復原研究は新たな段階を迎えることになった。

天聖令は、北宋の仁宗天聖七年（一〇二九）に完成し、十年に施行されたが、その編修方針は「凡取㆓唐令㆒為㆑本、先挙㆓見行者㆒、因㆓其旧文㆒、参以新制定㆑之。其今不㆑行者亦随存焉」とされ（3）、「唐令のうち今も実用されている部分については努めて原文を生かしながら些少の手を加えて時代に適合せしめ、すでに死文と化している部分は敢えて削除もせずそのままとするという方針で行われた」（4）。そのため今回発見された史料にも、天聖令本文（以下、宋令）とともに、天聖令制定に利用されなかった唐令（以下、不行唐令）が残されており、宋令の改修を経てなお唐令の全貌を窺うことのできる、一級史料となっている。

本史料は天聖令全三〇巻の末尾一〇巻分であり、田令・賦役令・倉庫令・廐牧令・関市令・捕亡令・医疾令・仮寧令・獄官令・営繕令・喪葬令・雑令の一二篇目（宋令二九三条、不行唐令二二一条）を収載する。発見者である戴氏によって、田令・賦役令・捕亡令など一部の篇目については徐々にその内容が公表されたものの、それ以外の篇目については公表が遅れていた。ところが二〇〇六年十一月、天一閣博物館・中国社会科学院歴史研究所天聖令整理課題組校証『天一閣蔵明鈔本天聖令校証　附唐令復原研究』（以下、『天聖令校証』）が刊行され、(5)発見から七年以上を経て、ようやくその全貌が明らかとなったのである。

『天聖令校証』は、本史料の影印を掲載し、その校訂を施して（校録本）、天聖令のテキストを確定している（清本）。ついで宋令・不行唐令をふまえた唐令復原案が提示される（唐令復原研究）。喪葬令については呉麗娯氏が担当しており、詳細な検討の上に唐令復原案を作成している。(6)本書によると、喪葬令は冒頭に「喪葬令巻第二十九　喪服年月附」とあり、宋令三三条、不行唐令五条、および「喪服年月」に関する記述が附載されている。「喪服年月」が附載されている事実については、すでに戴氏によって報告されており、(7)著者も日本令における礼制受容の在り方を論じるなかで触れたことがあるが、(8)それ以外の情報についてはこれまで全く知られていなかった。

唐喪葬令の復原研究としては、池田温「唐・日喪葬令の一考察―條文排列の相異を中心として―」があり、(9)その成果は『唐令拾遺補』に反映されている。著者もこれまで喪葬令に関する検討を進めてきたが、(10)今回の天聖令の公表により、私見の確認された点、修正すべき点などが明らかになった。また従来全く知られていなかった内容の条文も多数発見され、唐令復原研究の大幅な進展が期待できる一方で、日本令との比較という研究手法について、再考を迫られることにもなった。

今回は、個々の条文について詳細な検討を加えるには至っていないが、呉氏の復原唐令排列への疑問を中心に、旧稿の修正すべき点などについても論じていきたい。

一　復原唐令の排列

表7は、呉氏による復原唐令の排列案をまとめたものである[11]。復原唐令の条文番号と復原根拠となっている天聖令、『唐令拾遺（補）』の復原案、養老令の各条文番号を記し、最後に呉氏による内容説明を掲載した。『天聖令校証』の基本方針として、唐令の復原にあたっては天聖令の条文排列をなるべく生かすよう配慮され、末尾に付された不行唐令も宋令の排列の中に入れ込む形で復原されている。呉氏による喪葬令の唐令復原においても、基本的にはこの方針が守られている。

表7を見ると、天聖令の排列は養老令の排列と見事に一致しており、日本令が唐令をそのままの条文排列で継受していたことは明白である。したがって、養老令の排列を重視した『唐令拾遺』の方針は正しかったことになる。一方で、池田氏による排列案のうち、「日本の唐令継受に際し意を以て修正を施した」可能性を考慮して、内容の軽重や儀礼段階によって『唐令拾遺』の排列を改めた部分については、結果的に誤っていたことが判明した[12]。このことにより、条文排列の相違から日唐令の特質を読み取ることのできる可能性は低くなった。

前述のように、基本的に天聖令の排列に従っている呉氏復原唐令排列案であるが、部分的に条文内容によって天聖令の排列を大幅に改めている点がある（表7の濃い網掛け部分）。私見では、条文内容をふまえても、天聖令の排列を生かした唐令復原が可能と考えており、表8のような復原排列案を考えている。表9は、表8の排列案に従い、天聖令・『唐令拾遺（補）』・養老令の本文を掲げ、対応関係を示した。以下、問題点を個別に検討していきたい[13]。

1　奏聞規定（宋5・10・11——復原6・7）

呉氏復原唐令排列では、宋10・11が宋4と5の間に挿入されている（表7参照）。これは呉氏が、宋5の規定内容（官人が親族を亡くしたり自身が死亡した場合に、そのことを奏聞すること。同官司の人々は会葬し、勅葬の場合は監護官人を派遣すること）と、宋10・11が関連すると考え、これらを総合して復原6・7を作成したためである。復原6・7および宋5・10・11は以下のようになっている。

復原6　諸[a]京官職事三品以上、散官二品以上、遭二祖父母父母喪一、京官四品、遭二父母喪一、都督刺史並内外職事、若散官、以レ理去レ官、五品以上、在〔両?〕京薨卒者、及五品之官身死二王事一者、並[b]奏聞。〈在[c]レ京従二本司一奏、在レ外及無二本司一者、従二所属州府一奏。〉将[d]レ葬、皆祭以二少牢一、司儀率二斎郎一、執二俎豆一以往。三品以上贈以二束帛一、一品加二乗馬一。既引、又遣レ使贈二於郭門之外一、皆以二束帛一、一品加レ璧。

復原7　諸百官在レ職薨卒者、当司分番会喪。其詔葬大臣、一品則鴻臚卿監二護喪事一、二品則少卿、三品丞一人往、皆命二司儀令一以示二礼制一。

宋5　諸内外文武官遭二祖父母父母喪一、及以レ理去レ官或〔致仕?〕身喪者、並奏。百官在レ職薨卒者、当司分番会哀、同設二一祭一。其在レ京薨卒応二勅葬一者、鴻臚卿監二護喪事一、〈卿闕則以二他官一摂。〉司儀令示二礼制一。〈今以二太常礼院礼直官一摂。〉

宋10　諸一品二品喪、勅備二本品鹵簿一送殯者、以二少牢一贈二祭於都城外一、加レ璧、束帛深青三、纁二。

宋11　諸五品以上薨卒及遭レ喪応合二弔祭一者、在レ京従二本司一奏。在レ外及無二本司一者、従二所属州府一奏。

呉氏がどのように復原6・7を作成したのか、呉氏自身は詳しくは解説していないので[14]、以下でその思考過程を追

27	唐 4	附録（一七）	9	葬制	禁京城七里内葬埋
28	唐 5				庶人以上在城有宅入屍柩
29	宋 24	一八（一九）	10		百官墓田
30	宋 25				墓域門及四隅立土堠
31	宋 23	一九（二〇）	11		五品已上葬給営墓夫
32	宋 26	二〇（二五）	12		立碑碣
33	宋 27	二一（二九）	13	其他	身喪戸絶
34	宋 28				三年及朞喪不数閏
35	宋 29	二二（一〇）	14		暑月給冰
36	宋 31	二三（二七）	15		百官終称薨卒死
	宋 32				
37	宋 33	二四（二八）	16		喪葬不能備礼
附	附 1		17	附録	服紀
	附 2				
	附 3				
	附 4				
	附 5				
	附 6				
	附 7				
	附 8				
	附 9				
	附 10				

註 1　「復原唐令」欄の条文番号は，呉氏が実際に復原されている復原唐令の番号と一致する．
註 2　「天聖令」欄の「宋〇」は天聖令本文の条文番号を，「唐〇」は不行唐令の条文番号を示す．薄い網掛けは不行唐令を，濃い網掛けは天聖令の排列を動かしている部分を示す．
註 3　「唐令拾遺（補）」欄では，『唐令拾遺』の条文番号を示し，『唐令拾遺補』の条文番号は（　）内に示す．ただし「補〇」は『唐令拾遺補』で補われた条文である．
註 4　「内容」欄は，呉氏による復原唐令の内容説明を転記している．

表7　呉麗娯氏復原唐令排列表

<table>
<tr><th>復原唐令</th><th>天聖令</th><th>唐令拾遺（補）</th><th>養老令</th><th colspan="2">内　　容</th></tr>
<tr><td>1</td><td>宋1</td><td></td><td rowspan="2">1</td><td rowspan="3">諸陵</td><td>先代帝王陵</td></tr>
<tr><td>2</td><td>宋2</td><td>一（二四）</td><td>先皇陵</td></tr>
<tr><td>3</td><td></td><td>二（二三）</td><td></td><td>功臣密戚陪陵</td></tr>
<tr><td>4</td><td>宋3</td><td>三（一）</td><td rowspan="2">2</td><td rowspan="6">皇帝以下挙哀臨喪弔贈</td><td>皇帝以下挙哀</td></tr>
<tr><td>5</td><td>宋4</td><td>四（二）</td><td>皇帝皇太子臨臣之喪服衰</td></tr>
<tr><td rowspan="3">6</td><td>宋10</td><td rowspan="3">五（八）</td><td rowspan="3">3</td><td rowspan="3">在京三品五品以上喪事奏聞遣使弔</td></tr>
<tr><td>宋11</td></tr>
<tr><td rowspan="2">宋5</td></tr>
<tr><td>7</td><td>六（三）</td><td>4</td><td>在職薨卒会喪及詔葬示礼制</td></tr>
<tr><td rowspan="2">8</td><td>唐1</td><td></td><td></td><td rowspan="10">賵賻与官給</td><td rowspan="2">皇家諸親喪賻物</td></tr>
<tr><td rowspan="3">宋6</td><td></td><td></td></tr>
<tr><td>9</td><td>八（四）</td><td>5</td><td>百官薨卒賻物</td></tr>
<tr><td>10</td><td>補三（二二）</td><td></td><td>百官薨卒喪葬応官供者上尚書省</td></tr>
<tr><td>11</td><td>宋7</td><td>九（五）</td><td>6</td><td>賻物両給者従多</td></tr>
<tr><td>12</td><td>宋8</td><td></td><td></td><td>諸贈官賻同正官物等</td></tr>
<tr><td>13</td><td>宋9</td><td>補一（六）</td><td></td><td>賜物及粟出所在倉庫</td></tr>
<tr><td rowspan="2">14</td><td>唐2</td><td rowspan="2">一〇乙（七）</td><td rowspan="2">7</td><td rowspan="2">使人身喪給殯殮調度</td></tr>
<tr><td>宋30</td></tr>
<tr><td>15</td><td>宋12</td><td>補二（二一）</td><td></td><td>致仕薨卒弔祭賻物依見任官</td></tr>
<tr><td>16</td><td>宋13</td><td>七（九）</td><td></td><td rowspan="10">殮服与送葬器物</td><td>以理去職薨卒斂服</td></tr>
<tr><td>17</td><td>宋14</td><td>一一（一一）</td><td></td><td>重懸鬲</td></tr>
<tr><td>18</td><td>宋15</td><td>一二（一二）</td><td></td><td>銘旌</td></tr>
<tr><td>19</td><td>宋16</td><td>一三（一三）</td><td>8</td><td>輀車</td></tr>
<tr><td>20</td><td>宋17</td><td rowspan="3">一四（一四）</td><td></td><td>引披鐸翣挽歌</td></tr>
<tr><td>21</td><td>宋18</td><td></td><td>方相魌頭</td></tr>
<tr><td>22</td><td>宋19</td><td></td><td>纛帳</td></tr>
<tr><td>23</td><td></td><td>一五（一五）</td><td></td><td>明器</td></tr>
<tr><td rowspan="2">24</td><td>唐3</td><td rowspan="2">一六（一六）</td><td></td><td rowspan="2">薨卒送喪弔祭物官借</td></tr>
<tr><td>宋20</td><td></td></tr>
<tr><td>25</td><td>宋21</td><td>一七（一八）</td><td></td><td rowspan="2">葬制</td><td>葬禁石棺槨等</td></tr>
<tr><td>26</td><td>宋22</td><td></td><td></td><td>擬諡</td></tr>
</table>

〔27〕	宋 23			喪葬儀礼	勅葬と官給
〔28〕	唐 4	附録（一七）	9		京城周辺での埋葬禁止
〔29〕	唐 5				城内への柩搬入
〔30〕	宋 24	一八（一九）	10		墳墓の規模
〔31〕	宋 25				墳墓の施設
〔32〕		一九（二〇）	11		営墓夫
〔33〕	宋 26	二〇（二五）	12		碑碣
〔34〕	宋 27	二一（二九）	13	その他	絶戸の財産処分
〔35〕	宋 28				閏月
〔36〕	宋 29	二二（一〇）	14		氷の支給
〔37〕	宋 30				任地で没した官人の柩送還
〔38〕	宋 31	二三（二七）	15		薨・卒・死の区別
〔39〕	宋 32				詔聘官
〔40〕	宋 33	二四（二八）	16		貴賤の備礼
〔附〕	附 1		17	服紀	斬衰三年
	附 2				齊衰三年
	附 3				齊衰杖朞
	附 4				齊衰朞
	附 5				齊衰五月
	附 6				齊衰三月
	附 7				大功九月
	附 8				小功五月
	附 9				緦麻三月
	附 10				三殤

註 1 「復原唐令」欄の条文番号〔○〕は，稲田による排列案であり，唐令本文の復原案は未作成である.

註 2 「天聖令」欄の「宋○」は天聖令本文の条文番号を，「唐○」は不行唐令の条文番号を示す．薄い網掛けは不行唐令を示す.

註 3 「唐令拾遺（補）」欄では，『唐令拾遺』の条文番号を示し，『唐令拾遺補』の条文番号は（　）内に示す．ただし「補○」は『唐令拾遺補』で補われた条文である.

註 4 「内容」欄は，稲田による天聖令（または復原唐令）の内容説明である.

表8　稲田復原唐令排列表

復原唐令	天聖令	唐令拾遺(補)	養老令	内容	
〔1〕	宋1		1	王陵	王陵での耕牧樵採の禁止
〔2〕	宋2	一（二四）			王陵付近での埋葬禁止
〔3〕		二（二三）			陪葬
〔4〕	宋3	三（一）		皇帝	皇帝・皇太后・皇后・皇太子による挙哀
〔5〕	宋4	四（二）	2		皇帝・皇太子の臣下に対する臨喪服
〔6〕	宋5		3		官人の遭喪・死亡時の奏聞・会哀・監護
		六（三）	4		
〔7〕	唐1			賻物	皇家諸親への賻物支給量
〔8〕	宋6	八（四）	5		賻物の奏聞・支給
		補三（二二）			
〔9〕	宋7	九（五）	6		賻物支給は多きに従う
〔10〕	宋8				贈官の賻物・供葬具支給は贈官品に従う
〔11〕	宋9	補一（六）			賻物は所在の倉庫から出給する
〔12〕	宋10	五（八）		雑支給	勅送殯への都城外での贈祭
〔13〕	宋11				弔祭すべき官人の遭喪・死亡時の奏聞手続き
〔14〕	宋12	補二（二一）			致仕者への弔祭賻物支給と柩送還
〔15〕	唐2	一〇乙（七）	7		使人への殯斂調度支給と柩送還
〔16〕	宋13	七（九）		喪葬儀礼	以理去官者と婦人の斂服
〔17〕	宋14	一一（一一）			重
〔18〕	宋15	一二（一二）			銘旌
〔19〕	宋16	一三（一三）	8		轜車
〔20〕	宋17	一四（一四）			引・披・鐸・翣・挽歌
〔21〕	宋18				方相・魌頭
〔22〕	宋19				纛
〔23〕		一五（一五）			明器
〔24〕	唐3	一六（一六）			官人と内外命婦への鹵簿貸出
	宋20				
〔25〕	宋21	一七（一八）			棺槨
〔26〕	宋22				贈諡

表9 天聖令・唐令拾遺（補）・養老令対照表

復原唐令	天聖令	唐令拾遺（補）	養老令
	喪葬令巻第二十九〈喪服年月附〉		喪葬令第廿六　凡壱拾柒条
〔1〕	**宋**1　先代帝王陵、並不得耕牧樵採。		**養**1　凡先皇陵、置陵戸令守。非陵戸令守者、十年一替。兆域内、不得葬埋及耕牧樵採。
〔2〕	**宋**2　先皇陵、去陵一里内不得葬埋。	**一〔開七〕**　諸諸陵、皆置留守。領甲士、与陵令、相知巡警左右。兆域内、禁人無得葬埋。古墳則不毀。	
〔3〕		**二〔開三〕〔開七〕**　諸功臣密戚、請陪陵葬者聴之。以文武分為左右而列。〈墳高四丈以下三丈以上。〉若父祖陪陵、子孫従葬者亦如之。〈若宮人陪葬、則陵戸為之成墳。〉	
〔4〕	**宋**3　皇帝皇太后皇后皇太子為五服之内皇親挙哀、本服期者、三朝哭而止。大功者、其日朝晡哭而止。小功以下及皇帝為内命婦二品以上、百官職事二品以上喪、官一品喪、皇太后皇后為内命婦二品以上喪、皇太子為三師三少及宮臣三品以上喪、並一挙哀而止。〈其挙哀皆素服。皇帝挙哀日、内教坊及太常並停音楽。〉	**三〔開七〕〔開二五〕**　皇帝皇太后皇后皇太子為五服之親挙哀。本服周者、三朝哭而止。大功者、其日朝晡哭而止。小功已下及皇帝為内命婦二品已上者、百官執事二品以上及散官一品喪、皇太后皇后為内命婦三品已上喪、皇太子為三師三少及宮臣三品已上、並一挙哀而止。〈其挙哀者皆素服。皇帝挙哀之日、内教及太常並停楽。〉	
〔5〕	**宋**4　皇帝臨臣之喪、一品服錫衰、三品以上緦衰、四品以下疑衰。皇太子臨弔三師三少則錫衰、宮臣四品以上緦衰、五品以下疑衰。	**四〔開七〕**　皇帝臨臣之喪、一品服錫縗、三品已上緦縗、四品已下疑縗。皇太子臨弔三師三少則錫縗、宮臣四品已上緦縗、五品已下疑縗。	**養**2　凡天皇、為本服二等以上親喪、服錫紵。為三等以下及諸臣之喪、除帛衣外、通用雑色。
〔6〕	**宋**5　諸内外文武官遭祖父母父母喪、及以理去官或身喪者、並奏。百官在職薨卒者、当司分番会哀、同設一祭。其在京薨卒応勅葬者、鴻臚卿監護喪事、〈卿闕則以他官摂。〉司儀令示礼制。〈今以太常礼院礼直官摂。〉		**養**3　凡京官三位以上、遭祖父母父母及妻喪、四位遭父母喪、五位以上身喪、並奏聞、遣使弔。〈殯斂之事、並従別式。〉
		六〔開七〕　諸詔喪大臣一品、則鴻臚卿護其喪事。二品則少卿、三品丞一人往、皆命司儀示以制。五品已上薨卒及三品已上有周已上親喪者、皆示其礼制。	**養**4　凡百官在職薨卒、当司分番会喪。親王及太政大臣、散一位、治部大輔監護喪事。左右大臣及散二位、治部少輔監護。三位、治部丞監護。三位以上及皇親、皆土部示礼制。〈内親王、女王及内命婦亦准此。〉

〔7〕	〔8〕
唐1　皇家諸親喪賻物、皇帝本服朞、準一品。本服大功、准二品。本服小功及皇太后本服朞、準三品。皇帝本服緦麻、皇太后本服大功、皇后本服朞、皇太子妃父母、準正四品。皇帝本服袒免、皇太后本服小功、皇后本服大功、皇太子妃本服朞、準従四品。皇太后本服緦麻、皇后本服小功、準正五品。皇后本服緦麻、準従五品。若官爵高者、従高。無服之殤、並不給。其準一品給賻者、並依職事品。	**宋6**　諸宗室、内外皇親、文武官薨卒、及家有親属之喪、合賜賻物者、皆鴻臚寺具官名聞奏、物数多少、聴旨随給。
	八〔開七〕〔開二五〕　諸職事官薨卒、文武一品賻物二百段、粟二百石。二品物一百五十段、粟一百五十石。三品物百段、粟百石。正四品物七十段、粟七十石。従四品物六十段、粟六十石。正五品物五十段、粟五十石。従五品物四十段、粟四十石。正六品物三十段。従六品物二十六段。正七品物二十二段。従七品物十八段。正八品物十六段。従八品物十四段。正九品物十二段。従九品物十段。〈行守者従高。〉王及二王後、若散官、及以理去官三品以上、全給。五品以上給半。若身没王事、並依職事品給。其別勅賜物者、不在折限。
	補三〔開七〕　其百官薨卒、喪事及葬、応以官供者、皆所司及本属、上于尚書省。尚書省乃下寺。寺下司儀。司儀準品而料、上於寺。
	養5　凡職事官薨卒、賻物、正従一位、絁卅疋、布一百廿端、鉄十連。正従二位、絁廿五疋、布一百端、鉄八連。正従三位、絁廿二疋、布八十八端、鉄六連。正四位、絁十六疋、布六十四端、鉄三連。従四位、絁十四疋、布五十六端、鉄三連。正五位、絁十一疋、布四十四端、鉄二連。従五位、絁十疋、布四十端、鉄二連。六位、絁四疋、布十六端。七位、絁三疋、布十二端。八位、絁二疋、布八端。初位、絁一疋、布四端。皆依本位給。其散位三位以上、三分給二。五位以上給半。太政大臣、絁五十疋、布二百端、鉄十五連。親王及左右大臣、准一位。大納言准二位。若身死王事、皆依職事例。其別勅賜物者、不拘此令。其無位皇親、准従五位、三分給二。〈女亦准此。〉減数不等、従多給。

〔9〕	**宋**7　諸賻物両応給者、従多給。	**九〔開七〕〔開二五〕**　諸賻物応両合給者、従多給。	**養**6　凡賻物両応合給者、従多給。
〔10〕	**宋**8　諸贈官者、賻物及供葬所須、並依贈官品給。若賻後得贈者、不合更給。		
〔11〕	**宋**9　諸賻物及粟、皆出所在倉庫、得旨則給。	**補一〔開二五〕**　諸賻物及粟、皆出所在倉庫。服終則不給。	
〔12〕	**宋**10　諸一品二品喪、勅備本品鹵簿送殯者、以少牢贈祭於都城外、加璧、束帛深青三、纁二。	**五〔開七〕〔開二五〕**　諸京官職事三品已上、散官二品已上、遭祖父母父母喪、京官四品、及都督刺史、並内外職事、若散官以理去官、五品已上、在京薨卒、及五品之官、身死王事者、将葬、皆祭以少牢、司儀率斎郎執俎豆以往。三品已上贈以束帛、一品加乗馬。既引、又遣使贈於郭門之外、皆以束帛、一品加璧。	
〔13〕	**宋**11　諸五品以上薨卒及遭喪応合弔祭者、在京従本司奏。在外及無本司者、従所属州府奏。		
〔14〕	**宋**12　諸文武職事五品以上官致仕薨卒者、其弔祭賻物並依見任官例。其於任所致仕未還而薨卒者、仍量給手力、送還本貫。	**補二〔開七〕**　凡以理去官、及散官三品已上、与見任職事同。其五品以上、減見任職事之半。致仕者同見任。	
〔15〕	**唐**2　諸使人所在身喪、皆給殯斂調度、造輿、差夫遞送至家。其爵一品、職事及散官五品以上馬輿、余皆驢輿。有水路処給舡、其物並所在公給、仍申報所遣之司。	**一〇乙〔開二五〕**　諸従征及従行、使人所在身喪、皆給殯殮調度、遞送至家。	**養**7　凡官人従征従行、及使人所在身喪、皆給殯斂調度。
〔16〕	**宋**13　諸官人以理去官身喪者、聴斂以本官之服。無官者、斂以時服。婦人有官品者、亦以其服斂。〈応珮者、皆以鑞代玉。〉	**七〔開七〕〔開二五〕**　諸百官以理去職、而薨卒者、聴斂以本官之服。無官者、介幘単衣。婦人有官品者、亦以其服斂。〈応佩者、皆用蠟代玉。〉	

	宋	唐	養
〔17〕	**宋14**　諸重、一品挂鬲六、五品以上四、六品以下二。	**一一〔開七〕**　諸重、一品縣鬲六、五品以上四、六品已下二。	
〔18〕	**宋15**　諸銘旌、三品以上長九尺、五品以上長八尺、六品以下長七尺、皆書某官封姓名之柩。	**一二〔開七〕〔開二五〕**　諸銘旌、三品已上長九尺、五品已上長八尺、六品已下長七尺。皆書云某官封姓名之柩。	
〔19〕	**宋16**　諸輀車、三品以上油幰、朱絲絡網、施襈、两廂画龍、幰竿諸末垂六旒蘇。七品以上油幰、施襈、两廂画雲気、垂四旒蘇。九品以上無旒蘇。〈男子幰襈旒蘇皆用素、婦人皆用綵。〉庶人鼈甲車、無幰襈画飾。	**一三〔開七〕〔開二五〕**　諸輀車、三品已上油幰、朱絲絡網、施襈、两廂画龍、幰竿諸末垂六旒蘇。七品已上油幰、施襈、两廂画雲気、垂四旒蘇。八品已下無旒蘇。男子幰襈旒蘇皆用素。婦人皆用綵。庶人鼈甲車、無幰襈画飾。	**養8**　凡親王一品、方相轜車各一具、鼓一百面、大角五十口、小角一百口、幡四百竿、金鉦鐃鼓各二面、楯七枚、発喪三日。二品、鼓八十面、大角四十口、小角八十口、幡三百五十竿。三品四品、鼓六十面、大角卅口、小角六十口、幡三百竿、其轜車鐃鼓楯鉦及発喪日、並准一品。諸臣一位及左右大臣、皆准二品。二位及大納言、准三品。唯除楯車。三位、轜一具、鼓四十面、大角廿口、小角四十口、幡二百竿、金鉦鐃鼓各一面、発喪一日。太政大臣、方相轜車各一具、鼓一百四十面、大角七十口、小角一百四十口、幡五百竿、金鉦鐃鼓各四面、楯九枚、発喪五日。以外葬具及遊部、並従別式。五位以上及親王、並借轜具及帷帳。若欲私備者聴。〈女亦准此。〉
〔20〕	**宋17**　諸引披鐸翣挽歌、三品以上四引四披六鐸〈有挽歌者、鐸依歌人数。以下准此。〉六翣、挽歌六行三十六人。四品二引二披四鐸四翣、挽歌四行十六人。五品六品〈謂升朝者、皆准此。〉挽歌八人。七品八品〈謂非升朝者。〉挽歌六人。九品挽歌四人。〈検校試官同真品。〉其持引披者、皆布幘布深衣、挽歌者、白練幘白練褠衣、並鞋襪、執鐸綍。	**一四〔開七〕**　三品已上四引四披六鐸六翣、挽歌六行三十六人。有挽歌者、鐸依歌人数、已下準此。五品已上二引二披四鐸四翣、挽歌四行十六人。九品已上二鐸二翣。其執引披者、皆布幘布深衣。挽歌者、白練幘白褠衣、皆執鐸披。	
〔21〕	**宋18**　諸四品以上用方相、七品以上用魌頭。〈方相四目、魌頭両目、並深青衣朱裳、執戈揚盾、載於車。〉	**一四〔開七〕**　其方相四目、五品已上用之。魌頭両目、七品已上用之。並玄衣朱裳、執戈楯、載於車。	
〔22〕	**宋19**　諸纛、五品以上、其竿長九尺。以下、五尺以上。	**一四〔開七〕**　其纛、五品已上竿長九尺、六品已下五尺。其下帳、五品已上用素繒、六品已下用練、婦人用綵。	

〔23〕		一五〔唐〕　諸明器、三品以上不得過九十事、五品以上六十事、九品以上四十事。四神駝馬及人、不得過一尺。余音楽鹵簿等、不過七寸。三品以上、帳高六尺方五尺、女子等不過三十人、長八寸、園宅方五尺、奴婢等不過二十人、長四寸。五品以上、帳高五尺五寸、方四尺五寸、音声僕従二十五人、長七寸五分、園宅方四尺、奴婢等十六人、長三寸。六品以下、帳高五尺方四尺、音声僕従二十人、長七寸、園宅方三尺、奴婢十二人、長二寸。若三品以上優厚料、則有三梁帳、蛟幬帳。婦人洗梳帳、並準此。	
〔24〕	唐3　諸五品以上薨卒及葬、応合弔祭者、所須布深衣幘、素三梁六柱輿、皆官借之。其内外命婦応得鹵簿者、亦准此。 宋20　諸内外命婦応得鹵簿者、葬亦給之。〈官無鹵簿者、及庶人容車、並以犢車為之。〉	一六〔開七〕〔開二五〕　諸五品已上薨卒及葬、合弔祭者、応須布深衣幘素、三梁六柱轝、皆官借之。其内外命婦応得鹵簿者、亦如之。	
〔25〕	宋21　諸葬、不得以石為棺槨及石室。其棺槨皆不得雕鏤彩画、施方牖欄檻、棺内又不得有金宝珠玉。	一七〔開七〕〔開二五〕　諸葬、不得以石為棺槨及石室。其棺槨皆不得雕鏤彩画、施戸牖欄檻。棺内又不得有金宝珠玉。	
〔26〕	宋22　諸謚、王公及職事官三品以上、録行状申省、考功勘校、下太常礼院擬訖、申省、議定奏聞。〈贈官亦准此。〉無爵者称子。若蘊徳丘園、声実明著、雖無官爵、亦奏錫謚曰先生。		
〔27〕	宋23　諸応宗室、皇親及臣僚等勅葬者、所須及賜人徒、並従官給。		
〔28〕	唐4　諸去京城七里内、不得葬埋。	〔附録〕〔隋開皇令〕　在京師葬者、去城七里外。	養9　凡皇都及道路側近、並不得葬埋。

〔29〕	唐5　諸庶人以上在城有宅、将屍柩入者、皆聴之。		
〔30〕	宋24　諸墓田、一品方九十歩、墳高一丈八尺。二品方八十歩、墳高一丈六尺。三品方七十歩、墳高一丈四尺。四品方六十歩、墳高一丈二尺。五品方五十歩、墳高一丈。六品以下並方二十歩、墳高不得過八尺。其葬地欲博買者、聴之。	一八〔開七〕〔開二五〕　諸百官葬、墓田、一品方九十歩、墳高一丈八尺。二品方八十歩、墳高一丈六尺。三品方七十歩、墳高一丈四尺。四品方六十歩、墳高一丈二尺。五品方五十歩、墳高一丈。六品以下方二十歩、墳不得過八尺。	養10　凡三位以上及別祖氏宗、並得営墓。以外不合。雖得営墓、若欲大蔵者聴。
〔31〕	宋25　諸墓域門及四隅、三品以上築闕、五品以上立土堠、余皆封塋而已。	一八〔開七〕〔開二五〕　其域及四隅、四品以上築闕、五品以上立土堠。余皆封塋而已。	
〔32〕		一九〔開七〕　諸職事官五品已上葬者、皆給営墓夫。〈一品百人、毎品以二十人為差。五品二十人。皆役功十日。〉	養11　凡皇親及五位以上喪者、並臨時量給送葬夫。
〔33〕	宋26　諸碑碣、〈其文皆須実録、不得濫有褒飾。〉五品以上立碑、螭首亀趺、趺上高不得過九尺。七品以上立碣、圭首方趺、趺上高四尺。若隠淪道素、孝義著聞者、雖無官品、亦得立碣。其石獣、三品以上六、五品以上四。	二〇〔開七〕〔開二五〕　諸碑碣、其文須実録、不得濫有褒飾。五品以上立碑、螭首亀趺、趺上高不得過九尺。七品以上立碣、圭首方趺、趺上高四尺。若隠淪道素、孝義著聞、雖不仕亦立碣。石人石獣之類、三品以上六、五品以上四。諸贈官、得同正官之制。	養12　凡墓皆立碑、記具官姓名之墓。
〔34〕	宋27　諸身喪戸絶者、所有部曲客女奴婢宅店資財、令近親〈親依本服、不以出降。〉転易貨売、将営葬事及量営功徳之外、余財並与女。〈戸雖同、資財先別者、亦准此。〉無女均入以次近親。無親戚者、官為検校。若亡人存日、自有遺嘱処分、証験分明者、不用此令。即別勅有制者、従別勅。	二一〔開二五〕　諸身喪戸絶者、所有部曲客女奴婢店宅資財、並令近親〈親依本服、不以出降。〉転易貨売、将営葬事、及量営功徳之外、余財並与女。〈戸雖同、資財先別者、亦准此。〉無女均入以次近親。無親戚者、官為検校。若亡人存日、自有遺嘱処分、証験分明者、不用此令。	養13　凡身喪戸絶無親者、所有家人奴婢及宅資、四隣五保共為検校、財物営尽功徳。其家人奴婢者、放為良人。若亡人存日処分、証験分明者、不用此令。
〔35〕	宋28　諸三年及朞喪不数閏、大功以下数之。以閏月亡者、祥及忌日、皆以閏所附之月為正。		
〔36〕	宋29　諸職事官三品以上、暑月薨者、給氷。	二二〔開二五〕　諸職事官三品以上、散官二品以上、暑月薨者、給冰。	養14　凡親王及三位以上、暑月薨者、給氷。

〔37〕	**宋30**　諸在任官身喪、聴於公廨内棺斂、不得在庁事。其屍柩、家属並給公人送還。其川峡、広南、福建等路死於任者、其家資物色官為検録、選本処人員護送還家。官賜銭十千、仍抛口給倉券、到日停支。〈以理解替後身亡者、亦同。〉		
〔38〕	**宋31**　諸百官身亡者、三品以上称薨、五品以上称卒、六品以下達於庶人称死。〈今三品者、惟尚書節度以上則称薨。〉	**二三〔唐〕**　諸百官身亡者、三品以上称薨、五品以上称卒、六品以下達庶人称死。	**養15**　凡百官身亡者、親王及三位以上称薨、五位以上及皇親称卒、六位以下達於庶人称死。
〔39〕	**宋32**　諸官人薨卒、応合弔祭者、詔聘官亦同。		
〔40〕	**宋33**　諸喪葬不能備礼者、貴得同賤。賤雖富、不得同貴。	**二四〔開二五〕**　諸喪葬、不得備礼者、貴得同賤。賤不得同貴。	**養16**　凡喪葬不能備礼者、貴得同賤、々不得同貴。
〔附〕	〈省略〉		**養17**　凡服紀者、為君、父母及夫、本主、一年。祖父母、養父母、五月。曾祖父母、外祖父母、伯叔姑、妻、兄弟姉妹、夫之父母、嫡子、三月。高祖父母、舅姨、嫡母、継母、継父同居、異父兄弟姉妹、衆子、嫡孫、一月。衆孫、従父兄弟姉妹、兄弟子、七日。
非喪葬令		**補四〔開七〕**　凡徳政碑及生祠、皆取政績可称、州為申省、省司勘覆定、奏聞乃立。	

註1　「復原唐令」欄の〔〇〕は、稲田の排列案による条文番号であり、唐令本文の復原案は未作成である。
註2　「天聖令」欄の「宋〇」は天聖令本文の、「唐〇」は不行唐令の条文番号であり、本文の引用は基本的に『天聖令校証』清本による。
註3　「唐令拾遺（補）」欄の漢数字は、『唐令拾遺』による復旧唐令の条文番号であり、本文の引用は『唐令拾遺』『唐令拾遺補』による。
註4　「養老令」欄の「養〇」は、『日本思想大系　律令』による養老令の条文番号であり、本文の引用も同書による。

ってみたい。まず呉氏の念頭にあったのは、養老令の対応条文の存在である。

養3　凡京官三位以上、遭二祖父母父母及妻喪一、四位遭二父母喪一、五位以上身喪、並奏聞、遣レ使弔。〈殯斂之事、並従二別式一。〉

養4　凡百官在レ職薨卒、当司分番会喪。親王及太政大臣、散一位、治部大輔監二護喪事一。左右大臣及散二位、治部少輔監護。三位、治部丞監護。三位以上及皇親、皆土部示二礼制一。〈内親王、女王及内命婦亦准レ此。〉

養4は、明らかに宋5の後半部分に対応しているが、『唐令拾遺（補）』では養4の対応条文として、拾遺六を復原している。

拾遺六〈**開七**〉諸詔喪大臣一品、則鴻臚卿護二其喪事一。二品則少卿、三品丞一人往、皆命二司儀一示以レ制。五品已上薨卒及三品已上有二周已上親喪一者、皆示二其礼制一。

そこでまず呉氏は、宋5の後半部分を分離して、拾遺六を参考に復原7を作成したのであろう。その際、拾遺六では復原されていなかった「会喪（会哀）」規定についても、養4を根拠に復原している。

つぎに、残った宋5の前半部分について、同じく奏聞を規定している養3との対応が考えられる。ここで『唐令拾遺（補）』を参照すると、養3に対応する唐令として拾遺五が提示されている。

拾遺五〈**開七**〉〈**開二五**〉　諸京官職事三品已上、散官二品已上、遭二祖父母父母喪一、京官四品及都督刺史、並内外職事、若散官、以レ理去レ官、五品已上、在レ京薨卒、及五品之官、身死二王事一者、将レ葬、皆祭以二少牢一。司儀率二斎郎一、執二俎豆一以往。三品已上贈以二束帛一、一品加二乗馬一。既引、又遣レ使贈二於郭門之外一、皆以二束帛一、一品加レ璧。

拾遺五の前半部分（「将葬」以下の贈祭が発生する条件）は、確かに養3の前半部分（奏聞義務の発生する条件）と構造が似ている。しかし後半の贈祭を規定する部分は、宋5ではなく宋10に対応しているようである。そこで、宋5と宋10は、唐令では養3に対応する一つの条文であったと推測し、拾遺五の前半と後半の間に奏聞規定を挿入することで、（a）規定の対象（養3・拾遺五）、（b）奏聞（宋5・養3）、（d）贈祭（宋10・拾遺五）という、三つの部分からなる一条としてまとめあげたのである。さらに弔祭すべき官人の薨卒・遭喪の奏聞方法を規定した宋11も、奏聞に関する細則ということで、奏聞規定に続けて（c）註として組み入れられ、こうした複雑な操作の結果、復原6が作成されているのである。

ところで、呉氏の復原を複雑にした一番の原因とも言える、『唐令拾遺（補）』に提示された拾遺五と養3との対応関係については、旧稿においてすでに検討し、その対応を否定している。[15]前述のように、条文前半の対象者を定めた部分は確かに似ているのであるが、後半の内容は全く異なっており、拾遺五は贈祭、具体的には遺奠（死者に食事を供える儀式）と賵（死者に束帛等を贈る儀式）について、養3は奏聞・遣使弔について定めている。呉氏の見解に従えば、これらはともに復原6の一部を抜き出した結果と理解されるのであろうが、全く性格の異なるこれらの内容を一条にまとめて立条する必要性が説明できない。

旧稿で指摘した通り、拾遺五と養3の前半部分は、いずれも対象者を基本的に京官に限定している点が特徴的である。このことは、拾遺五が死者への物品支給に関する規定であることを考慮すれば、その範囲を京内に留める理由は理解できる。しかし唐では奏聞が京官に限定されていたとは考えられない。一方、日本令で養3が奏聞を京官に限定しているのは問題である。おそらくこれは、奏聞・遣使弔を氏族の有力者に対して実施するという、従来の方法を維持するために創出した規定であり、日本令を作成する段階で、拾遺五の贈祭規定の対象者部分を利用し、養3の奏聞規定につなげる工夫がなされたのであろう。日本令では、贈祭規定のような中国の伝統的で整備された儀礼を受容するまでには至っておらず、拾遺五の対応条文を作成するつもりはなかったが、京官に限定する対象者設定に価値を見出して、これを利用したのであろう。

そもそも、呉氏が細則規定として復原6に組み入れている宋11を見ると、奏聞方法について「京に在らば本司より奏せ。外に在る、及び本司無きは、所属の州府より奏せ」とあり、奏聞を京官に限定していなかったことは明白である。復原6の中ですでに矛盾が生じているのであり、贈祭規定の対象者を奏聞規定の対象者として読み替えるのは不可能である。

やはり、宋5・10・11は、それぞれ別条として復原唐令を考える必要があり、その排列もあえて天聖令の排列を動かさずとも、十分に理解できよう（表8参照）。宋3〜5は、死亡報告を受けた皇帝側の対応に関する規定が並び、ついで唐1・宋6〜9で賻物（喪家を助けるために贈られる品）に関する規定が、さらに宋10〜12・唐2では、その他の雑支給に関する規定が並んでいる。宋10は贈祭という支給について、宋11は支給の前提となる奏聞方法について述べているのであり、排列に不自然はなかろう。

以上をふまえて、あらためて宋5について検討してみたい。

宋5　(e)諸内外文武官遭二祖父母父母喪一、及以レ理去レ官或〔致仕?〕身喪者、並奏。(f)百官在レ職薨卒者、当司分番会哀、同設二一祭一。(g)其在レ京薨卒応二勅葬一者、鴻臚卿監二護喪事一、〈卿闕則以二他官一摂。〉司儀令示二礼制一。〈今以二太常礼院礼直官一摂。〉

（e）部分は、奏聞義務の発生する条件を規定している。「〔致仕?〕」は呉氏による意補であるが、致仕者については、宋12に弔祭・賻物は現任官の例によれとの規定が存在するので、意補は不要であろう。旧稿では、『唐令拾遺（補）』の復原唐令に奏聞規定が見えなかったことから、奏聞の対象者は拾遺三（宋3に対応）の挙哀の対象者と重なるのであり、奏聞を規定する独立条文は存在しないと推測した。[16]しかしこの点については、今回の天聖令公表により、宋5に奏聞の対象範囲、宋11に奏聞の手続きについての規定が存在することが明らかになったので、唐令にも奏聞規定は存在したと訂正しなければならない。

（f）部分について、旧稿では拾遺六と養4とを比較し、養4の「百官在レ職薨卒、当司分番会喪」は日本独自の規定であって、令制以前の氏族制的要素を示していると論じたが、[17]今回、宋5にほぼ同文が存在することが判明した。そもそも『慶元条法事類』巻七七喪葬に、「諸命官在レ職身亡、聴下於二公廨一棺殮上、唯避二庁事一。本司官分番会哀、同設二壱祭一」とあり、すでに池田氏によって日本令との関係を指摘されていたのを見逃していたのである。[18]この点も修正せねばならない。[19]

2　使人への喪葬調度支給（宋30・唐2――復原14）

養7は、征行に従った官人および使人が、派遣先で死亡した場合に、殯斂調度を支給する規定である。

養7　凡官人従レ征従レ行、及使人所在身喪、皆給二殯斂調度一。

本条について旧稿では、「集解諸説より日本では本条が拡大解釈され、外官一般に対しても支給が行われるべきとされ」たとした。[20]天聖令では、唐2が使人への殯斂調度支給等を規定しており、養7と基本的に対応している。

唐2　諸使人所在身喪、皆給二殯斂調度一、造レ輿、差レ夫遞送至レ家。其爵一品、職事及散官五品以上馬輿、余皆驢輿。有二水路処一給レ舡、其物並所在公給、仍申報二所レ遣之司一。

一方で、集解諸説の拡大解釈と考えた外官への殯斂調度支給について、宋30が対応しているように見える。

宋30　諸在レ任官身喪、聴二於公廨内棺斂一、不レ得レ在二庁事一。其屍柩、家属並給二公人一送還。其川峡、広南、福建

等路死ニ於任一者、其家資物色官為ニ検録一、選ニ本処人員一護送還レ家。官賜ニ銭十千一、仍拠レ口給ニ倉券一、到日停レ支。〈以レ理解替後身亡者、亦同。〉

この点について呉氏は、唐律疏義や令集解が外官への支給に関して議論する中では、公使の例に比附されたり、雑令が引用されるのみで、宋30に対応する外官支給規定は引用されていないことから、宋30は唐令としては復原できないと論じている。(21) 私見でも、旧稿での想定と変わらず、外官への殯斂調度支給規定としての宋30対応唐令は、やはり存在しないと考える。

しかし、宋30を宋令で新たに加えられた条文と判断してしまうこともできまい。宋30は、殯斂調度支給以外にも、公廨内での棺斂の許可、柩の送還などの要素を含んでおり、具体的地名を挙げる点など宋令段階での大幅な改変の痕跡は見られるものの、唐令に遡る要素が存在する可能性は残る。宋30に対応する唐令が存在したとする場合、排列位置は宋30本来の雑多な規定が並べられる中にあっても問題なかろう。唐2の対応唐令の位置については、宋11と12には共通の字句も多く連続する内容であり、また宋13以降は喪葬儀礼の進行に沿った一連の規定が並ぶことから、養老令排列を尊重すると、宋9と10の間、または宋12と13の間が考えられるが、さしあたり後者をとっておきたい。

3　勅葬と官給（宋23――復原31）

宋23は、勅葬に際して必要な物資・労働力を官給する規定である。

宋23　諸応ニ宗室、皇親及臣僚等勅葬一者、所レ須及賜ニ人徒一、並従ニ官給一。

呉氏は本条を、営墓夫の支給に関する拾遺一九（養11）に対応するとされるが、これは対応していない。天聖令には確認できないものの、拾遺一九（養11）に相当する、勅葬か否かにかかわらず品階に応じて営墓夫を支給する規定を、宋25と26の間に復原することは可能であろう。

旧稿では、拾遺六冒頭の「詔喪大臣」の語句に注目し、「詔喪」について検討した[22]。そこでは『宋史』礼志などを参考に、「詔喪」とは「故人の恩義に答えるため、特別に詔して勅使を派遣して喪事を監護し、喪葬の費用は官より支給することで、故人の身分に合った「礼を備える」ことであり、詔喪の対象外となった近臣・職事官には、代わりに賻物が支給された」と論じた。今回、宋23規定の存在が明らかになったことにより、勅葬（＝詔喪）の場合に官給がおこなわれるという事実が確認された[23]。

宋23の排列位置は、宋22までの喪（死亡から埋葬直前までの喪葬儀礼段階）規定が終わった部分に相当し、そこに列記された品々を勅葬の場合に支給することを述べており、対応唐令も同箇所に排列して問題なかろう。

二　唐令復原の問題点

次に、条文排列以外の唐令復原に関する問題点について、個別に検討していきたい。

1　皇親への賻物支給（唐1）

旧稿では、賻物支給に関する養5と拾遺八とを比較して、日本令に存在する皇親に関する規定が復旧唐令に見えないことから、唐令には存在しない皇親への支給規定を日本令で加えていると指摘した[24]。しかし唐1によって、皇親への賻物支給も、官人への支給量をもとに規定していることが判明した。

唐1　皇家諸親喪賻物、皇帝本服朞、準㆓一品㆒。本服大功、準㆓二品㆒。本服小功及皇太后本服朞、準㆓三品㆒。皇帝本服緦麻、皇太后本服大功、皇后本服朞、皇太子妃父母、準㆓正四品㆒。皇帝本服袒免、皇太后本服小功、皇后本服大功、皇太子妃本服朞、準㆓従四品㆒。皇太后本服緦麻、皇后本服小功、準㆓正五品㆒。皇后本服緦麻、準㆓従五品㆒。若官爵高者、従㆑高。無服之殤、並不㆑給。其準㆓一品㆒給㆑賻者、並依㆓職事品㆒。

旧稿ではあわせて、その他の支給関連条文でも皇親規定を日本令で新たに加えていると論じたが、右記の宋23の勅葬・官給規定により、個々の条文に記載がなくとも、皇親支給が想定されていたことが明らかとなった（ただし勅葬を前提とする点で、日本とは待遇が異なる）。唐喪葬令は君臣関係を重視した規定であって、皇親規定は存在しないと考えていたが、これは皇親について集約して規定した宋23対応唐令が確認できなかったからに過ぎず、訂正せねばならない。

2　都城付近での埋葬禁止（唐4）

都城周辺や道路側近での埋葬を禁止する養9について、条文内で使用されている語句に注目して分析をおこない、対応唐令には「皇都」「七里」「大路」の語句が使用されていたはずであるとの想定をしたことがある。[25] 今回公表された唐4では、「七里」は存在したものの、「皇都」ではなく「京城」と記され、また「大路」はそもそも道路側近での埋葬禁止規定が存在しなかった。

唐4　諸去㆓京城㆒七里内、不㆑得㆓葬埋㆒。

したがって現状では、道路側近での埋葬禁止規定は日本独自の規定であり、「大路」は山陽道のことで、蕃客の往来を意識した規定であるとの和田萃氏の説を妥当とすべきであろう。[26]

3　斂　服（宋13）

斂服に関する規定として、拾遺七は『唐六典』によって以下のように復原している。

拾遺七〔開七〕〔開二五〕　諸百官以レ理去レ職、而薨卒者、聴三斂以二本官之服一。無レ官者、介幘単衣。婦人有二官品一者、亦以二其服一斂。〈応レ佩者、皆用レ蠟代レ玉。〉

ところで『通典』巻八四小斂には、「大唐元陵儀注」に続けて次の文章が見える。

其百官以レ理去レ職而薨卒者、聴三斂以二本官之服一。無レ官者介幘単衣。婦人有二官品一、亦以二其服一斂。〈応レ珮者、皆用レ蠟代レ玉、禁下以二金玉珠宝一而斂上也。〉

『通典』同巻に「隋開皇初……内不レ得レ置二金銀珠玉一」とあることに注目すれば、これが『唐六典』以外を典拠とした唐令逸文であり、唐令復原に「禁以金玉珠宝而斂也」の部分を補える可能性があると指摘したことがある[27]。しかし、拾遺七に対応する宋13をみると、『唐六典』と同様に「禁以金玉珠宝而斂也」の部分は存在していない。

宋13　諸官人以レ理去レ官身喪者、聴三斂以二本官之服一。無レ官者、斂以二時服一。婦人有二官品一者、亦以二其服一斂。〈応レ珮者、皆以レ鑞代レ玉。〉

「禁以金玉珠宝而斂也」に似た内容は、埋葬時の柩について述べた宋21に見えるものの、『通典』や拾遺七・宋13の小斂時とは儀礼段階が異なっている。あるいは埋葬時の要素が『通典』の小斂記事に紛れ込んだとも考えられるが、未詳である。

4　その他

天聖令によって全く新たに内容が知られた条文には、以下のようなものがある。

・贈官の賻物・供葬具支給は贈官品に従う（宋8）
・贈諡（宋22）
・勅葬と官給（宋23）
・閏月（宋28）
・任地で没した官人の柩送還（宋30）
・詔聘官（宋32）
・城内への柩搬入（唐5）

一方、唐令や天聖令での存在が推測されるにもかかわらず、天聖令に（不行唐令としても）存在しない条文としては、以下のようなものがある。天聖令編纂時の遺漏、または天一閣本に脱条がある可能性も考慮する必要があろう。

・明器（拾遺一五）…『司馬氏書儀』に「喪葬令」として引用されており、天聖令に存在したと推測される。[28]
・陪葬（拾遺二）…『唐会要』に「令」として引用されており、唐令に存在したと推測される。
・営墓夫（拾遺一九）…養老令に対応条文があり、唐令に存在したと推測される。

さらに、宋20と唐3は、修訂済宋令と修訂前唐令がともに残されている事例かと疑われる。

唐3　(h)諸五品以上薨卒及葬、応レ合二弔祭一者、所レ須布深衣、幘、素三梁六柱轝、皆官借レ之。(i)其内外命婦応レ得二鹵簿一者、亦準レ此。

宋20　(j)諸内外命婦応レ得二鹵簿一者、葬亦給レ之。(k)〈官無二鹵簿一者、及庶人容レ車、並以二犢車一為レ之。〉

両条を見ると、宋令で（h）を削除し、（i）を残して（j）とし、（k）を付け加えたように見える。しかしこうした事例は他にまだ確認できておらず、慎重に検討する必要があろう。

おわりに

以上、復原唐令の条文排列を中心に、天聖令の公表を受けて気付いた点をまとめた。排列に関する私見は表8にまとめたものの、今回は唐令復原案を示すには至らなかった。印象としては、『唐令拾遺（補）』に代わるような復原案を示すことができるのはごく一部で、多くの条文に関しては宋令での修改を経ているため、唐令復原の参考資料とするに留まるであろう。

旧稿の唐令復原にいくつか誤りが存在することが明らかになったが、私見を補強する事実も確認された。それ以上に、天聖令によって新たに多くの喪葬令文が知られることとなり、唐喪葬令の全貌がようやく見えてきたことの意義は大きい。特に喪葬令は、令と礼との関係が問題とされてきた篇目でもあり、こうした点からも注目される史料と言えよう。

一方で、日本古代史研究の一手法としての日唐令比較という面から見れば、喪葬令に関しては、日本令は唐令をほぼそのまま引き写して作成されていることが明白となった。このことは、喪葬令や仮寧令といった礼制に関わる篇目独自の傾向なのかもしれないが、日唐令比較研究という手法自体の有効性についても、再考すべき時期にきているだろう。

註

（1）仁井田陞『唐令拾遺』（東方文化学院東京研究所、一九三三年）、仁井田陞著・池田温編集代表『唐令拾遺補』（東京大学出版会、一九九七年）。以下、両書をあわせて『唐令拾遺（補）』と記す。

（2）戴建国「天一閣蔵明抄本《官品令》考」（『宋代法制初探』黒龍江人民出版社、二〇〇〇年、初発表一九九九年）。

（3）『宋会要輯稿』刑法一—四。

（4）滋賀秀三「法典編纂の歴史」（『中国法制史論集—法典と刑罰—』創文社、二〇〇三年）一一一頁。黄正建「天一閣蔵《天聖令》的発現与整理研究」（『唐研究』一二、二〇〇六年）も参照。

（5）天一閣博物館・中国社会科学院歴史研究所天聖令整理課題組校証『天一閣蔵明鈔本天聖令校証　附唐令復原研究』（中華書局、二〇〇六年）。

（6）ここでの検討をもとに、呉麗娯「従《天聖令》対唐令的修改看唐宋制度之変遷—《喪葬令》研読筆記三篇」（『唐研究』一二、二〇〇六年）が発表され、『終極之典—中古喪葬制度研究—』（中華書局、二〇一二年）第七～九章に再編されている。

（7）註(2)戴論文。

（8）後掲註(10)稲田b論文。

（9）池田温「唐・日喪葬令の一考察—條文排列の相異を中心として—」（『法制史研究』四五、一九九六年）。

（10）稲田a「日本古代喪葬儀礼の特質—喪葬令からみた天皇と氏—」（本書第一部第一章、初発表二〇〇〇年）、b「喪葬令と礼の受容」（本書第一部第二章、初発表二〇〇二年）、c「喪葬令皇都条の再検討」（『延喜式研究』二二、二〇〇六年）。

（11）呉氏による復原唐令の本文自体は表に掲出しなかった（註(5)『天聖令校証』参照）。以下で行論上必要な条文についてのみ引用する。

（12）註(9)池田論文参照。

（13）以下の条文番号は、天聖令の宋令は「宋〇」、不行唐令は「唐〇」と表記し、『唐令拾遺（補）』の復旧唐令は「拾遺〇」（『唐令拾遺』の条文番号による）、養老令は「養〇」と表記する。また呉氏による復原唐令は「復原〇」と表記する。

（14）註(5)『天聖令校証』六八〇～六八二頁。

(15)　註(10)稲田ａ論文。
(16)　註(10)稲田ａ論文。本書第一部第一章では当該部分に訂正を加えた。
(17)　同右。
(18)　註(9)池田論文。
(19)　呉麗娯「唐朝的《喪葬令》与唐五代喪葬法式」(『文史』八〇、二〇〇七年)は唐令復原案の補考をおこない、復原6の「並奏聞」の下に「遣使弔」を補うべきことを指摘した(九一～九二頁)。呉氏の復原6自体には問題点が多いが、宋5に対応する唐令に「遣使弔」の語句が存在した可能性は十分に考えられよう。
(20)　註(10)稲田ａ論文。
(21)　註(5)『天聖令校証』六八五～六八六頁。
(22)　註(10)稲田ａ論文。
(23)　註(6)呉論文においても、「従詔葬到勅葬」の一章を立てて検討している(著書第九章「哀栄極備—詔葬与勅葬」に再編)。
(24)　註(10)稲田ａ論文。本書第一部第一章では当該部分に訂正を加えた。
(25)　註(10)稲田ｃ論文。
(26)　和田萃「東アジアの古代都城と葬地—喪葬令皇都条に関連して—」(『日本古代の儀礼と祭祀・信仰』上、塙書房、一九九五年、初発表一九七六年)。
(27)　金子修一・江川式部・稲田奈津子・金子由紀「大唐元陵儀注試釈(一)」(『山梨大学教育人間科学部紀要』三—二、二〇〇二年)。訳註作業の成果は金子修一主編『大唐元陵儀注新釈』(汲古書院、二〇一三年)にまとめたが、当該部分については訂正を加えた。
(28)　註(19)呉論文においても、『司馬氏書儀』および『唐会要』巻三八「葬」所載太極元年(七一二)六月唐紹上疏により、唐令・宋令ともに明器に関する規定が存在したとして、復原条文案を提示している。

第二章　慶元条法事類と天聖令

――唐令復原の新たな可能性に向けて――

はじめに

天一閣博物館における北宋天聖令の発見は、地道な逸文収集作業を通して進められてきた唐令復原研究に、大きな飛躍をもたらすことになった。天聖令の編修方針が、唐令を基本に据えて、当代にも用いるべき部分は手を加えて新令文として採用し、不要と判断された部分はあえて削除せずそのままに残すというものであったため[1]、天聖令本文（以下、宋令）と削除せず残された唐令（以下、不行唐令）とにより、ほぼ過不足なく唐令の全体像が復原できると考えられるためである。

従来の唐令復原研究の成果は、仁井田陞『唐令拾遺』や仁井田陞著・池田温編集代表『唐令拾遺補』に結実しているが[2]、天聖令の発見により、従来の復原を遙かに上回る数の条文が、新たに唐令として想定できることが明らかとなった。これは、従来の復原研究の手法にその原因があると考えられる。つまり、主に典籍中に残された令逸文を収集するというこれまでの復原研究では、まず「令」と明記される逸文を採って復原し、ついで「令」とは明記されないものの、その内容が日本令に対応する場合に、これを唐令であると判断して復原する、という手法がとられてきた。したがって日本令で継受されなかった唐令については、その多くが見逃される結果になったのである。

今回発見されたのは、天聖令全三〇巻の末尾一〇巻、一二篇目分であり、残り三分の二の唐令復原については、現状ではこれまで通り逸文の収集を積み重ねていくほかない。しかし右記の問題意識に立てば、今後はその逸文収集の方法において、新たな視点が必要となるであろう。本章ではこの新たな復原研究の方法論を考える一つの前提として、慶元条法事類の唐令復原材料としての重要性について論じていきたい。

一　慶元条法事類とは

はじめに慶元条法事類について、川村康氏の研究をもとに、ごく簡単に見ておきたい(3)。

宋代の「海行」法典（全国一般に通用する法典）は、ほぼ皇帝一代、あるいは一〇年に一回の割合で編纂されたが、その形式からおおよそ次の三つの編纂段階に分けることができる。第一は北宋前期の建隆編勅（九六三年成立）にはじまる「編勅の時代」、第二は北宋後期の元豊勅令格式（一〇八四年成立）にはじまる「勅令格式の時代」、第三は南宋の淳熙・慶元・淳祐の三回編纂された「条法事類の時代」である。

編勅は、単行勅令をそのまま集成したものであり、条文の検索に難がある。そこで生まれたのが勅令格式という形式であり、条文の性格により勅・令・格・式と申明とに分けて編集するものである。勅は、律と同様の刑罰規定で刑統の修正補完、令は、原則として唐代と同じく刑罰規定を伴わない禁令、格は、一定の事項につき等級差を設けてその対処を定めた施行細則的規定、式は、書式や器具の規格・様式などを規定するもので、唐代における律令格式の区別とは異なる点が注意される。申明は、単行の勅令や皇帝裁可のうちで、後世にも通用すべきものである。

この勅令格式になおも検索の不便が生じ、新たに考案された形式が条法事類である。ここでは勅・令・格・式・申明を門別に編集し直し、関連規定は重複を厭わず各門にすべて集めることで、さらに使い勝手を良くしたのである。
　この第三の形式によって編纂された慶元条法事類は、宋代法典としてはほぼ唯一まとまった形で現存し、宋代の法典編纂と法実践の経験を集大成した史料として、非常に重要な位置を占めている。慶元条法事類は慶元四年（一一九八）成立の慶元重修勅令格式を原本として編纂され、嘉泰二年（一二〇二）に上呈、翌年に頒行された(4)。本来は全八〇巻あったが、現存するのは三六巻分であり、半分以上が散逸している。現行本に遺された条文数は、重複分を除いて、勅が八八七条、令が一七八一条、格が九六条、式が一四二条、申明が二六〇条となっている。

二　唐令復原への利用

　慶元条法事類を唐令復原に利用する試みは、すでに『唐令拾遺』『唐令拾遺補』でもおこなわれてきた。仁井田陞氏は「慶元条法事類に存する慶元令の遺文は約二千条であるが、今その内容を些細に検すれば唐令に由来するものも屢々発見する(5)」として、唐令復原の参考資料として多くの慶元令条文を挙げている。なかでも仮寧令復旧第一一条は、「本条に該当する唐令逸文は見当らないが、宋慶元令は、日本令とほゞ同文であるから、この宋令と同様の規定が唐令にもあつたことゝ思ふ(6)」として、日本令に対応条文の存在することを根拠に、慶元条法事類の条文を基本資料とし、そのまま唐令として復原している。

養老令・仮寧令9　凡給㆓喪仮㆒、以㆓喪日㆒為㆑始。挙哀者以㆓聞喪㆒為㆑始。

慶元条法事類巻11給仮・仮寧令　諸遭㆑喪給㆑仮、以㆓遭喪日㆒為㆑始、聞喪者以㆓聞喪日㆒為㆑始。

唐令拾遺・仮寧令復旧一一〔唐〕　諸遭㆑喪給㆑仮、以㆓遭喪日㆒為㆑始、聞喪者以㆓聞喪日㆒為㆑始。

天聖令を見ると、果たして『唐令拾遺』での想定通り、日本令および慶元条法事類の規定に対応する条文が見出せるのである。

天聖令・仮寧令宋17　諸給㆓喪仮㆒、以㆓喪日㆒為㆑始、挙哀者以㆓聞喪日㆒為㆑始。

しかし注意しておきたいのは、天聖令の細かな用字は慶元条法事類よりもむしろ養老令に近く、おそらく唐令はこの天聖令と一字一句違わない文章であったと考えられることである。[7] したがって養老令は、「日」一字が脱落しているほかは、全く唐令の引き写しであったことが確認できるのである。

仮寧令復旧第一一条と同様に、日本令と慶元条法事類との対応を根拠に唐令を復原したものとして、営繕令復旧補第二条がある。これは愛宕松男氏の指摘によるもので、『唐令拾遺補』にその復原が採用されている。

養老令・営繕令10　凡瓦器経用損壊者、一年之内、十分聴㆑除㆓二分㆒、以外徴填。

慶元条法事類巻36倉庫約束・倉庫令　諸経用瓷器破損者、除㆓歳一分㆒、瓦器二分。

唐令拾遺補・営繕令復旧補二〔唐〕　諸経用瓦器破損者、除㆓歳二分㆒、以外徴填。

本条についても、天聖令は慶元条法事類よりも養老令に近く、養老令が唐令をほぼそのまま受容していることが推測されるのである。[8]

天聖令・営繕令宋17　凡用㆓瓦器㆒之処、経用損壊、一年之内、十分聴㆑除㆓二分㆒、以外追填。

さて、この営繕令復旧補第二条を復原するにあたって、愛宕松男氏は以下のように議論を展開している。[9] まず、北宋初期の淳化令・天聖令が唐開元二十五年令をほぼそのまま踏襲したものであったのに対し、元豊令以降は、宋代という新時代に即応すべく独自の規定が大幅に拡大増補され、篇目構成にも改修が加えられたことを確認する。その上で、慶元令もその流れのなかにあって唐令にはない篇目・条文が多数存在するものの、なお唐令の原形を全く喪失した訳ではなく、唐令を踏襲する条文が残されている可能性は十分想定できると指摘する。宋令で独自に増補された条文は権禁門・財用門に集中的に収録されているのであり、「交換経済の浸透を背景として、唐宋両時代の政治・社会を疏隔する大きな変化の反映がそこに見届けられることであろう」とし、したがって「経済部門、それも特に宋代を特色づける貨幣財政を限って、慶元令には独自の条文が圧倒的であるというなら、これを除いた他部門において唐令の踏襲を予想することは、許さるべきであると同時に大いなる可能性を持つであろう」と、慶元令による唐令復原の指針を示しているのである。

ここで、『唐令拾遺』および『唐令拾遺補』における慶元条法事類の利用について見てみたい。表10に示した通り、慶元条法事類の条文は、『唐令拾遺』では四七条、『唐令拾遺補』では二〇条が引用されている。しかし、両書での引用方針には大きな変化を見て取れるのである。

慶元条法事類が『唐令拾遺』『唐令拾遺補』に引用される際には、「基本資料」として掲載されるか、あるいは「参考資料」とされるかという区別がある。後者の場合には、すでに他の唐令逸文資料によって唐令が復原されており、慶元条法事類はあくまで参考に留められるのに対し、前者の場合には、他にめぼしい唐令逸文資料が存在せず、かつ日本令に対応条文が存在することから、慶元条法事類を直接的根拠として唐令を復原しているのである。この区別にしたがって両書を見ると、「基本資料」として慶元条法事類を引用しているのは、『唐令拾遺』では二条、『唐令拾遺補』では六条となる。したがって『唐令拾遺補』では、慶元条法事類の唐令復原資料としての価値をより高く評価していると見ることができる。

また『唐令拾遺』の引用する四七条がすべて「令」であるのに対し、『唐令拾遺補』では二〇条のうちの五条が「格」、四条が「式」からの引用である。前述のように、宋代の勅令格式の区別は唐代の律令格式とは直接対応しない

表10　『唐令拾遺』『唐令拾遺補』における慶元条法事類の利用

篇目	条文	引用方法	慶元条法事類	天聖令
官品令	一丁	参考資料	官品令	｜
	一丁	参考資料	官品令	｜
戸令	八乙	参考資料	戸令	｜
	九	参考資料	戸令	｜
	九	参考資料	戸令	｜
	一二	参考資料	戸令	｜
	三三乙＊	基本資料	戸令	｜
	四七＊	参考資料	戸令	｜
選挙令	二六	参考資料	薦挙令	｜
封爵令	二乙	参考資料	服制令	｜
考課令	四二・乙	参考資料	考課令	｜
軍防令	二三	参考資料	軍器令	｜
	二六	参考資料	雑令	｜
儀制令	一五	参考資料	儀制令	｜
	一七＊	参考資料	儀制令	｜
	二二乙	参考資料	儀制令	｜
	二五	参考資料	儀制令	｜
	二六	参考資料	儀制令	｜
	二七	参考資料	儀制令	｜
公式令	三八	参考資料	職制令	｜
	三九	参考資料	文書令	｜
	四三乙＊	基本資料	文書令	｜
	四三乙＊	基本資料	文書令	｜
	補九＊	基本資料	文書令	｜
田令	二六	参考資料	田令	宋4
関市令	七	参考資料	関市令	宋10
捕亡令	一	参考資料	捕亡令	宋1
	六＊	参考資料	雑令	宋9
仮寧令	四＊	参考資料	仮寧格	宋4
	五丙	参考資料	仮寧令	宋6
	五丙	参考資料	服制令	宋6
	六乙	参考資料	仮寧令	宋7〜10
	六乙＊	参考資料	仮寧格	宋7〜10
	七＊	参考資料	仮寧格	宋11
	九	参考資料	仮寧令	宋15
	一一	基本・参考	仮寧令	宋17
	一二＊	参考資料	仮寧格	宋19
	一六	参考資料	仮寧令	宋5
獄官令	一〇	参考資料	断獄令	唐4
	三六	参考資料	断獄令	宋48
	三七	参考資料	断獄令	宋51
	四〇	参考資料	断獄令	宋59
	附録	基本資料	仮寧令	宋18
営繕令	補二＊	基本資料	倉庫令	宋17
喪葬令	七	参考資料	服制令	宋13
	一一＊	参考資料	服制格	宋14
	一二＊	参考資料	服制式	宋15
	一三	参考資料	服制令	宋16
	一三＊	参考資料	服制式	宋16
	一四	参考資料	服制令	宋17
	一四	参考資料	服制令	宋19
	一七	参考資料	服制令	宋21
	一八＊	参考資料	服制式	宋24・25
	二〇	参考資料	服制令	宋26
	二〇＊	参考資料	服制式	宋26
	二一	参考資料	戸令	宋27
	二三	参考資料	服制令	宋31
	二四	参考資料	服制令	宋33
雑令	九	参考資料	田令	宋10
	一一	参考資料	雑令	宋14
	一二	参考資料	河渠令	宋15
	一七	参考資料	関市令	宋24
	一七	参考資料	関市令	宋24
	二〇	参考資料	雑令	宋26
	二一＊	参考資料	廐牧令	宋27
	二七＊	参考資料	道釈令	宋40
	補四＊	基本資料	雑令	宋35

註　「条文」欄の「＊」は、『唐令拾遺補』での引用であることを示す。無印は『唐令拾遺』での引用。

ので、唐令対応条文を探す際にも、必ずしも「慶元令」にこだわる必要はない。『唐令拾遺補』ではその点をふまえ、関連する内容であれば慶元格や慶元式も、積極的に参考資料として引用している。

三　慶元条法事類と天聖令——仮寧令・喪葬令を中心に——

そこで今回、天聖令によって新たに判明した条文について、慶元条法事類との対応関係を探ってみると、『唐令拾遺』『唐令拾遺補』での指摘以上に、さらに多くの対応関係が確認できるのである。ここでは、発見された天聖令一二篇目の中でも特に仮寧令と喪葬令に注目して、慶元条法事類との対応関係を見ていくことにする。この両篇目に注目するのは、先の愛宕松男氏の指摘をふまえ、これら礼制関係の篇目は唐宋間の変化が比較的少なく、慶元条法事類に唐令の踏襲を多く残すものと予想されるからである。

仮寧令と喪葬令について、天聖令と慶元条法事類との対応をまとめたのが表11・12である。[10]天聖令から慶元条法事類に至る過程で、条文内容が大幅に改変されるのみならず、篇目を移動した条文もあり、対応関係の検討も不十分で問題が残るのだが、おおよその傾向は窺えるであろう。網掛け部分は『唐令拾遺』『唐令拾遺補』での指摘がない（または対応関係を改めた）慶元条法事類条文である。本章では個別の対応関係ではなく、全体的な問題点を中心に論じていきたい。

まず注目されるのは、不行唐令に対応する慶元条法事類が全く見えないことである。このことは、天聖令編纂の段階ですでに現行法としては役に立たないものを「不行唐令」として排除したことからすれば当然なのであり、『唐令拾遺』『唐令拾遺補』で指摘された慶元条法事類についても、ほぼすべて不行唐令ではなく宋令に対応している（表

表11　仮寧令（天聖令・慶元条法事類対応表）

	天聖令	慶元条法事類	
宋1	元日、冬至、寒食、各給仮七日。〈前後各三日。〉	仮寧格（11）	節仮、元日、寒食、冬至、伍日〈前後各弐日〉。（後略）
宋2	天慶、先天、降聖、乾元、長寧、上元、夏至、中元、下元、臘等節、各給仮三日。〈前後各一日、長寧節惟京師給仮。〉	仮寧格（11）	節仮、（中略）聖節、天慶節、開基節、先天節、降聖節、三元、夏至、臘、参日〈前後各壱日〉。（後略）
		仮寧令（11）	諸仮皆休務。〈（註略）〉人日、中和、七夕、授衣、立春、春分、立秋、秋分、立夏、立冬、単忌日、並不休務。天慶、開基、先天、降聖、三元、夏至、臘前後日准此。
宋3	天祺、天貺、人日、中和節、春秋社、三月上巳、重五、三伏、七夕、九月朔授衣、重陽、立春、春分、立秋、秋分、立夏、立冬、諸大忌日及毎旬、並給休暇一日。〈若公務急速、不在此限。〉	仮寧格（11）	節仮、（中略）天祺節、天貺節、二社、上巳、重午、三伏、中秋、重陽、人日、中和、七夕、授衣、立春、春分、立秋、秋分、立夏、立冬、大忌、毎旬、壱日。
宋4	諸婚、給仮九日、除程。朞親婚嫁五日、大功三日、小功以下一日、並不給程。朞以下無主者、百里内除程。〈礼、婚、葬給仮者、並於事前給之、他皆准此。〉	仮寧格（11）	婚嫁、身自婚、玖日。期親、伍日。大功、参日。小功、弐日。緦麻、壱日。武臣丁憂不解官、壱伯日。縁遣任使、押綱、壱拾伍日。
		仮寧令（11）	諸婚嫁及葬、応給仮者、聴於事前給之、不許離任。
宋5	諸本服朞親以上、疾病危篤、遠行久別及諸急難、並量給仮。	仮寧令（11）	諸期以上親、遠行久別、或疾病危篤、及諸急難、並量給仮。
宋6	諸喪、斬衰三年、斉衰三年者、並解官。斉衰杖朞及為人後者為其父母、若庶子為後為其母、亦解官、申其心喪。母出及嫁、為父後者雖不服、亦申心喪。〈皆為生己者。〉其嫡、継、慈、養、若改嫁或帰宗経三年以上断絶、及父為長子、夫為妻、並不解官、仮同斉衰朞。	服制令（77）	諸喪、斬衰斉衰参年、解官。斉衰杖期、及祖父母亡、嫡子死、或無嫡子而嫡子兄弟未終喪而亡、孫応承重者、雖不受服、及為人後者為其父母、若庶子為後者為其母、亦解官、申其心喪。母出及嫁、為父後者、雖不服、亦申心喪。〈皆為生己者。〉其嫡継慈養改嫁或帰宗、経参年以上断絶、及父為長子、夫為妻、不解官。
		仮寧令（11）	諸為嫡継慈養母改嫁或帰宗〈帰宗謂三年以上継絶者〉、及為長子之喪、給仮並同斉衰期。

宋7	諸斉衰期、給仮三十日、聞哀二十日、葬五日、除服三日。	仮寧格（11・77）	喪葬除服、非在職、遭喪、期親、参拾日。（中略）葬、期親、伍日。（中略）除服、期親、参日。（中略）在職、遭喪、期親、柒日。（中略）改葬期以下親、壱日。
宋8	諸斉衰三月、五月、大功九月、七月、並給仮二十日、聞哀十四日、葬三日、除服二日。	仮寧格（11・77）	喪葬除服、非在職、遭喪、（中略）大功、弐拾日。（中略）葬、（中略）大功、参日。（中略）除服、（中略）大功、弐日。（中略）在職、遭喪、（中略）大功、伍日。（中略）改葬期以下親、壱日。
宋9	諸小功五月、給仮十五日、聞哀十日、葬二日、除服一日。	仮寧格（11・77）	喪葬除服、非在職、遭喪、（中略）小功、壱拾伍日。（中略）葬、（中略）小功、弐日。（中略）除服、（中略）小功（中略）、壱日。在職、遭喪、（中略）小功（中略）、参日。（中略）改葬期以下親、壱日。
宋10	諸緦麻三月、給仮七日、〈即本服緦麻出降服絶者、給仮三日。〉聞哀五日、葬及除服各一日。	仮寧格（11・77）	喪葬除服、非在職、遭喪、（中略）緦麻、柒日。降而服絶、参日。（中略）葬、（中略）緦麻、壱日。除服、（中略）緦麻、壱日。在職、遭喪、（中略）緦麻、参日。降而服絶（中略）、壱日。改葬期以下親、壱日。
宋7〜10対応		仮寧令（11）	諸喪葬除服給仮、斉衰三月五月、依大功親、緦麻以上応降者、依降服。
宋11	諸無服之殤、〈生三月至七歳。〉本服朞以上給仮五日、大功三日、小功二日、緦麻一日。	仮寧格（11）	喪葬除服、非在職、（中略）無服之殤、期親、伍日。大功、参日。小功、弐日。緦麻、壱日。（中略）在職、（中略）無服之殤、壱日。
宋12	諸無服之喪、若服内之親祥、除及喪柩遠、若已応袒免或親表喪葬、諸如此例、皆給一日。		
宋13	諸師経受業者喪、給仮三日。		
宋14	諸改葬、斉衰杖朞以上、給仮二十日、除程。朞三日、大功二日、小功、緦麻各一日。		

宋15	諸聞喪挙哀、其仮三分減一、有賸日者入仮限。	仮寧令（11）	諸聞喪給仮、減遭喪三分之一、有余分者、亦給壱日。
宋16	諸給喪葬等仮、朞以上並給程、大功以下在百里内者亦給程。	仮寧令（11）	諸緦麻以上親成服〈応給仮之喪出殯及柩至同〉、在遭喪聞喪仮限外及其祥除、並別給壱日。
宋17	諸給喪仮、以喪日為始、挙哀者以聞喪日為始。	仮寧令（11）	諸遭喪給仮、以遭喪日為始、聞喪者以聞喪日為始。
宋18	諸遭喪被起者、服内忌給仮三日、大、小祥各七日、禫五日、毎月朔、望各一日。祥、禫仮給程。若在節仮内、朝集、宿直皆聴不預。	仮寧格（11・77）	丁憂不解官、大祥、小祥、柒日。禫、伍日。卒哭〈謂百日〉、参日。朔、望、壱日。
		仮寧令（11・77）	諸丁憂不解官、節仮内朝集宿直、聴免。即任縁辺遇軍期者、祥禫卒哭朔望仮不給。
宋19	諸私忌日給仮一日、忌前之夕聴還。	仮寧格（11）	私忌、祖父母〈逮事曾高同〉、父母、壱日。
		仮寧令（11）	諸応給私忌仮者、忌前之夕直宿聴免。
宋20	諸官人遠任及公使在外、祖父母父母喪、応解官。無人告者、聴家人経所在陳牒告追。若奉勅出使及任居辺要者、申所属奏聞。	服制令（77）	諸命官祖父母父母喪、応解官。因公在他所若本家無人報者、聴申所在官司移文報。其被制出使者、仍具奏。
宋21	諸両応給仮者、従多給。	仮寧令（11）	諸仮両応給者、従多給。仮未満而再応給者、以後給日為始。
宋22	諸外官及使人聞喪者、聴於所在館舎安置、不得於州県公廨内挙哀。	服制令（77）	諸命官在職聞喪、不得於庁事挙哀。
宋23	諸在外文武官請仮出境者、皆申所在奏聞。		
唐1	諸内外官、五月給田仮、九月給授衣仮、分為両番、各十五日。其田仮、若風土異宜、種収不等、並随便給之。		
唐2	諸百官九品以上私家祔廟、除程、給仮五日。四時祭者、各給仮四日。〈並謂主祭者。〉去任所三百里内、亦給程。〈若在京都、除祭日、仍各依朝参仮例。〉		
唐3	諸文武官、若流外以上長上者、父母在三百里外、三年一給定省仮三十日。其拝墓、五年一給仮十五日、並除程。若已経還家者、計還後年給。其五品以上、所司勘当於事無闕者、奏聞。〈不得輒自奏請。〉		

唐4	諸冠、給仮三日。五服内親冠、給仮一日、並不給程。		
唐5	諸京官請仮、職事三品以上給三日、五品以上給十日。以外及欲出関者、若宿衛官当上五品以上請仮、並本司奏聞、〈若在職掌須縁兵部処分、及武官出外州者、並兵部奏。〉私忌則不奏。其非応奏及六品以下、皆本司判給。応須奏者、亦本司奏聞。其千牛、備身左右、給訖、仍申所司。若出百里外者、申兵部勘量、可給者亦奏聞。〈東宮千牛亦准此録啓。〉		
唐6	諸外官授訖、給仮装束。其去授官処千里内者四十日、二千里内五十日、三千里内六十日、四千里内七十日、過四千里外八十日、並除程。其仮内欲赴任者、聴之。若有事須早遣者、不用此令。旧人代至、亦准此。〈若旧人見有里者待苗応待収穫者訖収穫追還。〉若京官先在外者、其装束仮減外官之半。		

註　「慶元条法事類」欄の（　）は、慶元条法事類での巻数を示す。

表12　喪葬令（天聖令・慶元条法事類対応表）

天聖令		慶元条法事類	
宋1	先代帝王陵、並不得耕牧樵採。	雑令（80）	諸前代帝王及諸后陵寝、不得耕牧樵採。其名臣賢士義夫節婦墳冢准此。
宋2	先皇陵、去陵一里内不得葬埋。		

宋3	皇帝皇太后皇后皇太子為五服之内皇親挙哀、本服期者、三朝哭而止。大功者、其日朝晡哭而止。小功以下及皇帝為内命婦二品以上、百官職事二品以上喪、官一品喪、皇太后皇后為内命婦二品以上喪、皇太子為三師三少及宮臣三品以上喪、並一挙哀而止。〈其挙哀皆素服。皇帝挙哀日、内教坊及太常並停音楽。〉		
宋4	皇帝臨臣之喪、一品服錫衰、三品以上緦衰、四品以下疑衰。皇太子臨弔三師三少則錫衰、宮臣四品以上緦衰、五品以下疑衰。		
宋5	諸内外文武官遭祖父母父母喪、及以理去官或身喪者、並奏。百官在職薨卒者、当司分番会哀、同設一祭。其在京薨卒応勅葬者、鴻臚卿監護喪事、〈卿闕則以他官摂。〉司儀令示礼制。〈今以太常礼院礼直官摂。〉	服制令(77)	諸命官在職身亡、聴於公廨棺斂、唯避庁事。本司官分番会哀、同設壱祭。
宋6	諸宗室、内外皇親、文武官薨卒、及家有親属之喪、合賜賻物者、皆鴻臚寺具官名聞奏、物数多少、聴旨随給。		
宋7	諸賻物両応給者、従多給。		
宋8	諸贈官者、賻物及供葬所須、並依贈官品給。若賻後得贈者、不合更給。	給賜令(77)	諸供葬之物、依所贈官品給。〈賻後贈官者非〉。
宋9	諸賻物及粟、皆出所在倉庫、得旨則給。		
宋10	諸一品二品喪、勅備本品鹵簿送殯者、以少牢贈祭於都城外、加璧、束帛深青三、纁二。		
宋11	諸五品以上薨卒及遭喪応合弔祭者、在京従本司奏。在外及無本司者、従所属州府奏。		
宋12	諸文武職事五品以上官致仕薨卒者、其弔祭賻物並依見任官例。其於任所致仕未還而薨卒者、仍量給手力、送還本貫。		

宋13	諸官人以理去官身喪者、聴斂以本官之服。無官者、斂以時服。婦人有官品者、亦以其服斂。〈応珮者、皆以鑞代玉。〉	服制令(77)	諸以理去官身亡者、殮以本官之服。婦人有官品者、亦以其服殮。
宋14	諸重、一品挂鬲六、五品以上四、六品以下二。	服制格(77)	重挂鬲、壱品、陸。陸品以上、肆。玖品以上、弐。
宋15	諸銘旌、三品以上長九尺、五品以上長八尺、六品以下長七尺、皆書某官封姓名之柩。	服制式(77)	銘旌、書官封姓名之柩。肆品以上、長玖尺。陸品以上、長捌尺。玖品以上、長柒尺。
宋16	諸輀車、三品以上油幰、朱絲絡網、施襈、两廂画龍、幰竿諸末垂六旒蘇。七品以上油幰、施襈、两廂画雲気、垂四旒蘇。九品以上無旒蘇。〈男子幰襈旒蘇皆用素、婦人皆用綵。〉庶人鱉甲車、無幰襈画飾。	服制令(77)	諸輀車、幰襈旒蘇。男子用素、婦人用綵。玖品無旒蘇。庶人鱉甲車、無幰襈画飾。即用喪轝、或肆品以上用輀車、玖品以上用輤轜車者聴。
		服制式(77)	輀車、肆品以上、油幰、朱絲絡網、施襈、两廂画龍、幰竿諸末垂旒蘇陸。捌品以上、油幰、施襈、两廂画雲気、垂旒蘇肆。
宋17	諸引披鐸翣挽歌、三品以上四引四披六鐸〈有挽歌者、鐸依歌人数。以下准此。〉六翣、挽歌六行三十六人。四品二引二披四鐸四翣、挽歌四行十六人。五品六品〈謂升朝者、皆准此。〉挽歌八人。七品八品〈謂非升朝者。〉挽歌六人。九品挽歌四人。〈検校試官同真品。〉其持引披者、皆布幘布深衣、挽歌者、白練幘白練褠衣、並鞋襪、執鐸綍。	服制令(77)	諸葬有挽歌者、鐸如歌人之数。即検校官応用紼鐸披翣挽歌者、並同真品。
		服制格(77)	紼披鐸翣、肆品以上、紼肆、披肆、鐸陸、翣陸。陸品以上、紼弐、披弐、鐸肆、翣肆。玖品以上、鐸弐、翣弐。挽歌、肆品以上、陸行陸人。陸品以上、肆行肆人。捌品以上〈陸朝官准陸品〉、陸人。玖品、肆人。
		服制式(77)	持紼披者、布幘布深衣。挽歌者、白練幘白練褠衣、執紼鐸。
宋18	諸四品以上用方相、七品以上用魌頭。〈方相四目、魌頭両目、並深青衣朱裳、執戈揚盾、載於車。〉	服制式(77)	方相魌頭、深青衣朱裳、執戈揚盾、載以車。伍品以上、方相四首。捌品以上、魌頭両目。
宋19	諸纛、五品以上、其竿長九尺。以下、五尺以上。	服制令(77)	諸纛、陸品以上、其竿長不得過玖尺。
宋20	諸内外命婦応得鹵簿者、葬亦給之。〈官無鹵簿者、及庶人容車、並以犢車為之。〉	服制令(77)	諸内外命婦応得鹵簿者、葬亦給。〈官無鹵簿者、及庶人容車、通以犢車為之。〉
宋21	諸葬、不得以石為棺槨及石室。其棺槨皆不得雕鏤彩画、施方牖欄檻、棺内又不得有金宝珠玉。	服制令(77)	諸棺槨不得雕画、施方牖欄檻、并内金宝珠玉。其以石為棺槨及為室者、亦禁之。

宋22	諸謚、王公及職事官三品以上、録行状申省、考功勘校、下太常礼院擬訖、申省、議定奏聞。〈贈官亦准此。〉無爵者称子。若蘊徳丘園、声実明著、雖無官爵、亦奏錫謚曰先生。	服制令(13)	諸謚、光禄大夫節度使以上、本家不以葬前後、録行状三本、申所属繳奏。其文並録事寔。或本家不願請謚者、取子孫状以聞。其蘊徳邱園、声聞顕著、雖無官爵、聴所属奏賜。
宋23	諸応宗室、皇親及臣僚等勅葬者、所須及賜人徒、並従官給。		
宋24	諸墓田、一品方九十歩、墳高一丈八尺。二品方八十歩、墳高一丈六尺。三品方七十歩、墳高一丈四尺。四品方六十歩、墳高一丈二尺。五品方五十歩、墳高一丈。六品以下並方二十歩、墳高不得過八尺。其葬地欲博買者、聴之。	服制式(77)	墓田、壱品、方玖拾歩。弐品、方捌拾歩。参品、方柒拾歩。肆品、方陸拾歩。伍品、方伍拾歩。陸品、方肆拾歩。柒品以下、方弐拾歩。庶人、方壱拾捌歩。墳、壱品、高壱丈捌尺。弐品、高壱丈陸尺。参品、高壱丈肆尺。肆品、高壱丈弐尺。伍品、高壱丈。陸品以下、高捌尺。庶人、高陸尺。
宋25	諸墓域門及四隅、三品以上築闕、五品以上立土堠、余皆封塋而已。	服制式(77)	墓域門及四隅、肆品以上、築闕。陸品以上、立堠。柒品以下〈庶人同〉、封塋。
宋26	諸碑碣、〈其文皆須実録、不得濫有褒飾。〉五品以上立碑、螭首亀趺、趺上高不得過九尺。七品以上立碣、圭首方趺、趺上高四尺。若隠淪道素、孝義著聞者、雖無官品、亦得立碣。其石獣、三品以上六、五品以上四。	服制令(77)	諸葬、陸品以上立碑、捌品以上立碣、其隠淪道素、孝義著聞、雖無官品、亦聴立碣。
		服制式(77)	碑、螭首亀趺、上高玖尺。碣、圭首方趺、上高肆尺。
		服制格(77)	石獣、肆品以上、陸。陸品以上、肆。
宋27	諸身喪戸絶者、所有部曲客女奴婢宅店資財、令近親〈親依本服、不以出降。〉転易貨売、将営葬事及量営功徳之外、余財並与女。〈戸雖同、資財先別者、亦准此。〉無女均入以次近親。無親戚者、官為検校。若亡人存日、自有遺嘱処分、証験分明者、不用此令。即別勅有制者、従別勅。	戸令(51)	諸戸絶有財産者、廂耆隣人即時申県籍記、当日委官躬親抄估、量其葬送之費、即時給付、共不得過参伯貫。財産及万貫以上、不得過伍拾貫。責付近親或応得財産者、同為営辦〈無近親及応得財産人者、官為営辦。僧道即委主首〉。
宋28	諸三年及朞喪不数閏、大功以下数之。以閏月亡者、祥及忌日、皆以閏所附之月為正。	服制令(77)	諸参年及期喪不数閏、禫月及大功以下数之。其閏月亡者、祥及忌日、皆以所附之月為正〈閏月追服准此〉。
宋29	諸職事官三品以上、暑月薨者、給氷。		

宋30	諸在任官身喪、聴於公廨内棺斂、不得在庁事。其屍柩、家属並給公人送還。其川峡、広南、福建等路死於任者、其家資物色官為検録、選本処人員護送還家。官賜銭十千、仍抛口給倉券、到日停支。〈以理解替後身亡者、亦同。〉	服制令(77)	諸命官在職身亡、聴於公廨棺斂、唯避庁事。本司官分番会哀、同設壱祭。
宋31	諸百官身亡者、三品以上称薨、五品以上称卒、六品以下達於庶人称死。〈今三品者、惟尚書節度以上則称薨。〉	服制令(13)	諸命官身亡、三品以上称薨、陸品以上称卒、柒品以下達於庶人称死。
宋32	諸官人薨卒、応合弔祭者、詔聘官亦同。		
宋33	諸喪葬不能備礼者、貴得同賤。賤雖富、不得同貴。	服制令(77)	諸喪葬有制数、而力不及者、聴従便。
唐1	皇家諸親喪賻物、皇帝本服朞、準一品。本服大功、准二品。本服小功及皇太后本服朞、準三品。皇帝本服緦麻、皇太后本服大功、皇后本服朞、皇太子妃父母、準正四品。皇帝本服袒免、皇太后本服小功、皇后本服大功、皇太子妃本服朞、準従四品。皇太后本服緦麻、皇后本服小功、準正五品。皇后本服緦麻、準従五品。若官爵高者、従高。無服之殤、並不給。其準一品給賻者、並依職事品。		
唐2	諸使人所在身喪、皆給殯斂調度、造輿、差夫遞送至家。其爵一品、職事及散官五品以上馬輿、余皆驢輿。有水路処給舡、其物並所在公給、仍申報所遣之司。		
唐3	諸五品以上薨卒及葬、応合弔祭者、所須布深衣幘、素三梁六柱輿、皆官借之。其内外命婦応得鹵簿者、亦准此。		
唐4	諸去京城七里内、不得葬埋。		
唐5	諸庶人以上在城有宅、将屍柩入者、皆聴之。		
附	（喪服年月―省略）	服制格(77)	斬衰参年，正服，子為父。（後略）
		服制格(77)	明器、肆品以上、伍拾事。陸品以上、参拾事。玖品以上〈陞朝官准陸品〉、弐拾事。庶人、壱拾事。

註　「慶元条法事類」欄の（　）は、慶元条法事類での巻数を示す。

10参照）。ところが管見の限り、唯一の例外が獄官令復旧第一〇条であり、天聖令では唐4に対応する。

慶元条法事類巻74病囚・断獄令　諸禁囚身死無ニ親属一者、官為殯瘞標識、仍移ニ文本属一、告ニ示家人一。般取所レ費、無ニ随身財物一或不レ足者、皆支ニ贓罰銭一。

天聖令・獄官令唐4　諸囚死無ニ親戚一者、皆給レ棺、於ニ官地内一権殯。〈其棺並用ニ官物一造給。若犯ニ悪逆以上一、不レ給レ棺。其官地去レ京七里外、量給ニ一頃以下一擬埋。諸司死囚、大理検校。〉置ニ塼銘於壙内一、立ニ牓於上一、書ニ其姓名一、仍下ニ本属一、告ニ家人一令レ取。即流移人在レ路、及流徒在レ役死者、亦準レ此。

天聖令において不行唐令とされたにもかかわらず、なぜ本条が慶元断獄令として残されたのか、これについては今後の検討課題としたい(11)。

次に、不行唐令を除いた天聖令条文（宋令）について見てみると、かなりの割合で対応する慶元条法事類が存在することに気が付く。慶元条法事類自体が全体の半分以下しか残存していない現状において、これは非常に特徴的と言えるだろう。そこで慶元条法事類に対応条文のない天聖令を見ると、喪葬令においては、その多くが賻物や殯斂調度などの支給に関わる条文であることがわかる（宋6・7・9〜12・23・29・32）。おそらくこれらの支給関連の条文は、慶元条法事類の散逸した部分に、たとえば「給賜令」などとして、まとめて存在したのではなかろうか。というのも、「賻贈」や、殯斂調度支給の前提となる「詔葬」といった事項については、『宋史』礼志にも詳細な記述が存在し、唐宋間に本質的な変化があったとは考え難いからである。同じく喪葬令で皇帝関連条文の対応がまとまって見えないのも（宋2〜4）、同様の事情によるものであろう。以上の推測に立てば、少なくとも仮寧令と喪葬令においては、ほぼすべての条文について、慶元条法事類中にその内容が残されていたことになろう。

ちなみに表12の最後に掲載した服制格は、明器（副葬品）に関する規定である。今回発見された天聖喪葬令には、

表13　慶元勅令格式における天聖令・復旧唐令との対応率

慶元勅令格式	現存条文数	対応条文数	対応率	天聖令・復旧令唐令での対応篇目
仮寧令	23	11	48%	仮寧令
仮寧格	10	5	50%	仮寧令
服制令	47	16	34%	喪葬令（12）・仮寧令（3）・封爵令（1）
服制格	18	14	78%	喪葬令
服制式	10	10	100%	喪葬令
儀制令	28	5	18%	儀制令

『唐令拾遺』『唐令拾遺補』でその存在が想定されていたにもかかわらず、明器に関する規定は、宋令および不行唐令のいずれにも存在しなかった。しかし別稿でも指摘したように、『司馬氏書儀』の記述からすれば天聖令に明器規定が存在したことは確かであり[12]、呉麗娯氏も指摘されるように、『唐会要』の記述により唐令にも存在したものと推測される[13]。したがって明器規定が天聖喪葬令に見えないのは、天聖令編纂時の遺漏、または天一閣本に脱条がある可能性を考慮する必要があろう。慶元条法事類にも明器規定があるという事実は、やはり天聖令および唐令に明器規定が存在したことを裏付けるものである。

最後に、慶元条法事類に現存する条文に対する、天聖令および復旧唐令との対応が確認できる条文の割合について見ておきたい。天聖仮寧・喪葬両令に対応する条文は、慶元勅令格式の中でも仮寧令・仮寧格・服制令・服制格・服制式の五つに集中している。そこで、これらの現存条文数と、そのうちで天聖令および復旧唐令（天聖令の存在しない部分についての）に対応する条文数とを、表13にまとめた[14]。その対応率の高さ、特に格・式での高さが注目されよう。参考に、礼制関連条文が多い儀制令についても記してみた。天聖令の発見されなかった儀制令ではあるが、慶元条法事類に残された慶元儀制令をもとに、さらに多くの条文が復原できる可能性があろう。

たとえば、慶元条法事類巻3服飾器物に「儀制令」として掲載される八つの条文のうち、食器について述べる第一条はすでに復旧第二二乙条の参考資料とされているが、残る七つの条文のうちからも、新たな唐制を見出せる可能性があろう[15]。なかでも繖の色の制限に関する第五条は、唐令（の一部）として復旧できるのではなかろうか。

　慶元条法事類巻3服飾器物・儀制令　諸非二品官一、繖不レ得レ用レ青。

繖については、養老令15条の対応条文として、すでに復旧第二〇条が復原されている。

　養老令・儀制令15　凡蓋、皇太子、紫表、蘇方裏、頂及四角覆レ錦垂レ総。親王、紫大纈。一位深緑。三位以上紺。四位縹。〈四品以上及一位、頂角覆レ錦垂レ総。二位以下覆レ錦。唯大納言以上垂レ総。〉並朱裏。総用二同色一。

　唐令拾遺・儀制令復旧二〇〔**開七**〕〔**開二五**〕　皇太子繖、職事五品已上、及散官三品已上、爵国公已上、及県令、並用レ繖。

　これをみると、養老令の色に関する規定は、復旧第二〇条には見えない。しかし前掲の慶元条法事類には色の規定が存在するので、おそらく養老令が参照した唐令にも色の規定があったのだろう。したがって慶元条法事類の存在を根拠に、繖の色の規定を唐令として想定することが可能となるのである。

　このように、唐令復原材料としての重要性に留意し、慶元条法事類を再度見直すことで、新たな唐制（それが令であるか否かは、さらに検討の必要があるが）発見の可能性はさらに広がるであろう。一見すると唐制との差異ばかりが目に付く慶元条法事類であるが、宋末に至る大きな社会変化を経てなお、意外にも多くの唐制的要素が残存していることが知られた点でも、天聖令発見の意義は大きい(16)。

おわりに

唐宋間の変化の激しい経済部門を除けば、慶元条法事類には唐令を復原する上で大きな可能性があることを指摘した愛宕松男氏の見通しは、天聖令の発見によって全くその通りであることが証明された。本章でおこなった仮寧令と喪葬令との検討により、その可能性は時代的変化の少ない礼制関連条文に特に顕著であることが示せたかと思う。冒頭で述べたように、天聖令が残されていない三分の二の篇目に関しては、今後も唐令逸文収集による復原作業が基本となるであろうが、儀制令のような礼制に関わる篇目については、今まで以上に慶元条法事類の有用性に留意する必要が出てくるであろう。

同時に、宋代法制史の視点に立つと、天聖令が明らかになったことで、これを慶元条法事類と比較することを通じ、元豊令以降の大幅な改増を具体的に明らかにすることが可能になったのである。唐令復原のための史料という観点にこだわらず、今後はさらに幅広い視野で天聖令発見の意義を考えていく必要があろう。(17)

註

(1) 滋賀秀三「法典編纂の歴史」(『中国法制史論集―法典と刑罰―』創文社、二〇〇三年)、黄正建「天一閣蔵《天聖令》的発現与整理研究」(『唐研究』一二、二〇〇六年)。

(2) 仁井田陞『唐令拾遺』(東方文化学院東京研究所、一九三三年)、仁井田陞著・池田温編集代表『唐令拾遺補』(東京大学出版会、一九九七年)。

(3) 川村康「慶元条法事類と宋代の法典」(滋賀秀三『中国法制史―基本資料の研究―』東京大学出版会、一九九三年)。本節での説明は、全面的に本論文に依拠している。慶元条法事類のテキストは、『静嘉堂文庫蔵　慶元條法事類』(古典研究会、一九六八年)、および戴建国點校『中国珍稀法律典籍続編第一冊　慶元條法事類』(黒龍江人民出版社、二〇〇二年)を使用した。また梅原郁編『慶元條法事類語彙輯覧』(京都大学人文科学研究所、一九九〇年)も参照した。

(4) したがって慶元条法事類に掲載された諸規定は、慶元重修勅令格式での規定ということになるが、本章では煩雑を避けるため、その規定内容を「慶元条法事類（の条文）」などと表記している。

（5）　仁井田陞「序説第一　唐令の史的研究」（註（2）『唐令拾遺』）四六頁。

（6）　仁井田陞「唐令　仮寧令」（註（2）『唐令拾遺』）七四八頁。

（7）　趙大瑩氏も、復原20として、宋17と同文の唐令を復原している。天一閣博物館・中国社会科学院歴史研究所天聖令整理課題組校証『天一閣蔵明鈔本天聖令校証　附唐令復原研究』（中華書局、二〇〇六年）五九六頁。

（8）　牛來穎氏は、復原19として、養老令とほぼ同文の唐令を復原している（諸瓦器経用損壊者、一年之内、十分聴除二分、以外徴塡）。註（7）『天聖令校証』六六七頁。

（9）　愛宕松男「逸文唐令の一資料について」（『東洋史学論集　第一巻　中国陶瓷産業史』三一書房、一九八七年、初発表一九七八年）。

（10）　天聖令と慶元条法事類との対応関係については、仮寧令については趙大瑩氏が、喪葬令については呉麗娯氏が、それぞれ復原研究のなかで、『唐令拾遺』『唐令拾遺補』での指摘以外にも対応する条文があることを指摘している。趙氏の指摘のうち、慶元条法事類の仮寧令と宋2〜4・19、仮寧格と宋1〜3との対応については私見と一致するが、仮寧令と宋1・5・7〜8・10・14・唐1・3、仮寧格と宋6とが対応しているとの見解には従えない。呉氏は慶元条法事類の服制令と宋5・20、服制格と宋17、服制式と宋17・18、給賜令と宋8との対応を指摘し、いずれも私見と一致する（服制令と宋5との対応については、すでに池田温「唐・日喪葬令の一考察―条文排列の相異を中心として―」『法制史研究』四五、一九九六年）においても指摘されている）。趙大瑩「唐仮寧令復原研究」および呉麗娯「唐喪葬令復原研究」（ともに註（7）『天聖令校証』）。

（11）　川村康「宋令変容考」（『法と政治』六二―一Ⅱ、二〇一一年）は、天聖獄官令の唐4だけでなく唐10も、やはり慶元断獄令との継承関係が見られるとした上で、「天聖において効力を否定された不行唐令であっても、それ以後慶元までの間にその内容がある程度修正を経て復活することは考えられる」と指摘する。従うべき見解だろう。川村論文については、稲田「書評　川村康著「宋令変容考」」（『法制史研究』六二、二〇一三年）参照。

（12）　本書第二部第一章。

(13) 呉麗娯「唐朝的《喪葬令》与唐五代喪葬法式」(『文史』八〇、二〇〇七年)。

(14) 現存条文数については註(3)川村論文を参照した。

(15) 大隅清陽「日本律令制における威儀物受容の性格―養老儀制令13儀戈条・15蓋条をめぐって―」(『律令官制と礼秩序の研究』吉川弘文館、二〇一一年、初発表一九九九・二〇〇一年)では、大和元年(八二七)五月の奢侈を取り締まる文宗詔に、「儀制令に準じ」て時宜にかなった品秩勲労の等級を参酌させるとして、車轝・服飾・従者の騎数・馬具・乗馬の規制・家屋の規格などが取り上げられていることから(『新唐書』巻二四車服志)、現在復旧されている条文以外にも、様々な器物の規定が唐儀制令に含まれていた可能性を示唆している。

(16) 本章では仮寧令と喪葬令に注目したが、同じく天聖令の存在する雑令においても、やはり『唐令拾遺』『唐令拾遺補』での指摘以上に、慶元条法事類との対応条文を見出すことができる。三上喜孝「北宋天聖雑令に関する覚書―日本令との比較の観点から―」(『山形大学歴史・地理・人類学論集』八、二〇〇七年)では、天聖雑令の宋8および宋37について、各々対応する慶元条法事類の条文を指摘している(宋8の対応慶元条法事類条文については、前掲論文での引用には誤りがあり、三上喜孝「律令国家の山川藪沢支配の特質」〔池田温編『日中律令制の諸相』東方書店、二〇〇二年〕を参照した)。

天聖令・雑令宋8　諸雑畜有レ孕、皆不レ得レ殺。仲春不レ得レ採二捕鳥獣雛卵之類一。

慶元条法事類巻79採捕屠宰・時令　諸畜有レ孕者、不レ得レ殺。鳥獣雛卵之類、春夏之月〈謂二一月至二四月終一〉禁二採捕一。州県及巡尉、常切禁止覚察。仍歳首検挙、条制暁諭。

天聖令・雑令宋37　諸外官親属経過、不レ得下以二公廨一供給上。凡是賓客、亦不レ得二於百姓間安置一。

慶元条法事類巻9饋送・雑令　諸任二外官一者親戚経過、不レ得下以二公使例外一供給上。凡賓客、亦不レ得レ令二於民家安泊一。

これに加え、宋11に対応する条文も指摘することができる。

天聖令・雑令宋11　諸知下山沢有二異宝異木及金玉銅銀彩色雑物一処上、堪レ供二国用一者、皆具以レ状聞。

慶元条法事類巻80雑犯・雑令　諸山沢有二異宝異木若雑物一、〈並謂下堪レ供二国用一者上〉許二人告一。州具状申二尚書本部一。

(17) 本章の分析方法は、註(11)川村論文や、趙晶『《天聖令》与唐宋法制考論』(上海古籍出版社、二〇一四年)の第二章「唐宋令条文演変」などにおいて発展的に活用され、唐宋法制史研究の新たな手法として確立されつつあると考える。

第三部　服喪と追善

第一章　日本古代の服喪と喪葬令

はじめに

北宋天聖令の発見以降、従来に増して関心が向けられている令制研究であるが、(1)特に中国における研究の進展には目を瞠るものがある。著者が検討してきた喪葬令に関しても、以前とは比較にならないほどの成果が量産され、その精度も格段に高まった。喪葬令は中国の伝統的な礼制を背景にした篇目であり、その蓄積に深い理解を持つ研究者が喪葬令に注目するようになったことで、現在の活況があるのだろう。それと呼応するように、日本古代の礼制についても新たな研究が相次いで発表されている。

著者はかつて喪葬令の中でも服喪について論じたことがあるが、(2)近年の研究の進展を受け再考すべき点も少なくない。残念ながら現段階では明快な結論を得るには至っていないが、本章では近年の動向を中心に整理した上で課題の所在を明らかにしたい。第一節では喪葬令17服紀条の母法をめぐる問題を、第二節では同2服錫紵条と天皇の服喪についで検討することで、喪葬令とその背後にある唐の礼制とを古代日本がどのように受容したのか、改めて考えてみたい。

一　服紀条と「喪服年月」

喪葬令17服紀条は、近親者や本主・天皇のための服喪期間について定めた条文である。

凡服紀者、為二君・父母及夫・本主一一年。祖父母・養父母、五月。曾祖父母・外祖父母・伯叔姑・妻・兄弟姉妹・夫之父母・嫡子、三月。高祖父母・舅姨・嫡母・継母・継父同居・異父兄弟姉妹・衆子・嫡孫、一月。衆孫・従父兄弟姉妹・兄弟子、七日。

本条は、その母法たる唐令条文の存否を中心に、従来もたびたび議論されてきたものである。というのも本条の立条方法の如何によっては、日本令全体の編纂方針——唐令の範囲内での継受か、唐礼も参照したのか——を決定付ける、重要な問題と考えられたためである(3)。以下、その議論を時系列に沿って見ていきたい。

1　『唐令拾遺補』までの議論

夙に佐藤誠實氏は、本条が唐令ではなく唐礼により折衷して立条されたものかと指摘し(4)、瀧川政次郎氏は「我が喪葬令、服紀条が唐令に拠らずして唐礼によったこと」は「疑がない」としている(5)。両氏がその根拠としたのが、次に引用する橘広相の発言である。貞観十三年（八七一）、清和天皇の祖母である太皇太后藤原順子の死を契機に、天皇服喪に関する議論が繰り広げられた。礼議の内容は『日本三代実録』貞観十三年十月五日丁未条に詳しいが(6)、そのなかで東宮学士橘広相は、唐令には喪制の規定がなく唐礼にのみ規定されており、服紀条は日本で新たに立条されたものであるとしている。

至二於喪制一、則唐令無レ文。唯制二唐礼一、以拠二行之一。而国家制レ令之日、新制二服紀一条一、附二喪葬令之末一。

両氏の研究を受けて仁井田陞氏は、『唐令拾遺』では服紀条の対応唐令を復原せず、仮寧令の篇目末尾の附録でこの問題を詳論している。[7] そこでは佐藤論文に依拠して服紀条対応唐令は存在しないとしつつも、「服制に関する何等かの規定があったことをあらはすものであるかも知れない」として、開元七年（七一九）八月二十六日詔から次の部分を引用する（『唐会要』巻三七服紀上）。

格令之内、有二父在為レ母斉衰三年一。

ただし、「格令」部分を『旧唐書』巻二七礼儀志では「格条」に作ることから、「必ずしも令文となすを得なかろう」と留保している。

また仁井田氏は、後唐の清泰三年（九三六）二月の五服制度をめぐる馬縞・劉昫らの議論を取り上げる。馬縞が嫂叔のためには小功五月か大功九月かという問題を提起し、段顒は現用の「令式」規定と古礼との相違を指摘しつつ、そのいずれに従うべきかとの議論に発展させる。それを受けて劉昫は次のように発言する（『五代会要』巻八服紀）。

伏以嫂叔服小功五月。開元礼・会要皆同。其令式正文内、元無二喪服制度一。只一本編在二仮寧令後一、又不レ言二奉勅編附年月一。（中略）臣等集議、嫂叔服幷諸服紀、請依二開元礼一為レ定、如要レ給レ仮、即請下二太常一依二開元礼内五服制度一、録二出一本一、編二附令文一。

これにより仁井田氏は、「令の正文にもと五服制度なく、唯一本、仮寧令後に編附されたものがあったが、奉勅編附年月はなかった。後唐清泰三年に至り、開元礼内の五服制度を以て、仮寧令後に加へたが、然しそれも単に附録に止まった」と指摘している。さらに『宋刑統』の記述から、宋初の令でも仮寧令後に五服制度が附加されていたことを述べる。

服紀条が唐令によらず、唐礼を手本に日本で新たに作られたとの見方は通説化したかに思われたが、[8]丸山裕美子氏によって新たな素材が提供され、議論が再び展開することになる。丸山氏は敦煌本『新定書儀鏡』（杜友晋撰、P.3637・P.3849）凶下の冒頭「律五服」の箇所に、「喪葬令」として服紀に関する規定が註記されていることを指摘し、唐令にも服紀規定が存在した可能性を提起した。[9]丸山氏の指摘したのは、左記の部分である。

A　凡三年服、十二月小祥、廿五月大祥、廿七月禫、廿八月平裳。凡周年服十三月除、大功九月除、小功五月除、細（緦）麻三日（月）除。

B　喪葬令称三年廿七月、匿徒二年。称周十三月服、匿徒一年。称大功九月服、匿杖九十。称小功五月服、匿杖七十。称緦麻三月服、匿笞五十。

これを受けて池田温編集代表『唐令拾遺補』では、「唐日両令対照一覧」で服紀条の対応条文の位置にAを掲載するとともに、喪葬令の篇目末尾に附説として丸山氏の指摘を紹介した上で、「『拾遺』仮寧令附録所論に見えるように、五代後唐では仮寧令末に五服制を附載した本が行われ、清泰三年（九三六）以後それが正式の令文に定着した。それ以前、唐朝後期には喪葬令に五服関連条項を含む本が存し、それが書儀鏡に反映していると解することが許されるのではなかろうか」とする。[10]

2　天聖令発見以後

そうしたなか発見されたのが北宋天聖令の残本であり、その喪葬令の末尾に「喪服年月」と題した五服制度に関する記述が附載されていることが、戴建国氏によって報告されたのである。[11]それを受けて著者は「附載という形式であれば、広相が「唐令に文なし」としてしまったのも、矛盾なく理解できるのではなかろうか」として、『唐令拾遺補』

での推測を支持し、服紀条の母法となった五服制度規定が唐令にも附載されていたと推測した。(12)

服紀条と「喪服年月」とはいずれも五服制度に関する規定であり、さらに喪葬令の末尾に置かれるという共通点からも、その密接な関係性は明白なものに思われ、天聖令の発見によってこの問題は決着を見たかに思われた。大津透氏も「おそらく日本令が手本にした唐永徽令にも喪葬令のあとに喪服年月の一覧が附されていたので、それに倣って服紀条が作られたと推測できる」とし、(13)丸山氏も「日本の喪葬令服紀条は唐令ではなく唐礼から継受したと考えられていたが、天聖令により、唐令においても喪葬令に服紀年月の制度が附載されていたことが判明している」とした。(14)一方で大隅清陽氏は、吉田孝氏の所説に基づき、服紀条を「本来礼によって規定される事項を、令に独自の条文を設けることによって、法の領域に取り込んでしまうという現象」として評価し、天聖令の「喪服年月」については「これはあくまで参考に資するための附載であって、厳密な意味での令（＝法）ではないことにも注意する必要がある」として、日本令の独自性を強調している。(15)

天聖令公刊に際して喪葬令を担当した呉麗娯氏は、「喪服年月」の如く服紀条の母法たる五服制度規定も唐喪葬令に附載されていたと推測した。(16)呉氏は、仁井田氏・丸山氏・池田氏の所論をふまえつつ、服紀条が唐礼ではなく唐令を直接吸収して立条されたことは、天聖令と日本令との服制記載の一致からすでに明白であり、また前掲の『唐会要』所引開元七年詔から、開元七年令に服制規定があったことは明らかとする。ただし服制は絶えず変化するものであり（そのため服制の議論でも喪葬令が引用されることは少ない）、厳格に執行する「令」よりは「礼」に近い性格を持つ内容でもあるので、天聖令と同様に唐令でも、令の正文ではなく令文外の附加的要素として存在したであろうとする。

呉氏はまた前述の清泰三年の議論について、この時に群臣が参照しているのは唐令であり、そこにはすでに五服規定が仮寧令附載として存在すること、またこの附載形式は以後も維持されて、五代・宋初には「五服制度令」とも称せられたことを指摘する。宋初の天聖五年（一〇二七）には孫奭が上言して仮寧令附載とは別立ての「五服年月勅」を作り、仮寧令の関係規定をそこに附載したが、同時に仮寧令附載の五服規定も存続したと論じる。

それではなぜ天聖令と日本令では仮寧令ではなく喪葬令に五服規定を附載するのか。呉氏はこのように問いを発し、日本令は基本的に唐令の構造を尊重するので、唐令でも五服規定は喪葬令に附されていたとした上で、給仮手続きにおいて頻繁に参照されることから、後唐以後は利便性を考慮して仮寧令に附されるようになったが、天聖令（天聖七年完成）の修訂に際して開元二十五年令の旧本に従い、本来の位置である喪葬令の後に戻したと理解する。

3　近年の展開

呉麗娯氏の見解は、日本での研究動向をふまえた上で、仁井田氏の提示した後唐から宋初にかけての変遷をも合理的に解釈しようとするものであったが、これに対して鋭く批判を加えたのが皮慶生氏である[17]。皮氏はまず、唐令に五服規定が存在したと想定する立場の根拠を、①『唐会要』開元七年詔中の「格令」、②『新定書儀鏡』の「喪葬令」、③天聖令の喪葬令附載「喪服年月」、の三点にまとめる。

①について、仁井田氏自身も留保を付けていたように、『旧唐書』『通典』『冊府元亀』は「格令」ではなく「格条」としており、皮氏は書誌的にも前後の文脈からも後者が正しいとする。②については「喪葬令に「三年」と称うは……」と読むべきであるとし、喪葬令文から引用されているのは「三年」「周」「大功」「小功」「緦麻」にすぎないと指摘する。これらの語句は、天聖喪葬令であれば宋3・28条、不行唐1条にも見えることから、こうした条文とは別に服紀規定が存在したとする根拠とはならないと論じる[18]。

③については、呉氏のように天聖令修訂段階で五代・宋初の修訂を受けていない唐令旧本を想定するのは困難であ

ると批判する。橘広相の発言から唐令に五服規定がなかったのは明らかで、唐末の礼制変化に伴う混乱を受けて令に附載されたが、その際に五服規定は喪葬令よりも仮寧令と密接な関係にあることから仮寧令に附された。天聖五年の孫奭の上言から、この段階でも五服規定は仮寧令に附されていたことが確認できるが、この時に服制の統一のため仮寧令の関係条文を附録した「五服年月勅」が天下に頒行されたため、喪仮の実務において仮寧令附載の五服規定はもはや無用の存在となった。そのため天聖令の修訂者は五服規定を喪葬令に移動させ、その名も「喪服年月」に改めたと論じる。

皮論文を受けて呉氏は、説得力のある見解と評価し、唐令における服紀の有無やその掲載状態についてさらなる検討が必要としている。[19] 著者も、皮氏の指摘する①と②については同意するところであるが、③については現状の限られた史料の中では判断が難しく、呉氏と同じく今後の検討に委ねざるを得ない。ただし若干気になる点として、五服規定は喪葬令よりも仮寧令と関連が深いものであるとする主張は、給仮の実務に重きを置いたものであろうが、喪葬令中にも五服規定と関わる内容は多く、やや一面的な理解であるように感じる。「五服年月勅」に仮寧令関係条文が附載されたことにより、給仮の実務には不用になったとするのであれば、令に附載されていた五服規定がなぜ削除されずに残されたのか。このことからも、給仮実務に留まらない五服規定と喪葬令との積極的な関係性が読み取れるように思う。そしてやはり服紀条と「喪服年月」との内容上および排列上の共通性を、単なる偶然としてしまって良いのかという疑問が残る。

前述のように服紀条の対応唐令の問題は、日本令の性格を考える上でも重要な鍵であり、今後さらに検討を深めていく必要があろう。[20]

二　天皇の服喪

前節では五服制度の継受に関する問題を論じたが、それでは実際に日本古代社会において五服制度はどのように実現されていたのであろうか。旧稿では一般官人の服喪についても論じたが、やはり史料的にまとまっているのは天皇をめぐる服喪ということになる。それでも史料は断片的で具体像を追うのは容易ではないが、近年になって古代の服喪に関する山下洋平氏と小倉久美子氏の研究が相次いで発表されている。(21)著者は旧稿で天皇（および天皇死亡時の皇太子）自身の服喪について、喪葬令2服錫紵条の解釈とともに検討したが、この点についても両氏は新たな見解を提出されている。そこで本節で改めて関連史料を見直し、問題点を整理しておきたい。なお以下では、服喪期間中の装いである喪服とは別に、心喪（心の中だけで想い謹慎すること）期間中の装いを心喪服と呼び、両者を区別することにしたい。

1　服錫紵条をめぐる問題

まずは天皇の喪服規定とされている、喪葬令2服錫紵条を見てみよう。

凡天皇、為㆓本服二等以上親喪㆒、服㆓錫紵㆒。為㆓三等以下及諸臣之喪㆒、除㆓帛衣㆒外、通㆓用雑色㆒。

本条の理解は難しく、その性格をめぐっては古代から議論がある。その最大の問題点は「本服」の解釈にある。「本服」という用語の本来の意味は、滋賀秀三氏によって的確に説明されている。(22)滋賀氏によると、自然的血縁による服を「正服」というが、これが後天的社会的原因、つまり出嫁や出継（養子に出る）などにより服を降される（軽くされる）ことを「降服」といい、逆に夫方や養方との間に生じた服を「義服」という。そして「本服」は、正服・義服を問わず、社会的な降等事由の影響を受けていない、ないしはその影響を観念的に除去した、本来の服をいう。中国では出嫁や出継などの他にも、政治的身分秩序や家父長主義の家族秩序を維持するために、本来の血縁関係に基づく服を絶ったり（絶服）軽くしたり（降服）する権制がおこなわれた（尊降・厭降）[23]。特に皇帝は「傍期を断つ」、つまり父母や祖父母などのためには原則通りの喪に服するが、その他の傍期（傍系親族で一年の喪に当たる者）以下の親族のためには一切喪に服さないものとされた（絶服）[24]。

こうした理解をふまえて服錫紵条の「本服二等以上親喪」という部分を見ると、天皇は中国皇帝と同じく傍期を断っているのか、あるいは父母・祖父母を含めた一切の服喪を断っているのかが問題になる。集解諸説でも意見が分かれており、古記や令釈では天皇は一切の服喪を断ち、ただ心喪するものと解釈している。対して義解は傍期を絶つものとして、「直系にあたる両親や祖父母の死に対して服喪することが許され、傍系親族で二等親以上の関係にあたる兄弟や姉妹の死にあたっては錫紵を着用するのである」[25]。義解は傍期以下には「唯有二心喪一」としており、つまり錫紵は傍期のための心喪服という解釈になる。

前述の貞観十三年の議論において、橘広相は本条の解釈にも言及している（『日本三代実録』貞観十三年十月五日丁未条）。

錫紵是君弔二臣喪一之服、而非二喪服一也。唐天子喪服、用二斬衰斉衰一。而国家制レ令、殊以二錫紵一為二喪服一。

中国皇帝の喪服は一般民衆と同じく礼に規定された斬衰・斉衰などの五服であったが、日本ではこれを採用せず、代わりに「君の臣喪を弔う」装いである錫紵を喪服規定に読み替えて立条したというのである。服錫紵条の対応唐令とされる復旧第四条を見てみよう[26]。

皇帝臨二臣之喪一、一品服二錫縗一、三品已上緦縗、四品已下疑縗。皇太子臨レ弔、三師三少則錫縗、宮臣四品已上緦縗、五品已下疑縗。

このように服錫紵条とよく似ているが、「皇帝は臣の喪に臨むに」とあるように、皇帝（または皇太子）が諸臣（または東宮官）の喪に自ら赴き弔う儀式における装い（弔服）を規定したものであって、確かに皇帝の喪服規定ではない。大津透氏は橘広相の見解に同意して「臣下の喪に対する特殊な服である錫縗を、二等以上の親族に対する喪服に変え、いわば天皇の喪服を創出したのである」としている(27)。

一方で、同じ貞観十三年の議論でも都言道と菅原道真は、錫衰は君が臣喪を弔う装いであるから、祖母太后（順子）の喪服とすることはできず、斉衰を用いるべきと主張しており、服錫紵条を天皇の喪服規定とは考えていないようだ（『日本三代実録』貞観十三年十月五日丁未条）。

錫衰是君弔レ臣之服、不レ可下為二祖母太后一施上レ之。然則先レ葬暫服二斉衰一、既葬即便除レ之。

実は古記も、「若自不レ臨者不レ服耳」「退則脱耳」など何らかの場に臨む際に一時的に着用する装いであり、一定期間着用し続ける喪服とは別物と解釈している(28)。

このように服錫紵条をめぐって議論が紛糾するのは、日本令で立条されてから少なくとも貞観十三年の議論に至るまで、本条がまともに機能していなかったことによるのだろう。錫紵の用例もそれ以前は非常に限定的であり(29)、『西宮記』巻一七服者装束の勘物には、

延喜五年九月廿六日、右大将奏二源惟時卒状一。酉四刻服二錫紵一。令云「凡天皇、為二本服二等以上親喪一、服二錫紵一」云々。而年来不レ行。只不レ聞レ朝三日而已。此度為レ存二令条一、始行二此服一。〈伝聞、前代不二必行一レ之〉

とあり、延喜五年（九〇五）に醍醐天皇が源惟時（世系未詳）のために「始めて」錫紵を服したが、それ以前は「年来

行われず」という状態であったという。

集解諸説や橘広相等の議論も結局は後付けの理屈にすぎず、そもそも条文自体が実効性のある規定として固まっていたのかとの疑問も湧く。よって本条の解釈から天皇服喪について考察するのには限界があり、限られた実例を丁寧に検討していくほかないのである。

2　天皇服喪の事例

まず、天皇（および天皇死亡時の皇太子）が確実に服喪していることがわかる事例を見ておこう。承和七年（八四〇）五月八日に淳和太上天皇が死亡すると、翌九日に仁明天皇が清涼殿で素服を着した（『続日本後紀』承和七年五月甲申条）。

天皇於二清涼殿一着二素服一。〈以二遠江貲布一、奉レ着二御冠一。〉哀泣殊甚。為二人之後一者、為二其子一故也。

仁明が自ら「子」として服喪している。十七日には右大臣以下が奏言して「伏願、釈二凶服一而垂二冕旒一」と天皇の釈服を求め（壬辰条）、二十三日に「天皇除二素服一、着二堅絹御冠・橡染御衣一、以臨レ朝也」として喪服を脱ぎ、心喪服たる堅絹御冠・橡染御衣に着替えている（戊戌条）。心喪は本来の服期により一年続き、八年五月二十七日に「会二諸司於朱雀門一大祓。為レ除二後太上天皇之服一也」として心喪服が除かれる（丙申条）。このように遅くとも淳和歿時までには天皇服喪が成立していたが、それ以前となると史料が少なく判断が難しい。以下、具体的に検討していきたい。

大宝二年（七〇二）に歿した持統太上天皇は、遺詔で「素服・挙哀」を辞退するとともに「内外文武官釐務如レ常」として、百官の政務に支障がないように命じている（『続日本紀』十二月甲寅条）。孫の文武天皇が服喪した様子は窺えない。慶雲四年（七〇七）六月十五日に歿した文武天皇の場合には、遺詔により翌十六日から「挙哀三日、凶服一月」

がおこなわれている（辛巳条・壬午条）。以上の二例における素服（凶服）・挙哀の主体について、山下氏は親王以下在京百官・諸国官人を想定するが[30]、中国皇帝の遺詔では天下百姓までを対象にしており[31]、ここでも（実現性はともかく）理念上は百姓までを含み込むと考えたい。いずれにせよ、天皇が服喪主体とされていたかは不明である。ただし子の文武から天皇位を継承した元明は、二十四日に大極殿東楼で万機を摂することを告げ（庚寅条）、翌七月十七日には大極殿で即位した（壬子条）。この即位が一月の凶服を終えた段階で挙行されたことは明らかだが、凶服期間中の二十四日に摂万機を告げていることから、元明自身は服喪せず心喪していたと考えるべきではなかろうか。

養老五年（七二一）の元明太上天皇遺詔では「皇帝摂二断万機一、一同二平日一。王侯卿相及文武百官、不レ得下輙離二職掌一追中従喪事上。各守二本司一視レ事如レ恒」として、天皇以下百官が平日と同じく政務に就くよう命じており（十月丁亥条）、服喪ではなく心喪がおこなわれたと見られる[32]。天平二十年（七四八）の元正太上天皇歿時には、火葬日にあわせて天下に素服が命じられ（四月丁卯条）、三十七日目に釈服されている（六月癸卯条）。三十七日という期間の根拠は不明であるが、文武の事例同様おおよそ一ヵ月が目安とされたのであろうか[33]。甥の聖武天皇の服喪は確認できない。

天平勝宝六年（七五四）七月には孝謙天皇の祖母にあたる太皇太后藤原宮子が歿するが（壬子条）、諒闇のために廃朝した翌年の元日時点での心喪が確認できるにすぎない（七年正月辛酉朔条[34]）。聖武太上天皇は天平勝宝八歳（七五六）五月二日に歿し（乙卯条）、六日に文武百官以下の素服が始められた（己未条）。釈服の時期は不明であるが、六月八日の詔では一年間の殺生禁断を天下諸国に命じており（庚寅条）、これが釈服後の心喪に関して述べられたものとすれば、この時に釈服されたのかも知れない。その場合、文武や元正の時と同様に、一ヵ月余りの服喪期間であったことになる。この時も子の孝謙天皇の服喪については記載がないが、諒闇のため十一月十七日の新嘗会（丁卯条）と翌年の元日朝賀（正月庚戌朔条）を廃しており、心喪は確認できる。

天平宝字四年（七六〇）光明皇太后歿時には天下諸国に服期三日が命じられているが（六月乙丑条）、血縁的には遠い淳仁天皇や、譲位した子の孝謙の服喪はいずれも不明である。称徳天皇は宝亀元年（七七〇）八月四日に歿し（癸巳条）、同日のうちに白壁王が皇太子に立てられた。六日には天下に服一年が命じられるが（乙未条）、九月二十三日には服期が停められ（壬午条）、七日後の十月一日には大極殿で即位となる（光仁天皇、己丑朔条）。血縁的には遠い白壁王が称徳のために服喪した様子は確認できない。

以上の事例については、天皇服喪がなかったとする旧稿に対して特に異論は出されていない(35)。一方で、次の桓武朝の事例からは比較的豊富な史料があり、山下・小倉両氏も詳細に検討している。両氏の見解にも注意しながら見ていこう。

天応元年（七八一）十二月二十三日に光仁太上天皇が歿すると、子の桓武天皇は天下に六ヵ月の着服を命じるが（丁未条）、二十七日には服期を一年に延長する（辛亥条）。しかし翌延暦元年七月二十九日になって公卿等が上奏して翌日釈服となり（庚戌条・八月辛亥朔条）、以後は心喪して一年の本服を終える。桓武はさかんに親を亡くした悲しみを訴え孝心を強調しているが、自身が服喪したことを明確に示す文言は見出せない。山下氏が指摘するように桓武の服喪への思いは詔に明らかとも言えるが(36)、天皇が服喪したのであればそれが記録に一切表れないのが不審である。後代の例からも特に記録が憚られる行為とも考え難い。

一方で、十二月二十七日の勅や七月二十九日の上奏で、天下の服期について論じるにもかかわらず、桓武の孝心ばかりが話題とされることから、実際には桓武自身が服喪し、天下は桓武にお付き合い（従服）しているとの山下氏の主張も説得力がある。桓武が天下とともに八ヵ月も服喪したとすると、その間も活発に政務をこなしている点が気になるが、これは正月七日の埋葬で区切りを付け、以後は喪服のまま政務に復帰したと解釈すべきであろうか(37)。現段階ではいずれとも決め難い。

延暦八年（七八九）十二月二十八日には桓武の生母である皇太夫人高野新笠が歿し（乙未条）、翌日条には次のようにある（丙申条）。

天皇服㆓錫紵㆒、避㆓正殿㆒御㆓西廂㆒、率㆓皇太子及群臣㆒挙哀。百官及畿内、以㆓卅日㆒為㆓服期㆒。諸国三日。並率㆓所部百姓㆒挙哀。但神郷者不㆑在㆓此限㆒。

天皇が錫紵を着すことも、率先して挙哀することも、ともに前例のない行為であり、桓武の礼制受容に対する積極的な姿勢を見て取ることができる。三〇日の服期とある通り、翌九年正月三十日には百官の釈服と大祓がおこなわれた（丁卯条）。ただし心喪は続き、三月三日の節宴（庚子条）、六月十三日の神今食（戊申条）、九月十一日の伊勢奉幣（甲戌条）、十一月十七日の新嘗祭（己卯条）は「忌序未㆑周」「諒闇未㆑終」などとして常儀とは異なる対応をとり、一年を経てようやく終えている。ここで初登場する錫紵をいかに理解するかが問題で、天皇が錫紵を脱ぐ記事が欠けるため、その時期により少なくとも三つの解釈が可能となる。百官とともに正月三十日に除いたとすれば喪服、一年後まで着続けていたとすれば心喪服ということになろう。小倉氏は第三の可能性として、挙哀の儀式を終えてすぐに脱いだとし、前述の古記の解釈をもとに「天皇自らが儀礼の場に臨む」ための装いとする。[38] これも初期の錫紵の用例が極端に少なく、判断が難しい。

このように桓武によって新しい儀礼が試みられ、服喪にも何らかの変化があったことは十分予想されるが、その具体像は依然として不明瞭と言わざるを得ない。しかしこれ以降は天皇が服喪したことを示す記述も見られるようになり、急速に定型化していく。

桓武天皇は大同元年（八〇六）三月十七日に歿し（『日本後紀』辛巳条）、子の皇太子安殿は十八日に践祚（壬午条）、翌十九日に着服する（癸未条）。

　是日上着服。服用二遠江貲布一、頭巾用二皀厚繒一。百官惣素服。

皇太子の釈服記事はないが、五月七日には左右京と天下諸国に釈服および心喪（飲宴・作楽・着美服の禁）が命じられ（庚午条）、十八日に即位した（平城天皇、辛巳条）。皇太子が着した服は「遠江貲布」とあり、前述の淳和歿時に仁明が着したものと同じなので喪服と推測でき、五月七日に釈服したと考えられる。天長元年（八二四）七月七日に兄の平城太上天皇を亡くした淳和天皇は（『日本紀略』甲寅条、『類聚国史』巻二五・三五）、いつからか服喪していたらしく、二十八日に「釈縗之期、礼不レ踰レ月」との遺詔に従い釈服した（『日本紀略』乙亥条、『類聚国史』巻三五）。その後は心喪し、十二月七日に翌年の元日朝賀を求められると、

　宜下以二明年元日一受レ朝、朝畢後、服色復レ素、終中于諱月上

として、一時的に心喪服を脱ぐが、朝賀が終われば再び心喪服（「素」）に戻し、本服（「諱月」）を終えるとしている（『日本紀略』辛巳条、『類聚国史』巻三五・七一）。兄の本服は三月であるが、父に擬して一年としたのであろうか。

おわりに

本章では天聖令の発見後、相次いで発表された研究成果をふまえつつ、喪葬令17服紀条と同2服錫紵条を中心に、日本古代における服喪制度の継受について検討した。

服錫紵条については前述のように、その令意をめぐる議論の錯綜からも、令制定当初から少なくとも九世紀後半頃までは実効性を持たない条文であったと推測される。服紀条についても、最も重い父母に対してさえ一年の服喪期間

が意識されるようになるのは光仁・桓武朝以降であり、しかも後には厳格な服喪者として礼制をリードする天皇が当初は服喪していなかったとすれば、条文の実効性はやはり限定的に捉えるべきだろう。[39] また桓武天皇が生母に対しておこなった挙哀は、日本令では削除した儀礼であり、[40] 桓武朝における変化は必ずしも喪葬令の範囲に収まらず、むしろ直接的に中国の礼制を採り入れ実現しようとする姿勢が窺える。

日本の喪葬令立法者たちは、体系的な礼制を基盤としつつ時代の推移とともに様々な変化を経て複雑化した唐喪葬令を眼前にして、これを日本で実現可能な内容へと書き換えることに最大限の努力を尽くしたことは間違いない。しかしそれらすべてを実際に運用するのは難しく、徐々に実現が図られたものもあれば放棄されたものもあり、後の唐礼継受の段階でようやく想起されるものなど、様々な場合があり得ただろう。このように、日本における立法者の書き換え作業にはそれなりの限界があったのであり、唐日間の差異の評価には常に慎重な姿勢が求められよう。

註

（1）天聖令発見以後の研究については、岡野誠・服部一隆・石野智大共編「『天聖令』研究文献目録（第2版）」（『法史学研究会会報』一四、二〇〇九年〔二〇一〇年発行〕）が、二〇〇九年までに発表された国内外の論文を整理・集成しており有益である。

（2）稲田「喪葬令と礼の受容」（本書第一部第二章、初発表二〇〇二年）。

（3）本条と儀制令25五等条の両条が唐礼をもとに立てられた条文と指摘されており、最近では大隅清陽氏が『律令官制と礼秩序の研究』（吉川弘文館、二〇一一年）において、本条の立条経緯を根拠に古代日本の礼制受容の特質を強調している。

（4）佐藤誠實「律令考」（『佐藤誠實博士律令格式論集』汲古書院、一九九一年、初発表一八九九年）一二六頁。

（5）瀧川政次郎「唐礼と日本令」（『律令の研究』刀江書院、一九三一年、初発表一九二九年）三二〇〜三二一頁。

（6）ここでの礼議については、別に註釈を作成した。稲田「藤原順子のための天皇喪服議―註釈『日本三代実録』貞観十三年九月二十八日～十月七日条―」（『法史学研究会会報』一八、二〇一四年〔二〇一五年発行〕）。

（7）仁井田陞『唐令拾遺』（東方文化学院東京研究所、一九三三年）八八〇頁「日唐両令対照表」、七五三～七五六頁。

（8）吉田孝「「律令国家」と「公地公民」」（『律令国家と古代の社会』岩波書店、一九八三年）四二～四三頁等。

（9）池田温「唐・日喪葬令の一考察―条文排列の相異を中心として―」（『法制史研究』四五、一九九六年）七一頁、丸山裕美子「敦煌写本書儀にみる唐代法制史料」（國學院大學日本文化研究所編『律令法とその周辺』汲古書院、二〇〇四年、初発表一九九七年）二六七～二六八頁。本文の引用は趙和平『敦煌写本書儀研究』（新文豊出版公司、一九九四年）三三〇頁による。

（10）仁井田陞著・池田温編集代表『唐令拾遺補』（東京大学出版会、一九九七年）一四六六・八四五頁。

（11）戴建国「天一閣蔵明抄本《官品令》考」（『宋代法制初探』黒龍江人民出版社、二〇〇〇年、初発表一九九九年）六九頁。

（12）註（2）稲田論文。

（13）大津透「北宋天聖令の公刊とその意義」（同編『律令制研究入門』名著刊行会、二〇一一年、初発表二〇〇七年）二九〇頁。

（14）丸山裕美子「律令国家と仮寧制度―令と礼の継受をめぐって」（大津透編『日唐律令比較研究の新段階』山川出版社、二〇〇八年）一六四頁。

（15）大隅清陽「唐の礼制と日本」（註（3）著書、初発表一九九二年）三四五・三五一～三五二頁。ただし、引用部分の後者については著書に収める段階で書き足されている。胡潔氏も「あくまでも附載であって、令本文には五服の条文がない」と同様の見解を示す。胡潔「養老令における親族名称について―五等親条と服紀条を中心に―」（『言語文化論集』二八―二、二〇〇七年）六七頁。

（16）呉麗娯「唐喪葬令復原研究」（天一閣博物館・中国社会科学院歴史研究所天聖令整理課題組校証『天一閣蔵明鈔本天聖令校証　附唐令復原研究』中華書局、二〇〇六年）七〇五～七〇九頁。

（17）皮慶生「唐宋時期五服制度入令過程試探―以《喪葬令》所附《喪服年月》為中心」（『唐研究』一四、二〇〇八年）。

(18) ただし丸山氏は、「喪葬令」が前述のBではなくAに係るものとしている。
(19) 呉麗娯「唐朝的《喪葬令》与《喪葬礼》」(黄正建主編『《天聖令》与唐宋制度研究』中国社会科学出版社、二〇一一年)四〇五〜四〇九頁。
(20) 高明士氏は、服紀(服制)は遅くとも永徽令には基本規定が存在し、開元二十五年令にはより詳しい規定があったと論じるが、論拠が弱いように思う。高明士「《天聖令》的発現及其歴史意義」(臺師大歴史系他編『天聖令論集』上、元照出版有限公司、二〇一一年)九〜一一頁。
(21) 山下洋平a「平安時代における臣下服喪儀礼」(『九州史学』一五六、二〇一〇年)、同b「律令国家における臣下服喪儀礼の特質―唐制との比較を通して―」(『史学雑誌』一二一―四、二〇一二年)、同c「后・皇太子のための臣下服喪儀礼からみた日本古代王権の特質―唐代の事例を参考として―」(『古代文化』六五―二、二〇一三年)。小倉久美子「日本古代における天皇服喪の実態と展開」(『日本歴史』七七三、二〇一二年)。
(22) 滋賀秀三「親族称謂および服制について」(律令研究会編『譯註日本律令』五、東京堂出版、一九七九年)。
(23) 藤川正數「尊降・厭降の制について」(『魏晉時代における喪服禮の研究』敬文社、一九六〇年)。
(24) 註(22)『譯註日本律令』五、三二〇頁(滋賀秀三氏訳註部分)。
(25) 註(21)小倉論文、五頁。
(26) 天聖喪葬令の宋4は縗を衰、已を以と表記するものの、他は全く同文である。
(27) 大津透「天皇の服と律令・礼の継受」(『古代の天皇制』岩波書店、一九九九年、初発表一九九七年)一七二頁。
(28) 旧稿では唐令と同じような臨喪時の装束を想定していると論じた(註(2)稲田論文)。小倉氏は、延暦八年(七八九)に桓武が母である高野新笠のために錫紵を着し西廂に出御して挙哀した事例に注目し、こうした公的・儀礼的な哀悼の場に臨む装いこそが古記の示す錫紵の性質であると論じる。註(21)小倉論文、三頁。
(29) 管見の限りでは、後述の延暦八年十二月丙申条の高野新笠歿時、『日本三代実録』貞観十年(八六八)二月二十五日己丑条の山陵火災記事のみである。
(30) 註(21)山下b論文、四〇〜四三頁。

（31）金子修一主編『大唐元陵儀注新釈』（汲古書院、二〇一三年）八一頁「表三 唐皇帝の遺詔内容の変遷」（稲田執筆部分）。

（32）註(21)山下b論文では、服紀条の古記に「凡君服者、著㆑服就㆑座聴政。今行事、服間曹司聴政」とあり、天平十年（七三八）頃の成立とされる古記が「今行事」として記すので、元明崩時に議政官が服喪していたとする（四七頁）。しかし曹司に避けてはいるが政務は継続しており、服喪ではなく心喪と見るべきではなかろうか。

（33）天皇位の継承を通して、元正は聖武と擬制的親子関係を結んでおり、神亀元年（七二四）二月甲午条の元正譲位詔では聖武を「吾が子」と呼んでいる。

（34）諒闇について、これを天皇の服喪とする解釈が散見するが、基本的には心喪を指すものであろう。中国における諒闇については、渡邊義浩氏が明快に整理したように、「藤川正數によれば、諒闇とは、謹慎の意である。天子や諸侯が本来服すべき三年の喪をすべて衰麻するのではなく、卒哭すれば服を釈き、その後の期間は諒闇により制を終える。この釈服諒闇の期間を心喪という。約言すれば、天子や諸侯が服喪中も政務が取れるように、実際の服喪を既葬までとする経説である」。つまり、始死から卒哭（埋葬を終えて不時の哭を卒えること）までは斬衰・斉衰の喪服を着すが、卒哭以後は喪服を着さず、ただ謹慎して本来の服期を終えることを、諒闇心喪の制として理解するのである。以上の理解は、西晋の武帝による父母のための服喪をめぐる議論のなかで杜預によって確立されたが、藤川氏は「君主としての政治的身分」と「子としての人情」との両面を調和させたものであり、漢魏の故事に依拠すると同時に古典を生かして今日的な需要に適合させることに成功したため、後世にも広く浸透したと指摘している。藤川正數「諒闇心喪の制について」（註(23)著書）、渡邊義浩「諒闇心喪の制と皇位継承問題」（『西晉「儒教國家」と貴族制』汲古書院、二〇一〇年、初発表二〇〇五年）。

（35）ただし積極的に天皇服喪を否定する根拠があるわけでもない。今後の議論に委ねたい。

（36）註(21)山下a論文、二九頁。

（37）代宗歿後の徳宗の場合、始死から小祥までは政務を最小限に控えており、小祥以後は段階的に政務を本格化させている。註(31)『大唐元陵儀注新釈』二一一～二一四頁（金子修一氏執筆部分）参照。桓武の場合も、変除とは言わないまでも服喪形態の段階的な簡略化がおこなわれたのであろうか。

（38）註(21)小倉論文、三頁。

(39) 旧稿では一般官人の服喪事例として写経生の請暇解も挙げたが、それらは休暇日数等において仮寧令条文による制約は見られず、実態に即した申請であることがわかる。註(14)丸山論文、一五四〜一五七頁。

(40) 天聖令宋3および唐令復旧第三条には、皇帝・皇太后・皇后・皇太子による挙哀の規定が存在するが、日本令では継受していない。

第二章　日本古代の服喪と追善

はじめに

元来喪服礼は、封建的な家族秩序を維持するために制定せられたものであるが、家族がそのまま社会の単位となっていた中国社会においては、喪服礼は、社会の秩序を維持するものとして、極めて重要なものとせられた(1)。中国研究の分野ではこうした認識のもとに、服喪に関する研究が早くから進められ、重要な成果が数多く生み出されている(2)。これに対し日本史分野では、服喪への関心は比較的薄かったと言わざるを得ず、その研究蓄積も多くはない。

古代史に限って見ると、岡田重精氏がイミという観点から検討したものがあり(3)、本章でも多くの示唆を受けている。また増田美子氏による服飾史の立場からの一連の研究は、『日本喪服史 古代篇』としてまとめられている(4)。本書は縄文時代から平安時代後期に至る喪服（およびその他の死に関わる装い）を見通した、この分野で初めての概説書と言うことができる。先駆的な仕事だけに荒削りな印象は拭えず、随所に再検討の余地が残されていると考えるが、この分野の研究の端緒を開いたという点で評価されよう(5)。律令制研究との関わりからこの問題に触れたものとして、大津透氏が、喪服の検討を通して天皇と臣下との非双務的・服属奉仕的な君臣関係を論じている(6)。著者も、服喪関連条文や天皇の喪服について検討を試みたことがある(7)。

近年になり、山下洋平氏と小倉久美子氏が相次いで論考を発表し、服喪をめぐる研究は飛躍的に進展しつつある。山下氏は、臣下が君主にお付き合いして服喪するという「従服概念」を切り口に、君臣秩序や王権の在り方を読み取ろうとし、多様な服喪事例を一貫した論理で巧みに整理した、重要な成果と言える。(8) 小倉氏は、一般に「天皇の喪服」として理解されてきた錫紵について、その本来の性質が「儀礼の場に臨む姿」であったことを指摘するなど、喪服の複雑な変化や多元性を指摘した、やはり貴重な成果と言える。(9) 以上の山下氏・小倉氏の指摘をふまえ、天皇の服喪について著者も再論を試みているところである。(10)

さて、「大唐元陵儀注」という史料がある（以下、「元陵儀注」）。これは、中国唐代の皇帝である代宗の死（大暦十四年〈七七九〉）に始まる一連の喪葬儀礼についての儀注（事前に作成される式次第）であり、通常は記録に残すことが憚られる皇帝の喪葬儀礼について、その具体的な儀礼内容を知ることができる貴重な史料となっている。(11)

表14は、本史料をもとに、各儀礼段階における嗣皇帝徳宗と皇親・百官等の装いについてまとめたものである。これを見ると、ひとくちに喪服と言っても、小祥・大祥・禫という節目に応じて度合いが軽くなる変除があり、小倉氏の表現を借りれば「徐々に織り目が細かくなり」「次第に色が濃くなり」「日常服に近い装いになって」「素材に手が加えられる」ようになっていく。(12) 表14の色調の欄は装束の色合いの変化を、推測を交えつつ示したものであり、色が濃い方（着色部分の多い方）が日常の「吉」の状態に近く、薄い方（着色部分の少ない方）が喪の重い「凶」の状態ということになる。

「元陵儀注」の場合、五服制度を基本にしつつも「日を以て月に易える」という権制を用いたがために、装いの変化がさらに複雑化している。つまり、小祥・大祥・禫を経て除服（喪服を脱ぐこと）したにもかかわらず、山陵への埋葬に際して（啓殯朝廟〜葬儀）、再び重い喪服が着用し直されている。喪服といえば、通常は一定の期間、継続的に着

表14 「大唐元陵儀注」にみる装いの変化

儀礼段階	日付	徳宗（嗣皇帝→皇帝）が着る服	皇親・百官等が着る服※1	色調	出典※2
死～大斂	5月21～23日	（素服）	（素服）		※3
即位	5月23日	（具服・袞冕）	（？）		※4
殯・成服～	5月26日～	縗裳・冠・絰・杖	縗服		〔12〕殯・〔16〕小祥変
小祥～ ※本来は13月目	閏5月4日カ～	八升練布冠・縗裳・腰絰	冠（練八升）・縗裳（以下、六升布荊州布）・幞頭・衫・袴		〔16〕小祥変
大祥～ ※本来は15月目	閏5月16日カ～	大祥服（浅黒絁幞頭・帽子・巾子・大麻布衫・白皮腰帯・麻鞋）	素服（黒絁幞頭・腰帯・白衫・麻鞋）		〔17〕大祥変
禫～ ※本来は25月目	閏5月17日～	素服（細火麻衫・腰帯・細麻鞋・黒絁幞頭・巾子）	惨公服		〔18〕禫変
翌日平明～	閏5月18日	惨吉服（淡浅黄衫・細黒絁幞頭・巾子・麻鞋・吉腰帯）	惨公服		〔18〕禫変
啓殯朝廟～葬儀	10月初～13日	初縗絰杖	初縗絰（縗服、喪服）		〔20〕啓殯朝廟
葬儀終了後～	10月13日～	純吉服	常公服（純吉服）		〔18〕禫変・〔26〕葬儀
虞祭※5	10月13日	素服	素服		〔27〕虞祭
祔祭※5	12月1日	―	常服		〔28〕祔祭

※1　「文武百官・皇親・諸親等」「諸王・公主以下及び百僚」「内外及び百僚」などと表記される
※2　『大唐元陵儀注新釈』での項目番号による
※3　敬宗歿時の文宗が発喪以前に素服で百官に見えた例による（『資治通鑑』巻二四三、宝暦二年（八二六）十二月十日条）
※4　文宗の即位記事（『冊府元亀』巻一一、宝暦二年十二月乙巳条）による
※5　儀式時のみ着用か

用するものとして理解されているように思うが、ここからはあくまでも一時的な、現代の喪服にも通じるような「儀式の場のための装い」としての性格も読み取ることができ、小倉氏の指摘する錫紵の性格とも通じるところがあろう。

そこで本章では、こうした服喪・喪服の多様な様相に注目することで、律令規定では解釈不能な多様な服喪の在り方、また追善仏事との関係性を指摘するとともに、儀式の場のための一時的な装いとしての喪服の存在から、律令制の変容や仏教の影響拡大といった図式には当てはまらない、服喪・喪服のありようを見ていきたい。

一　服喪期間と追善仏事

1　多様な服喪期間

服喪に関する律令規定としては、喪葬令2服錫紵条や17服紀条を挙げることができる。

凡天皇、為二本服二等以上親喪一、服二錫紵一。為二三等以下及諸臣之喪一、除二帛衣一外、通二用雑色一。

（喪葬令2服錫紵条）

凡服紀者、為二君父母及夫本主一一年。祖父母養父母、五月。曾祖父母外祖父母伯叔姑妻兄弟姉妹夫之父母嫡子、三月。高祖父母舅姨嫡母継母継父同居異父兄弟姉妹衆子嫡孫、一月。衆孫従父兄弟姉妹兄弟子、七日。

（喪葬令17服紀条）

服錫紵条は、私見とは異なるもの(13)の、一般的には天皇の着用する喪服の規定と理解されているものであり、服紀条は服喪期間を親族関係の遠近にしたがって規定したものである。

ところが実例から見ると、令文とは全く異なる運用がなされている場合が少なくない。表15は、八世紀から十一世紀初頭までを対象に、天皇・上皇・三后が歿した際に、天皇あるいは天皇即位を控えた皇太子がおこなった服喪と心喪（心の中だけで想い謹慎すること）について、追善仏事との関連を意識しつつまとめたものである。(14)天皇が服喪している期間を太線で、心喪の期間を細線で囲っている。多くは太線の後に細線の期間が続いているが、これは除服した後も謹慎生活を続けて本来の服喪期間を終えることを示している。本章で服喪と言う場合は、基本的には太線で囲った方、つまり（心喪ではなく）実質的に喪服を着るべき期間を指すことにする。延暦九年（七九〇）の乙牟漏以前の太線が破線になっているが、これは著者が、この時期の天皇は服喪しなかった可能性があると考えているためである。(15)この場合、破線の示す範囲は、天皇ではなく百官や天下が服喪した期間となっているが、これも本来は天皇自身が服すべき喪として設定されていると考え、ここでは同列に考察の対象とする。

さて、表15によれば、服喪期間はおおよそ次のように分類できる。(16)

A【一月】文武、元正、聖武、新笠　／【不踰月】乙牟漏、平城

B【七七日】称徳、桓武　／【二七日】嵯峨

C【以日易月（十三・五・三日）】淳和、仁明、文徳…

まずA一月（三十日）前後のものとして、文武・元正・聖武・新笠がある。文武と新笠は服喪期間を各々「一月」「卅日」と明示しており、(17)元正と聖武は着服・除服の日付から、各々三十七日・三十二日であったことがわかる。乙牟漏と平城の場合は「晦日を以て限りと為す」「礼は月を踰えず」とあって、服喪を翌月に持ち越さないとしており、(18)やはり一月の単位を意識していたと言える。B称徳・桓武はともに七七日斎会の翌日に除服しており、嵯峨は遺詔で服喪期間を「一七日之間」と指示するなど、(19)これらは追善仏事との関連性が窺えるが、これについては後述する。最

後に、C淳和・仁明・文徳以後は「日を以て月に易える」方式で、服紀条の一年（十三月）・五月・三月を読み替えた、十三日・五日・三日の事例が見られるようになる。したがって、律令規定に沿った安定した運用が始まったかのように見えるのだが、実際には試行錯誤の連続であった。

たとえば貞観十三年（八七一）、太皇太后である藤原順子が歿すると、清和天皇が祖母のためにどのような服喪をおこなうべきかが議論になる。[20]「天皇の祖母太皇大后の為の喪服、疑有りて未だ決せず。是に於いて、諸儒をして之を議せしむ」として始まる長文の議は、まとめると以下の①〜⑥のようになる。

①大学博士菅野佐世・助教善淵永貞……既葬除服（葬を終えればすぐに除服）を主張（『儀礼』、『春秋左氏伝』注疏などから）

②大学頭兼文章博士巨勢文雄……服喪三日を主張（『晋書』、唐礼・唐令・日本令などから）

③東宮学士橘広相……錫紵五月を主張（喪葬令2服錫紵条より天皇の喪服は錫紵。同17服紀条より祖母には五月。両条とも唐令・唐礼をもとに日本で独自に立条した）

④少内記都言道・菅原道真……斉衰（喪服の一種）を既葬除服、心喪五月を主張（2服錫紵条は弔服規定。天皇は傍期を絶つので服喪せず心喪のみ。17服紀条より祖母には五月）

⑤勘解由次官安倍興行……心喪五月、服期五日を主張（五月を基礎に、天皇政務の重要性から心喪とし、以日易月で服喪期間を決める）

⑥大判事兼明法博士桜井田部貞相……天皇による服喪を否定（天皇は傍期を絶つから）

まさに諸説紛々といった状態だが、結局は朝議により「心喪五月、服制三日と定む」とされる。このように律令規定では完結しない議論からは、律令規定自体の不完全さ、または中国儀礼への理解不足が窺われるが、[21]しかしこうし

表15　天皇による服喪・心喪と追善

死者	続柄	歿日		初		二		三		四		五		六		七		周		服喪・心喪期間
文武	子	慶雲4（七〇七）6/15	(2)挙哀、着服	○		○		○		○	(?)除服 (32)即位	○		○		○	(146)火葬 (154)埋葬			服期「一月」
元正	伯母	天平20（七四八）4/21	(2)挙哀	(正)	(8)火葬、素服	○		○		○		○		○	(44)釈服	○		4/10		服期37日
聖武	父	勝宝8（七五六）5/2	(5)素服、挙哀	(正)		(正)	(18)葬	(正)				32	(36)釈服カ	(正)		(正)		(正)	～5/30殺生禁断	服期32日心喪1年（殺生禁断）
称徳	—	景雲4（七七〇）8/4	(3)挙哀、服	5		13	(14)葬	20		27		34		41		(正)	(49)大祓 (50)除服 (57)即位	(正)		服期「一年」→48日「停一年服期、天下従吉」
光仁	父	天応元（七八一）12/23	(3)挙哀、着服「六月」(5)「一年」	(正)		○	(14)葬	○		○		○	(37)大祓、不釈素服	○		○	(244)上奏→(245)釈服	(正)		服期「諒闇三年」→「六月」→「一年」→8月心喪1年
新笠	母	延暦8（七八九）12/28	(2)錫紵、挙哀	○		○	(18)葬	○		○	(33)釈服、大祓	○		○		(正)	(65)停節宴→心喪カ	(正)		服期「卅日」（諸国は三日）心喪1年カ
乙牟漏	妻	延暦9（七九〇）閏3/10			(9)素服、挙哀		(19)葬		(21)釈服、大祓									○		服期13日「以晦日為限」
桓武	父	延暦25（八〇六）3/17	(3)上着服、百官素服	(正)			(20)葬	(正)	(26)上啓	(正)	(31)上啓	(正)		(正)		(正)	(50)上表→釈服、大祓 (61)即位	○		服期48日心喪1年
平城	兄→父に擬すか	天長1（八二四）7/7	(6)葬						(22)釈服											服期？「釈縗之期、礼不踰月」、心喪1年「服色復素、終于諱月」

淳和	叔父↓父に擬す	承和7（八四〇）5/8	(2)素服、挙哀 (6)葬	(正)	(10)奏言 (12)詔	(正)	(16)除素服↓(心喪服)												5/27除服、大祓	服期15日「以日易月」心喪1年
嵯峨	父	承和9（八四二）7/15	(2)葬		(8?)釈服			○								(正)		7/14		服期7日?「一七日之間、得服衰経」
仁明	父	嘉祥3（八五〇）3/21	(2)挙哀 (3)成服 (5)葬	(正)	(11、12)上啓	(正)	(15)公除、大祓	(正)	(26)即位 (27)心喪	(正)		(正)		(正)		(48)		3/10 3/20		服期13日「以日易月」心喪「期年」
文徳	父	天安2（八五八）8/27		(正)	(8)成服、挙哀 (10)葬 (11)心喪	○	(20)公除、大祓	○		○		○		○		(正)	(70)即位	(正)8/21		服期「以日易月、十三日而釈之」心喪「期年」
順子	祖母	貞観13（八七一）9/28			(7)服錫紵、葬 (9)釈服												(?)「心喪五月」			服期「三日」心喪「五月」
清和	父	元慶4（八八〇）12/4	(4)葬、素服	(正)	(9)釈除素服↓(心喪服)							(34)				(正)		(正)11/26		服期6日 心喪1年ヵ
光孝	父	仁和3（八八七）8/26	(6)葬、倚廬、素服(縗麻)	(正)		(正)	(19)釈縗麻、御大祓	(正)		(正)		(正)				(48)	(56)倚廬から復す (80)即位	8/17 8/27	8/29脱素服、大祓	服期14日 心喪1年
班子	祖母	昌泰3（九〇〇）4/1	(2)著素服 (4)葬																	服期「経五箇日却之」
温子	養母	延喜7（九〇七）6/8	(2)葬、著錫紵													(48)				服期「著錫紵三日」「三箇日之服」
醍醐	父	延長8（九三〇）9/29		○	(12)葬、著素服	(正)	(14)「孝子等暫脱商布衣」	(20)		(27)						(46)	(52)即位	(正)9/16 9/24	9/30大祓 10/7重明親王除服	服期?心喪1年

死者	続柄	歿日		初		二		三		四		五		六		七		周		服喪・心喪期間
宇多	祖父	承平元（九三一）7／19	（2）葬		（7）服錫紵（10）除服										（47）改葬	（正）	（64）定心喪事（147）大祓、心喪満限			服期4日 心喪5月
朱雀	兄	天暦6（九五二）8／15	（3）心喪期間を定む（6）葬					○				○				（48）	（93）大祓	8／7		服期なし「旧臣各著御服、公家定除之」心喪「三月」「一周忌之間、卿相侍臣、節会行幸神事等外、著鈍色」
穏子	母	天暦8（九五四）正／4			（7）倚廬、著素服、葬		（19）除素服、出倚廬～（26）心喪の設営					○				（正）（76）		12／?（正）	1／28大祓、御心喪已満	服期13日 心喪1年
安子	妻	応和4（九六四）4／29	（5）心喪期限について諸道勘申	（9）	（9）服錫紵、葬（11）除錫紵	（12）		（正）		（正）				（40）		（47）（48）	（90）大祓、御心喪満	4／24 4／27		服期「三日」心喪「三月」
村上	父	康保4（九六七）5／25		（正）	（9）葬	（正）		（正）	（21）除錫紵	（正）		（正）		（41）（正）		（正）	（134）即位	5／20（正）	5／27大祓、諒闇終	服期13日 心喪1年
媓子	妻	天元2（九七九）6／3		（6）	（6）葬（8）錫紵	（13）		（正）				（正）				（正）		5／28		服期4日カ ↑（11）解陣開関 心喪1年カ
円融	父	正暦2（九九一）2／12			（8）葬、著素服		（20）除服									（45）（正）		2／6（正）	2／24大祓、諒闇了	服期13日 心喪1年
昌子	—	長保1（九九九）12／1	（5）葬、宮司ら素服		（11）宮司の除服を勘申							（34）				（48）（79）	（68）宮司の除服	11／29		服期なし（宮司など有り）

定子 妻	詮子 母	一条 従兄弟	冷泉 父
長保2(一〇〇〇)12/16	長保3(一〇〇一)閏12/22	寛弘8(一〇一一)6/22	寛弘8(一〇一一)10/24
	(3)葬、著錫紵		
	(正)	(正)	
(12)葬、供御錫紵			
(正)	(正)		
(14)御除服	(15)除錫紵、倚廬より還御	(16)葬	
(24)	(正)		(正)
			(23)葬、著御服(素服・縗麻)、御倚廬
○	(正)		(正)
			(34)除素服(凶服)↓(心喪服)、倚廬より還御
○	(正)		(36)
○	(41)		
(43)	(正)(48)(45)	(正)(40)	(正)(44)
(84)大祓、御除服(心喪服)		(57)院司らに除服の宣旨(112)即位	
12/4	(正)12/21	(正)5/27	(正)10/6
	12/24大祓、諒闇畢	5/27東宮・皇太后除服	10/12大祓、諒闇了
服期3日 心喪3月	服期13日 心喪1年	服期なし(御傍親・院司・給素服之人など有り)、二周忌之間、卿相侍臣、節会行幸神事等外、著鈍色」)	服期12日 心喪1年

註1 「続柄」欄は、現天皇(次天皇)にとっての死者の続柄を示す
註2 「初」「二」～「七」「周」は、それぞれ「初七日」「二七日」～「七七日」「周忌」を示す
註3 ( )内のアラビア数字は、歿日からの日数を示し(足掛け計算)、追善の正日は(正)と表記する
註4 追善仏事の実施を確認・推定できるが、日付がわからない場合は○で示す
註5 太線は天皇の服喪期間(破線は天皇絶服か)、細線は心喪期間を示す

て諸儒の議や諸道勘申をもとに決定された事実が、以後は先例として蓄積されていくことになる。

2 七七日の区切り

右記の服喪期間の三分類のうち、Bの追善仏事、特に七七日との関係について見ていこう。これに関してはすでに

岡田重精氏が「平安期には忌籠りの期は四十九日を基本とするようになる」と指摘されているが[22]、岡田氏は七七日の区切りを忌籠りの終了として理解されており、「平安時代には尚、除服と祓浄は最終的に服の期を経て行われたが、末期には忌明けに除服がなされる」として[23]、少なくとも平安末期までは除服と七七日とを切り離して理解されており、七七日の区切りを服喪の終了（以後は心喪）と理解する私見とは異なる。また岡田氏は、七七日との関連を平安期以後に限定し、「平安以降仏教的儀礼が主導するようになると」という文脈で解釈されるが[24]、前述のように称徳・桓武の時点ですでに七七日を意識した除服がおこなわれていることに注目したい。

称徳――宝亀元年（七七〇）
九月二十二日（49）[25] 山階寺で七七日の設斎、京師と天下諸国で大祓
九月二十三日（50）一年の服期を停止し、天下は吉に従う
十月　一日（58）大極殿で光仁天皇が即位

桓武――大同元年（八〇六）
五月　六日（49）寝殿で七七日の御斎をおこなう
五月　七日（50）群臣の上表を受けて、大祓と釈服を命じる
五月十八日（61）大極殿で平城天皇が即位

称徳と桓武とは、ともに在位中に歿しており、次の天皇の即位が急がれる状況であったことは、除服後まもなく即位式がおこなわれていることからも見て取れる。そうしたなか、令制の一年は非現実的であったこと[26]、一方で「日を以て月に易える」という権制が周知される以前の段階であり、また一月（三十日）という令制とは異なる先例（A）が存在したことから、便宜的な区切りとしての七七日が選択されたものと推測される。

このように七七日を服喪の区切りとする意識は、天皇即位という特殊な場合以外にも広く存在したことが、次の復任の事例から見て取れる（『西宮記』巻一二復任事）(27)。

卌九日中復任間有レ例。数人復任之次、雖レ不レ満二卌九日一可二復任一。今案、件復任事、過二卌九日忌一多有二此事一。但至二于重任人一、或有レ勅七々忌内有レ宣。近例、天暦太政大臣薨、息子公卿等有レ勅、忌間復任。

これによれば、七七日に満たずして勅により復任を命じられる藤原忠平（「天暦太政大臣」）のような場合もあるが、七七日を過ぎて復任するのが基本としている。実例を確認してみよう(28)。

藤原忠平──天暦三年（九四九）
八月十四日　関白太政大臣藤原忠平薨、息子等は服解
十月　二日（46）復任（左大臣実頼、右大臣師輔、権中納言師尹、参議師氏、尚侍貴子）
十月　四日（48）七七日

藤原師輔──天徳四年（九六〇）
五月　四日　右大臣藤原師輔薨、息子等は服解
六月二十二日（49）七七日
六月二十六日（53）復任（参議伊尹、兼家、兼通、為光）

藤原兼家──正暦元年（九九〇）
七月　二日　前関白藤原兼家薨、息子等は服解（内大臣道隆、権大納言道兼、中納言顕光）
八月　五日（32）外記政始、内大臣以下の復任の奏を作成
八月十二日（39）七七日

八月十九日（46）除服宣

確かに忠平の息子たちは七七日の二日前に復任とされており、一方で師輔の息子たちは七七日を終えた後に復任している。兼家の場合は、三十二日目に早くも復任の奏の準備が始まっており、三十九日目に早めに七七日を終えると、四十六日目に除服の宣を受けて復任している。

同様の事例は、三后や院の宮司・院司についても看取できる。太皇太后昌子内親王の宮司は、四十八日目の七々御法会、五十九日目の御忌日を終えて、六十三日目に宣旨により除服して業務に復帰しており、翌年の周忌法事の際にはすでに除服しているために俗客の座に着いている。

昌子――長保元年（九九九）～二年

十二月　五日（5）葬、宮司ら着服

正月　十九日（48）七々御法会

二月　二十日（59）御忌日

二月二十四日（63）「除服可ㇾ従二神事一、宣旨事、」（『小記目録』第二〇）

十一月二十八日　周忌法事、「今日宮司依ㇾ脱二素服一、著二俗客座一。只巻纓而已云々」（『小右記』逸文）

また一条院の院司らも、四十日目の御法事、四十九日目の正日御法会を終えて、五十七日目に勅によって除服し、職務に復帰している。

一条――寛弘八年（一〇一一）

八月　二日（40）御法事

八月十一日（49）正日御法会

八月十九日（57）「頭弁含㆑勅云、故院々司幷給㆓素服㆒上達部五人、〈俊賢・行成・忠輔・兼隆・正光、〉除服可㆑従㆑事之由可㆑令㆑仰也者」（『小右記』）

このように七七日を区切りとして除服し、公事に復帰するという意識が明らかに読み取れる。喪葬令の規定する本来の服喪期間である一年は心喪、つまり服喪とは別の謹慎期間に読み替えられているのである。七七日を服喪の節目と捉える意識は、次の『延喜式』規定を見ると、かなり早くから発生していたことが予想される（『延喜式』巻四伊勢大神宮）。

凡禰宜・大内人・雑色・物忌父・小内人、遭㆓親喪㆒、不㆘敢触㆑穢及著㆗素服㆖。卌九日之後、祓清復任。其服闋之間、侍㆓候外院㆒、不㆑預㆑供㆓祭物㆒。亦不㆑参㆓入内院㆒。（後略）

さらには、服喪対象者以外も七七日までは謹慎を示す装いを選ぶようになる（『西宮記』巻一七服者装束）。

無㆑止喪家々司職事者、四十九日間、布衣上、〈前尻長、〉着㆓巻纓冠㆒。斎会日、着㆓素服㆒。

ここでは、服喪の対象外である家司・職事であっても、四十九日の間は前尻を長くした布衣に巻纓の冠を着用するという、日常とは異なる装いが記されている。

寛弘八年の一条歿時の藤原道長と藤原実資の問答からも、同じような状況が知られる。服喪対象者以外が参院する際の装いについて、道長の相談を受けた実資は、「御卌九日間垂纓参㆑院、可㆑無㆑便歟。巻纓参入如何」（『小右記』七月六日条）といった助言をしており、道長も「御卌九日間、不㆑着㆓鈍衣㆒候㆑院、可㆑無㆓便宜㆒」（『小右記』七月十四日条）などと、やはり四十九日の間は特別な装いが必要であると意識していることがわかる。

こうした事例から、仏事の盛行とともに七七日の意味も拡大していったこと、また律令法の定める五服制度に基づく期間設定よりも追善仏事による期間設定の方が、人々には実感を持って受け入れやすかったことが読み取れるであろう。

二　儀式の場の装い

1　葬送・追善の装いとしての喪服

服喪の開始（成服）は、『儀礼』では歿後四日目、『礼記』では天子の場合は七日目としており、本来は葬日とは無関係に開始されるものである。ところが表15を見ると、清和頃から葬日に着服することが定着しており、喪服があたかも「葬送の儀式のための装い」となっている。

同じことは追善仏事の場においても見ることができる。醍醐は延長八年（九三〇）に歿するが、その皇子たちは歿後十四日目、おそらく二七日を終えた段階で、「孝子等暫脱㆓商布衣㆒、毎㆓七日㆒着㆑之。其間、着㆓鈍色布直衣㆒」としている(29)。つまり服喪期間中であるにもかかわらず喪服を脱ぎ去り、以後は三七日・四七日……と、七日ごとの仏事のたびに取り出して着用するとしているのである(30)。

また藤原行成は、寛弘八年の一条歿時、葬日に素服を給わっているものの、葬儀を終えるとすぐに脱いで蔵人所に預けていたらしく、七七日の御法事に際して再びそれを取り寄せて着用している（『権記』八月二日条）。

未剋許参㆑院、到㆓御飯宿㆒、脱㆓宿衣㆒著㆓表袴・衵等㆒、次著㆓衰服㆒。〈件服、御葬夜所㆑著。令㆑納㆓蔵人所㆒、今日令㆓従者請出㆒著㆑之也。〉

つまり行成は、喪服を、葬送と七七日御法事という二つの儀式に参加するためだけの衣装として用いていることがわかるのである。こうした喪服の在り方は、前述した「元陵儀注」において、変除で脱いだ重い喪服を保管しておき、山陵への葬送に際して再び着用していることとも通じる。

近侍扶二皇帝一就レ次、所司以二練布冠縗裳一進レ内。服訖、内外及百僚各服二其服一。（中略）〈蔵二其所レ換初服一、以俟二山陵時一御レ服。〉
（〔16〕小祥変）

皇帝服二初縗絰杖一、入就レ位、晨哭。（中略）鄭公・介公・皇親・諸親等及文武九品以上、各服二初喪服一、去レ杖、入就レ位哭。
（〔20〕啓殯朝廟）

最も重い「縗裳・冠・絰・杖」を除いた皇帝以下は、その「初服」を保管して山陵への埋葬の時を待つ（小祥変）。そしていよいよ埋葬の時期を迎えると、保管しておいた「初めの縗・絰・杖を服し」、埋葬儀礼に臨むのである（啓殯朝廟）。

このように、儀式のための一時的な装いとして用いられている点で共通するのだが、日本の場合は服喪期間中であるにもかかわらず、こうした着脱がおこなわれているということに注意しておきたい。

2　形ばかりの着服・除服

行成が喪服を脱ぎ着しているのは、必ずしも彼ひとりの勝手な行動ではなく、当時の一般的な喪服の在り方であったことは、次の天皇錫紵の事例からもわかる。長徳四年（九九八）、村上皇女の楽子内親王・盛子内親王が歿し、一条天皇は叔母たちのために錫紵を着した。

子四刻、服二御錫紵一給。（中略）今日、剋限已至、供二御座於北廊一。〈仰二内蔵寮一令レ進二小筵二枚一、掃部寮立二廻御屏風二帖一。〉時剋出御、兵部大輔実成朝臣供二御帯一〈布御帯、御直衣・下襲盛二柳筥一、居二高坏一。〉即返給。須レ令

レ候二内蔵寮一、然而便置二蔵人所一。（『権記』十月十日条）

候レ内、除二御錫紵一給事、其所如二一昨一。但昆明池御障子北殿設二御祓御座一。宮主、候二承香殿西庇一。〈雨儀〉。

（同十月十二日条）

これによれば、十日に清涼殿の北廊において錫紵を着し、規定に沿って三日後の十二日に除服をおこなっている。しかしよく見ると、十日の着服では御帯だけが献ぜられ、それもすぐに返給されており、柳筥に盛られ高坏に居えられていただけの御直衣・下襲とともに、蔵人所（本来は内蔵寮）に保管されている。その上で、後日改めて除服の儀式をおこなっているのである。一条天皇は長保二年（一〇〇〇）にも皇后藤原定子のために錫紵を着しているが（『権記』十二月二十七日条）、三日後の除服では「出御、即執二御錫紵一献レ之。〈盛二方折櫃一、有二高坏一。〉除却之後、入二御簾中一」（同十二月二十九日条）とあり、やはり再び錫紵の献上を受けている。

長元九年（一〇三六）の後一条歿時における弟の後朱雀天皇による儀礼は、より詳細にその具体像を知ることができる。

天皇、戌四点、令レ着二錫紵一給。其儀（中略）其前錫紵・御冠置、〈各入二御筥一、居二高坏一。〉時刻出御、令レ脱二御冠・直衣等一給、尋常御衣上令レ着二件物等一給。女蔵人持二理髪具一。〈御櫛・髪掻等也。〉即令レ脱二錫紵一給、入御。蔵人如レ本取レ具令レ候二便所一。〈清涼殿時、二間令レ作者。〉御冠入レ筥候二御所一。（『左経記』類聚雑例、五月十九日条）

戌四点、除二御錫紵一。其所、如レ初。時剋、着二尋常御衣一出御。但御冠垂纓。還御、即召二蔵人一下二給件御冠一。

（同五月二十一日条）

十九日の着服の儀式では、用意された錫紵・御冠を「尋常の御衣の上に」形ばかり着用し、すぐに脱いでしまう。

脱いだ錫紵は蔵人が便所に保管し、御冠は筥に入れて御所に置いたとしている。そして三日後の二十一日に除服の儀式を迎えるが、「尋常の御衣を着して出御す」とあり、天皇がこの服喪期間中に錫紵を着用していなかったことは明らかである。前掲の定子の時のように、除服の儀式のために再び錫紵の献上を受け、それをすぐに脱ぎ去ったのであろう。

これらの事例からは、錫紵の着服・除服といっても、儀式の場で一時的に着用するにすぎず、儀式が終われば尋常の御衣に着替えていたことが確認でき、服喪期間中は喪服を着用し続けなければならないとの意識は希薄であったことがわかる。こうした服喪の在り方は、本来の律令規定あるいは五服制度からすれば大幅な逸脱と言えるのであるが、果たしてこれが、事例の確認できる十世紀末以降における服喪の形骸化と評価できるかは疑問である。奈良時代においてすでに律令規定あるいは五服制度にそぐわない服喪の在り方が見られたし、出現期における錫紵はすでに一時的装いとしての性格を内包していた(31)。また中国においても、その実態はなかなかわからないものの、「元陵儀注」にも儀礼に際して一時的に着用する喪服の存在が窺われることからすれば、すでにそうした性格を内包していたと言えるかもしれない。

おわりに

本章で述べたことをまとめると、おおよそ以下の三点となる。まず、服喪儀礼の不安定性・流動性を指摘した。儒者の議や諸道勘申、先例の参照によって、毎回の判断が要求される状態が続いたが、これはそもそも律令規定の不完全さと中国儀礼の理解不足に起因するものであり、明確な規定を欠いたまま運用されたことにより、長期にわたって不安定な状態が続いたのである。

次に、服喪が追善仏事を区切りとしている点に注目した。追善仏事と服喪との関係性は、平安時代における仏教思想の深化と関連させて説明されることが多かったように思うが、実は奈良時代から存在している。実現不可能な律令規定に代わる便宜的な選択として七七日の区切りが用いられたと推測され、やがて追善仏事の盛行とともに、七七日という区切りの意味が拡大していき、その期間のための特別な装いが登場するなどしたと論じた。

最後に、儀式の場のための一時的な装いとしての喪服、という視角を提示した。一般には服喪の期間中、喪服は継続して着用されるものとして理解されているように思うが、そうではなく儀式の際に一時的に着用されることがある。それを平安時代における儀礼の形骸化として片付けることはできず、実は日本で服喪儀礼を導入した当初から、さらには中国にまで遡る、喪服自体の内包する性格ではないかと述べた。

服喪をめぐっては、まだまだ未解決で魅力的な課題が多く残されており、今後のさらなる研究進展が期待される。(32)

註

（1）藤川正數『魏晉時代における喪服禮の研究』（敬文社、一九六〇年）一頁。

（2）ここでは註（1）藤川著書とともに、廣池千九郎「中国喪服制度の研究」（『東洋法制史研究』創文社、一九八三年、原著は一九一五年）、諸橋轍次『支那の家族制』（大修館書店、一九四〇年）、谷田孝之『中国古代喪服の基礎的研究』（風間書房、一九七〇年、原著は一九六一年）、滋賀秀三「親族称謂および服制について」（律令研究会編『譯註日本律令』五、東京堂出版、一九七九年）を挙げるにとどめる。

（3）岡田重精「忌服考」（『皇學館大學紀要』一五、一九七七年）。のち、『古代の斎忌―日本人の基層信仰―』（国書刊行会、一九八二年）に再編。

（4）増田美子『日本喪服史 古代篇─葬送儀礼と装い─』（源流社、二〇〇二年）。本書の前提となる論考として、「椽に関する一考察」（『風俗』二九─二、一九九〇年）、「日本古代における喪服の研究─白系統～黒系統への変化を中心にして─」（『服飾美学』二一、一九九二年）、「中世の葬儀と喪服─黒から白への回帰─」（『学習院女子短期大学紀要』三〇、一九九二年）、「平安時代の葬送装束─素服を中心に─」（『日本家政学会誌』五一─四、二〇〇〇年）、「平安時代の喪服─諒闇装束を中心に─」（『日本家政学会誌』五二─一〇、二〇〇一年）がある。

（5）本章との関わりでは、平安前期から中期にかけての喪服着用の遅れや、形式的な着脱を指摘する点が注目される。増田氏はこれを、中国古代の喪服制の影響を残した時代から、仏教の葬送儀礼の影響が大きくなる時代への変化として捉えている。

（6）大津透「天皇の服と律令・礼の継受」（『古代の天皇制』岩波書店、一九九九年、初発表一九九七年）。

（7）稲田「喪葬令と礼の受容」（本書第一部第二章、初発表二〇〇二年）。

（8）山下洋平「平安時代における臣下服喪儀礼」（『九州史学』一五六、二〇一〇年）、「律令国家における臣下服喪儀礼の特質─唐制との比較を通して─」（『史学雑誌』一二一─四、二〇一二年）、「后・皇太子のための臣下服喪儀礼からみた日本古代王権の特質─唐代の事例を参考として─」（『古代文化』六五─二、二〇一三年）。

（9）小倉久美子「日本古代における天皇服喪の実態と展開」（『日本歴史』七七三、二〇一二年）。

（10）稲田「日本古代の服喪と喪葬令」（本書第三部第一章、初発表二〇一三年）。

（11）金子修一主編『大唐元陵儀注新釈』（汲古書院、二〇一三年）。本書の執筆者は編者の他に、稲田・江川式部・小倉久美子・小幡みちる・金子由紀・河内春人・榊佳子・鈴木桂・野田有紀子・牧飛鳥。

（12）註（9）小倉論文、七頁。

（13）註（10）稲田論文。本条の理解は難しく、古代から議論があり、たとえば義解は錫紵を天皇の喪服とは解していない。

（14）表15の作成に際しては、以下の論文も参照した。大江篤「天暦期の御願寺─『新儀式』の記載のもつ意味─」（『日本古代の神と霊』臨川書店、二〇〇七年、初発表一九八六年）、古瀬奈津子「「国忌」の行事について」（『日本古代王権と儀式』吉川弘文館、一九九八年、初発表一九九一年）、西山良平「〈陵寺〉の誕生─嘉祥寺再考─」（大山喬平教授退官記念会編『日本国家の史的特質　古代・中世』思文閣出版、一九九七年）。

(15) 註(10)稲田論文。

(16) 以下の分類に該当しないものとして、光仁の事例がある。桓武は当初「諒闇三年」を提示するも、群公卿士の反対により六月の服期とし、後日また一年に延長を命じるが、公卿等の上奏を受けて最終的に八ヵ月ほどで服を終えている。「一年」は服紀条と関連する可能性もあるが、当初は「三年」とするなど、むしろ中国礼を直接参照したものであろう。桓武による新しい儀礼導入の試みと位置付けられるが、単発の事例に終わっている。

(17) 『続日本紀』慶雲四年六月辛巳条、延暦八年十二月丙申条。

(18) 『続日本紀』延暦九年閏三月丁丑条、『類聚国史』巻三五諒闇・天長元年七月乙亥条。

(19) 『続日本後紀』承和九年七月丁未条。

(20) 『日本三代実録』貞観十三年十月五日丁未条。本条については、別に註釈を作成した。稲田「藤原順子のための天皇喪服議—註釈『日本三代実録』貞観十三年九月二十八日〜十月七日条—」(『法史学研究会会報』一八、二〇一四年〔二〇一五年発行〕)。

(21) 註(10)稲田論文。

(22) 註(3)岡田論文、二三八頁。

(23) 註(3)岡田論文、二四一頁。

(24) 同右。

(25) 以下、( )内のアラビア数字は殁日からの足掛けの日数を示す。

(26) 桓武は平城天皇の父にあたり、17服紀条の「父の為に一年」が適用されるとして問題ないが、称徳の場合、光仁天皇とは遠縁になる。しかし前述のように、この時期は天皇による服喪はなかったと推測され、百官や天下が服喪した期間を問題としているので、「君の為に一年」が適用されるものと考えるが、光仁が称徳を父に擬して一年とし、それを天下に適用した可能性も想定できよう。

(27) 『西宮記』の引用は、改訂増補故実叢書本をもとに、尊経閣文庫所蔵巻子本三種（巻一二（甲）（乙）（丙））によって校訂した。尊経閣善本影印集成4『西宮記　四』（八木書店、一九九四年）参照。

(28) 以下の事例収集には、『大日本史料』第一・二編を活用している。

(29) 『西宮記』巻一二天皇崩事所引「吏部王記」十月十二日条。ちなみに十月十日(12)の葬日に「天皇及近侍者、著二素服一」(『扶桑略記』)とあることから、皇子たちもこの日に着服したものと推測される。

(30) 後白河歿時の『明月記』建久三年(一一九二)三月二十六日条に、やはり二七日を終えた段階で、「素服人々、毎二七日一装束之上着二素服一、貲布也」との記述が見える。

(31) 註(9)小倉論文。

(32) 呉麗娯「〝卒哭〟小考」(『中国社会科学院歴史研究所学刊』八、二〇一三年)は、中国においても除服・復任と追善仏事との混同が起きていたことを指摘する。日本への直接的な影響関係は未詳だが、参考とすべき事象であろう。

第三章　奈良時代の忌日法会
——光明皇太后の装束忌日御斎会司を中心に——

はじめに

天平宝字四年（七六〇）六月七日に光明皇太后が歿すると、以後、葬送（六月二十八日）・七七斎（七月二十六日）・周忌斎（五年六月七日）などの儀式が盛大に執りおこなわれた。こうした儀式に関しては、『続日本紀』に短い記述を見ることができるが、特に周忌斎のための一切経書写に関しては、正倉院文書中に多くの史料が残されており、儀式の準備過程の一端を知ることができる。この時の書写事業に関しては、すでに山本幸男氏によって、緻密な史料整理とそれに基づく検討がなされている(1)。しかし、その運営体制に関する考証については、山下有美氏や中村順昭氏による異論も提出されるなど、問題点も残されている(2)。

そもそも奈良時代の忌日法会については、残された関連史料もわずかで、天皇や太上天皇の事例でさえも不明な点が多い(3)。ところが光明皇太后の周忌斎に関しては、一切経書写事業に限定されるものの、比較的まとまった史料群が残されており、この事例の検討から、奈良時代の三后や天皇・太上天皇の忌日法会の様相を、ある程度復原できるのではないかと考えられる。また、この光明皇太后の周忌斎に関して、従来指摘されている喪葬儀礼との関係については疑問に感じる点もある。

そこで本章では、光明皇太后の周忌斎一切経書写に関する文書を素材に、その運営体制や執行機関の分析を通して、奈良時代の忌日法会の様相を探るとともに、喪葬儀礼との関係性についても検討していきたい。

一 先行研究と課題

山本幸男氏は本事業に関する史料を整理した上で、以下のような指摘をしている(4)。すなわち、周忌斎一切経書写は光明皇太后の崩後に立案・実施されたものであり、東大寺写経所で天平宝字四年八月から五年五月十日頃まで作業がおこなわれた後、周忌斎のおこなわれる法華寺へと搬入された。その運営は、当初は主に坤宮官と装束司(5)(装束忌日御斎会司)(6)から料物供給を受け、造東大寺司写経所の主導で開始された。しかし進行状況は低調で、四年十月には梃子入れのため、運営体制が転換する。つまり、本事業を政権維持の手段に活用しようとした藤原仲麻呂が、その意志伝達機関として組織した装束司の指揮下に写経所を置き、さらに坤宮官を吸収併合して、書写事業の主導権を掌握したのである。それに伴い料物供給機関も、坤宮官・装束司の共同供給から、坤宮官の代役と写経所を掌握した装束司とに変化する。

以上のような山本氏の見解に対し、山下有美氏は以下のように反論している(7)。まず、この事業を担った奉写一切経所は、周忌斎一切経のために造東大寺司と坤宮官とで特設され、装束司管下の一部局として置かれた臨時の特設写経機関であり、①「装束司の指揮下に、写経所が組み込まれたとする点には従えない」とする。この点に関しては山本氏が再反論しており、この時期、本事業以外の通常の東大寺写経所(＝写書所)の活動が見えないことから、やはり写書所の機能が一時的に一切経所に組み込まれ、装束司指揮下にあったとしている(8)。

山下氏はまた、②「装束司が坤宮官を吸収したのでもない。装束司を構成している一官司が坤宮官だというだけ」であるとする。そもそも装束司は、光明子の葬儀や斎会などのために「臨時」に置かれた官司であり、三五年も存続してきた皇后宮職（坤宮官）を、たかが臨時官司が吸収するとは考えられないこと、また五年五月まで坤宮少疏池原粟守や坤宮舎人の活動が確認できることなどから、坤宮官は五年六月の周忌斎までは存続したと述べる。さらに③装束司は仲麻呂の意志伝達機関ではなく、「あくまでも葬儀のための官司であり、それ以外の任は帯びていない」とする。

以上の山下氏による三点の指摘をもとに、本章の課題となる問題点を整理していきたい。まず、①装束司と写経所との関係をどのように理解すべきかという点について。山本氏の指摘の通り、この時期には本事業以外の東大寺写経所の活動が見えず、写経所全体が周忌斎一切経にかかりきりだったと思われる。ただし、装束司と写経所との関係は当該事業の間だけの一時的なものであり、山本氏のように装束司のもとへの編成替えを強調しすぎるのは疑問である。

この点に関しては、装束司の活動拠点を考察することで、一つの手がかりが得られるのではなかろうか。後述のように山本氏は、装束司と写経所の公文が同じ場所で作成されていたとの推定から、両者の密接な関係を指摘した。(9)この見解に従えば、装束司の公文は東大寺写経所内で作成されたことになるが、一方で山本氏は、「装束司の所在は不明だが、（中略）坤宮（皇太后宮）内に求めるのが妥当かもしれない」とも述べている。(10)装束司の活動拠点の問題は、装束司と写経所との関係を評価する上で重要な要素であり、再検討の必要があろう。

次に、②装束司と坤宮官の関係について。山下氏の指摘通り、坤宮舎人らの活動が周忌斎直前まで確認できる点は重視すべきであろう。山本氏は「坤宮官を離れた人々の動向であって、坤宮官独自の活動を示すものではない」とするが、(11)やはり彼らが集団として従事している点は、坤宮官の存続を示唆する証拠として重要であると考える。(12)

以上の、装束司と①写経所・②坤宮官との関係については、山本氏が画期とした四年十月の変化をどのように解釈するかがポイントとなっており、この点について、写経所文書の内容検討にまで立ち返る必要があろう。

最後に、③装束司の性格について。議論の前提として、山本氏・山下氏ともに、『続日本紀』に見える葬司の一つである「装束司」との関連を重視している。特に山本氏は同一実態の官司であると主張し、その上で装束忌日御斎会司が「仲麻呂の意志伝達機関」であるとの結論を導き出した。(13)しかし必ずしもそのようには言えないのではなかろうか。そこで、六国史の事例をもとに、葬送と忌日法会（七七斎・周忌斎）それぞれの装束司を比較検討して、忌日法会の装束司の特質を明らかにし、その上で光明皇太后の装束忌日御斎会司の性格を再検討していきたい。

以上のような問題意識のもと、以下でまず写経所文書の分析から本事業の運営体制について再検討し、ついで六国史をもとに、忌日法会の主要な執行機関である装束司（＝御斎会司）について考えていきたい。

二　周忌斎一切経書写事業の再検討

1　運営体制の変化

本事業の運営体制を考える上で最も基礎となるのが、後一切経料雑物収納帳（十四422〜440、十五85〜87、十四440〜442、山本(14)（C））である。これは諸機関から写経所に供給された写経料雑物の収納記録であり、これをもとに山本氏が写経料の供給状況を整理したのが、表16である。(15)

この供給状況について山本氏は、天平宝字四年九月以前と十月以後との間に画期を見出した。つまり、九月以前は

表 16　写経料の供給状況（後一切経雑物収納帳による）

―山本論文表 23（338～341 頁）より転載―

月	〈坤宮官〉	〈宮〉	〈装束御斎会司〉	〈大膳職〉	〈寺家〉	〈奈良没官所〉	〈南松原〉
天平宝字4年8月	3日　黄絁 42 匹・2 条，橡絁 40 匹 3 丈，細布 27 端・3 条，調布 90 端・12 条，綿 567 屯，浄衣 2 具・銭 140 文，銭 26208 文 6日　陶盤 100 口，陶埦 150 口，塩坏 100 口，薦 20 枚，幡磨篝 32 枚 7日　醬 4 斗，酢 2 斗 9 升，醬糟 3 斗 8日　米 20 斛(白 15，黒 5)，葛野薦 183 枚 12日　米 15 斛(白) 21日　酢 7 斟 21日　酢 5 斟 25日　米 50 斛(白) 28日　塩 3 斛 29日　酢 4 斗？	28日　砥 2 顆	11日　銭 800 文 28日　銭 20000 文	16日　醬6斟，末醬7斟 20日　醬1斛，末醬3斗 22日　醬4斟 29日　末醬 2 石？	6日　海藻 381 斤，滑海藻 293 斤，小凝 85 斤，大凝 73 斤，小麦 10 斛，糯米 20 斛，大豆 10 斛，小豆 10 斛，布乃利 232 斤，木綿乃利 80 斤，海藻根 30 斤，塩 1 斛 1 斟，芥子 5 斟(以上斎会遺物) 7日　陶片埦 100 口，片盤 100 口，饗物杯 100 口，水埦 15 合，土埦 100 口，升 2 口，炭 83 籠，松 486 枝(以上斎会遺物) 9日　薪 493 荷(斎会残物)？	22日　折櫃 50 合，大笥 138 合	28日　折櫃 13 合，明櫃 5 合，前薦 10 枚，瓫 12 口，堝 4 口，叩戸 2 口，大盤 10 口，由加 6 口，片埦 200 口，塩杯 170 口，龔坏 200 口，箕 3 舌，辛竈 4 具，箒 2 柄(以上斎会残物)
9月	3日　米10斛(黒)，黄蘗 2544 斤 7 日　橡 1 斛 7 斗 5 升 糟交醬 1 瓱 酢 8 斗 7 升 8 日　塩 100 顆 16 日　末醬 1斛6斟		4日　刀子 20 柄 17日　海松 1 籠 茂浜菜 2 籠 21日　米 3 斛(白) 22日　米10斛(白) 25日　米 6 斛(白) 26日　米 6 斛(白)				13日　炭 8 斛，折櫃 12 合，薪 35 荷，松 7 束(以上斎会残物) 19日　角俣菜 70 斤，阿波佐 77 斤，鹿角菜 181 斤，海藻根 43 斤，小凝菜 60 斤，大凝菜 59 斤，滑海藻 100 斤，海藻 189 斤，海松 3斟(以上斎会残物)？

10月

〈嶋政所〉
1日　米1斛(白)
3日　米50斛(白40，黒10)
4日　滑海藻120斤
23日　米50斛(白40，黒10)海藻140斤
29日　海藻180斤　滑海藻60斤

〈政所〉
9日　海藻167斤　末滑海藻1斛　陶埦150口
15日　銭8000文
20日　絁50匹5丈　黄絁91匹3丈，越綿610屯

5日　醬3㪷5升，末醬6㪷
6日　醬6斗6升
7日　醬9斗9升，末醬3斗

2日　甕3口，由加3口，瓼2口，缶2口，羹坏200口，塩坏100口，瓫6口，前薦2枚，明櫃1口，水上6前(以上斎会遺物カ)

〈寺司〉
11日　折櫃10合，大麻笥2口，輿籠6口，甕4口

〈東塔所〉
12日　銭2000文(借用)

11月

2日　醬4斗6升　末醬3斗5升
4日　醬5斗4升　末醬6斗5升

〈宮〉
15日　醬7㪷3升，末醬7㪷
16日　末醬7㪷4升　酢8㪷6升
18日　醬7斗7升，末醬6升，酢1斗4升
20日　米20斛(白)

1日　醬糟8斗
5日　小豆3斛，海藻20斤
6日　塩9斗，滑海藻130斤
12日　米20斛(白)
23日　銭10000文，米10斛(黒)，塩9斗，小凝100斤，滑海藻100斤，大豆2斛

4日　小豆4斗，小麦4斗(以上斎会残物)？

〈買入〉
6日　油6升

12月

1日　米10斛(白)
5日　醬7斗4升，末醬7斗

〈宮酒司〉
6日　醬8斗4升
7日　醬1斛1斗5升6合，末醬7斗？

3日　米4斛8斗(黒)
5日　海藻270斤，滑海藻60斤，末滑海藻2斛2斗3升，小豆3斛1斗8升4合，角俣51斤4両，心太25斤10両，伊支須25斤10両，小麦2斛4斗9升4合，銭4448文
9日　米8斛6斗4升(黒)

〈寺司政所〉
11日　米30斛(白)(借用)

〈買入〉
25日　胡麻油　1斗

28日　小麦1斛，小豆1斛5斗，

12月	16日 末醤8斗5升 20日 末醤5斗7升8合	21日 古毛4古	15日 銭2400文 25日 銭2000文？ 27日 糯米6斗7斗（ママ）大豆2斗6升	〈東塔所〉 30日 銭2000文（借用）	心太20斤，布乃利40斤，角俣30斤，柏1俵(以上斎会残物)？
5年正月	9日 米30斛(白) 13日 酢6斗5升 15日 酢8斗1升 7日 醤1斛1斗9升,酢4斗6升 8日 醤1斛1斗3升,酢3斗2升 末醤1斛1斗 20日 酢5斗4升，末醤7升 24日 末醤6斗	5日 銭11700文 米27斛(白17,黒10)	6日 小麦1斛5斗,糯米1斛，小豆3斛5斗，大豆1斛5斗，心太17斤,海藻225斤，滑海藻22斤，塩9斗 12日 赤紫丸組14条	13日 銭6398文 15日 米11斛(白8,黒3)	〈工院〉 7日 銭1200文 庸綿10屯
2月	7日 末醤4斗	〈作仏師供養所〉 7日 醤4斗2升	5日 銭600文,米10斛(白)，表紙料紙500張 6日 米30斛（白25，黒5)，海藻90斤,末滑海藻7斗，塩100果，大豆1斛，小豆1斛		〈寺家〉 6日 薪44荷(斎会残物)
3月			塩3斗 9日 米2斛9斗(黒)，塩3升5合 11日 軸382枝 29日 褾紙料500張		
4月	4日 醤2斗		4日 米5斛(白3，黒2)，塩3斗，大豆3斗 米1斛5斗(黒)？ 24日 米1斛5斗(白)		
5月	6日 褾揩衣59領	〈内裏〉 6日 常陸調布24端	軸278枚？		

「坤宮官」と「装束御斎会司（＝装束司）」が写経料物のほとんどを賄っており、本事業が坤宮官と装束司の共同事業として開始したことを物語っているのに対し[16]、十月以後は坤宮官や装束司からの供給が消滅するとともに、新たに「嶋政所」「政所」「宮」「宮酒司」などが供給機関として登場してくると指摘する。

ついで山本氏は、新たに登場した各供給機関を分析する。「嶋政所」については、書写を終えた一切経が東大寺から「嶋院」へ奉請されていることや[17]、「島政所符」に法華寺内の嶋院・中嶋院・外嶋院を統轄していた坤宮少疏池原粟守の署があることから[18]、「嶋政所」は法華寺の嶋院に所在し、坤宮官と密接な関係を持つ機関であったとする。「宮」「宮酒司」については、坤宮（皇太后宮）および坤宮内に存在した醸造施設とし、以上の嶋政所・宮・宮酒司は、坤宮官に代わって登場した、坤宮官関係あるいは坤宮に相当する機関とする。

「政所」については、後一切経料雑物収納帳の十二月十一日条に「依二政所宣一自二寺司政所一借請」とあり（十四436）、「政所」は「寺司政所」、つまり造東大寺司とは別機関であることを確認した上で、奉写一切経所解移牒案（十五1〜5、四485、503、十五5〜8、83、9〜15、19〜39、242、39〜46、102〜103、46〜58、山本（Ⅰ））に注目する。本史料には経師の不参を文部省（式部省）に伝える装束忌日御斎会司牒案が四通混在していることから（四503、十五3、5〜6）、①装束司と写経所の公文が同じ場所で作成されていたこと、②装束司が写経事業を管轄していたことなどがわかる。また本史料には他にも、文書冒頭の差出し機関名「東大寺奉写一切経所」に異筆で「忌日御斎会《装束》一《奉写》切経所」と書き込まれた事例や[19]、装束司が口宣で寺家からの借米を写経所に指示している事例などがあり[20]、このように写経所と密接な関係を持ち、その指揮下に置いていた装束司こそ、政所に相当すると結論付ける。

以上より山本氏は、後一切経料雑物収納帳の九月から十月にかけての変化について、「装束司」から「政所」へと記載が変更されたのは、この時期に写経所が装束司の指揮下に入ったためとし、さらに「坤宮官」から「嶋政所」

「宮」「宮酒司」への変更は、坤宮官が装束司に吸収併合されたためと解釈した。この時期に坤宮官が装束司の官司機構に組み込まれてしまったことについては、坤宮少疏であった池原粟守が、この頃から写経の実務に関与しはじめたことが、写経所公文の署名から確認できること、[21] また彼が、坤宮官の反故文書を用いて、政所（＝装束司）から写経所に宛てた牒を出していることなどからも、[22] 裏付けることができるとする。

2　運営体制の再検討

以上の山本氏の指摘をふまえ、以下でその論証の基礎となっている後一切経料雑物収納帳について、九月以前と十月以後の変化を中心に再検討していきたい。まず「政所」と「嶋政所」の関係について、山本氏も述べていることであるが、奉写一切経所解案（十五71〜79、山本（G））[23] を見ると、四年十一月中に本写経所が受領した物品のうち、「政所」から収納した物品（米・塩・醤・海藻・滑海藻・小凝菜・大豆・小豆）すべてについて、その数量までが、後一切経料雑物収納帳で「嶋政所」からの収納と記述されている物品と一致するのである。また奉写一切経所解案に「宮」からの収納とある物品（醤・未醤）に関しては、後一切経料雑物収納帳で「坤宮官」あるいは「宮」からの収納と記述されている物品の合計数量になっているのである。また写経所解（十五134〜136、山本（J））[24] で「政所」からの収納とされた物品も、おそらく後一切経料雑物収納帳で「嶋政所」からの収納と記述された物品を含むと考えられ、[25] これらの記載をいかすと、

「政所」＝「嶋政所」

「坤宮官」＝「宮」（・「宮酒司」）

という対応関係が想定できよう。[26]

表17　写経従事者の1日分の食法
—山本論文表24（342頁）より転載—

供給雑食料物品目	天平宝字4年11月			（F）12月			5年2月		
	経師	装潢	校生	経師	装潢	校生	経師	装潢	校生
米	—	—	—	2升	2升	1升6合	2升	2升	1升6合
海藻	1両	1両	1両	1両	1両	1両	1両	1両	2両
滑海藻	1両	1両	1両	(2分	(2分	2分	(2分	(2分	2分
末滑海藻	△	△		1合)	1合)		1合)	1合)	
醤	1合	1合	8勺	1合	1合	6勺	1合	1合	6勺
末醤	1合	1合	8勺	1合	1合	6勺	1合	1合	6勺
酢	5勺	5勺	4勺	5勺	5勺	4勺	5勺	5勺	4勺
塩	—	—	—	6勺	6勺	4勺	6勺	6勺	4勺
大豆	1合	1合	1合	1合			1合	1合	
小豆	2合	2合	2合	2合			2合	2合	
小凝菜	2分	2分	2分				(2分	(2分	
大凝菜	△						2分)	2分)	
心太				(2分	(2分				
伊岐須				2分	2分				
布乃利	△			1両)	1両)		(1両	(1両	
角俣							1両)	1両)	
漬菜				(2合	2合	2合	(2合	(2合	2合
生菜直銭	4文	4文	2文	2文)			2文)	2文)	
小麦	2合	2合	2合	5合 （6度）			5合 （3度）	5合 （3度）	
糯米	2合・1合	2合・1合	2合・1合	4合 （6度）			4合 （3度）	4合 （3度）	

山本氏は、嶋政所と政所を別機関とする根拠について、以下の二点を挙げている。まず第一に、後一切経料雑物収納帳では両者を区別している点である。しかしこれは山本氏も指摘するように、両者が同日に記載された例はなく、不確実な根拠と言えよう。第二に、写経従事者への食法に注目している。表17は四年十一月・十二月、および五年二月における、写経従事者に対する食料供給についてまとめられたものであるが(27)、後一切経料雑物収納帳の記載から、このうち十一月・二月は嶋政所が、十二月は政所が供給を担当したとし、両者が各々独自の食法をおこなっていると指摘する。そして、十二月の食法を記した天平宝字四年十二月四日付食法（十一486～489、十五85、十一489、十五84、四455、山本（F））に、「右法不レ造二永例一、暫准二彼此一」（十一487）、「権

法」（四455）といった記述があることから、政所による食法の臨時性を強調する。しかしこれは本史料が「但随二物集一、以為二増益一」（十一487）と文章を続けているように、食法の変化は物資不足への一時的対応である可能性があり、また二月の食法を見ると、装潢の待遇では十一月と共通するものの、他はむしろ十二月の方に近いと見ることも可能である。したがって、十二月の食法だけが特殊であるとは言えず、嶋政所と政所を区別する根拠とはなり得ないだろう。以上より、政所と嶋政所を別機関と考えるべき根拠はなく、奉写一切経所解案や写経所解の記述に従い、同一組織を示すものと考えたい。

次に、装束司と政所・嶋政所との関係について考えてみたい。山本氏の「政所」＝「装束司」という指摘は継承すべきであろう。この点については、寺家からの借米の事例を通しても窺うことができる。前述のように奉写一切経所解移牒案の二月二十二日付奉写一切経所解案（十五28）では、「装束司」が口宣で、不足分の米を「寺家」（造東大寺司か）に借りるよう、奉写一切経所に命じている。また後一切経料雑物収納帳の十二月十一日条では、「政所」の宣により「寺司政所」（造東大寺司政所）から米を借りている（十四436）。さらに同帳二月三日条では、「寺家」（造東大寺司木工所）からの借用米を、「嶋政所」からの米で返納している（十五86）。以上の三例を見ると、「装束司」「政所」「嶋政所」はいずれも、写経所に対して造東大寺司からの借米を指示・補塡するという、同様の役割を担っていることがわかり、三者が同一機関であることを示唆している。以上をまとめると、

「装束司」＝「政所」＝「嶋政所」

「坤宮官」＝「宮」（・「宮酒司」）

となり、このように考えると、九月以前と十月以降では供給機関の名称が変化しただけで、その構成自体は変わっていないことになる。したがって本事業は、一貫して装束司と坤宮官の共同事業であったとしてよいのではなかろうか。

ところで、嶋政所について、山本氏が法華寺嶋院との関係を指摘した点は、妥当と言えよう。法華寺内に所在する嶋院（中嶋院・外嶋院）では、天平九年（七三七）以降、写経や勘経が継続的におこなわれており、正倉院文書中にもしばしばその名称（「嶋院」「中嶋院」「外嶋院」など）を見ることができる。[28] しかし「嶋政所」の呼称は、天平宝字四年十月から五年四月に限って現れており、[29] 通常の嶋院とは区別して考える必要があろう。

ここで「嶋政所」の呼称が用いられた期間（天平宝字四年十月〜五年四月）に注目すると、まさに後一切経料雑物収納帳の記述の変化が起こった時期から、書写作業をほぼ終えて一切経を嶋院へ移す時期までに合致しているのである。装束司＝政所＝嶋政所という関係が成り立つとすれば、四年十月以降は装束司が嶋院に置かれたために、嶋政所と称されるようになったと推測することができるのではなかろうか。

前述のように山本氏は、装束司の所在を坤宮（皇太后宮）内に求めるのが妥当か、としているが、一方で奉写一切経所解移牒案に四通の装束司牒が存在することから、「装束忌日御斎会司と写経所の公文が同じ場所で作成されていたため」とも述べており、[30] 装束司の公文作成場所を写経所内と考えているようである。しかし奉写一切経所解移牒案の四通は、いずれも写経従事者に関して文部省に報告する内容となっており、写経所に関連する文書であるがゆえに控えが残されただけとも考えられるのである。装束司は写経所関連以外にも多くの文書を発給したと推測されるが、それらの文書は一切残されていない。したがって、装束司は東大寺写経所以外の場所に存在したとすべきだろう。

光明皇太后の周忌御斎会は、法華寺内の阿弥陀浄土院を会場として執りおこなわれたが、その阿弥陀浄土院に近接する嶋院に装束司が置かれたとすると、多くの点で好都合なのではなかろうか。[31] 書写を終えた一切経が嶋院に奉請されている理由も、そこに装束司が置かれていたためと考えることでより明確になろうし、後述のように装束司には殿舎の荘厳など様々な職掌があり、御斎会の会場に近い方が便利である。晩年の光明皇太后の御所がどこにあったかは明確にはしがたいが、法華寺内であった可能性が高く、(32)嶋院にも近接していたはずで、池原粟守ら坤宮官官人が装束司の職務に携わるのも容易であったろう。山本氏が装束司の所在を坤宮内とする点とも共通するであろう。

以上、後一切経料雑物収納帳の四年九月から十月にかけての変化は、装束司の拠点が法華寺内の嶋院に置かれるようになったため、その呼称が装束司から嶋政所へと変化し、さらに政所とも呼ばれるようになったと解釈した。装束司という記述自体はそれ以前から存在していたが、九月末から十月初のこの時期に装束司の拠点が嶋院に定められ、同時にその構成員が正式に任命されたのではないかと推測しているが、この点は次節で述べたい。

三　装束忌日御斎会司

1　葬司装束司と装束忌日御斎会司

光明皇太后の装束司（装束忌日御斎会司）の実態について検討するために、山本氏はまず『続日本紀』天平宝字四年六月乙丑条の記事に注目する。これは光明皇太后の葬儀葬列の諸設備を管掌する「装束司」以下の葬司任命について記したもので、この装束司（以下、葬司装束司と称す）の顔ぶれは仲麻呂と親密な関係にある者や近親者で占められており、仲麻呂の意志伝達機関であったと評価する。その上で、「装束司」という官司名の共通性や、追悼行事の規模・連続性から、葬司装束司と装束忌日御斎会司とは同一実態の官司であり、「仲麻呂の意志伝達機関ともいうべき「装束司」が葬儀終了後も解消することなく存続し、七七斎、周忌斎の諸準備を差配していたと見るのが可能になる」

と結論付けた。(33)

しかし、葬司装束司と装束忌日御斎会司とを、同一実態としてしまってよいのであろうか。幸い六国史には、葬司装束司と七七斎・周忌斎の装束司（以下、御斎会司と称す）の構成員をともに確認できる事例が残されており、こうした事例も参考にして再検討する必要があろう。また、すでに厢尾達哉氏が指摘しているように、葬司の構成員は単純な人間関係だけでは説明できないのであり、(34)光明皇太后の葬司装束司を仲麻呂の意志伝達機関と評価する点に問題はないだろうか。

そこで以下では、六国史に見える御斎会司の具体的構成員が判明する事例を取り上げ、葬司装束司との関係やその実態、中宮職との関係などについて分析し、最後に光明皇太后の装束忌日御斎会司の具体的構成員や性格についても、検討を加えていきたい。

2 新笠・桓武・仁明の御斎会司

皇太夫人高野新笠は、延暦八年（七八九）十二月二十八日に歿し、翌二十九日に御葬司・山作司・養民司・作路司からなる葬司が任命され、九年正月十五日には葬送がおこなわれた（表18）。同月二十六日には早くも「周忌御斎会司」が任命され、十二月二十八日には大安寺で周忌斎が執りおこなわれた。その後、十年六月三日には周忌斎会に供奉した雑色人に対し、賜爵・賜禄がおこなわれた。(35)

新笠の事例では、葬司と周忌御斎会司の構成員をそれぞれ具体的に知ることができる。葬司の中でも御葬司は、光明皇太后の葬司でいう装束司に相当し、周忌御斎会司は装束忌日御斎会司に相当すると考えられるが、表18に示した通り、両者に共通する人物は藤原継縄以下の五人を数えるものの、必ずしも全員が一致している訳ではない。また周

表18　高野新笠の葬司と御斎会司

葬司	位階	名前	備考
①御葬司	従二位	藤原継縄	
	正四位上	神王	
	正五位上	当麻王	
	従五位上	気多王	
	従五位下	広上王	
	正四位下	紀古佐美	
	従四位下	石上家成	
	従四位下	藤原菅継	
	正五位下	文室与企	
	従五位上	藤原黒麻呂	
	従五位上	桑原足床	
	従五位下	紀兄原	
	外従五位下	息長浄継	
	外従五位下	中臣栗原子公	
			六位已下官九人
②山作司	正三位	藤原小黒麻呂	
	正四位下	壱志濃王	
	従五位上	小倉王	
	従五位下	大庭王	
	正五位下	藤原真友	
	従五位上	文室忍坂麻呂	
	従五位上	文室久賀麻呂	
	従五位上	阿倍弟当	
	従五位下	文室八嶋	
			六位已下官十四人
③養民司	従五位下	多治比賀智	
	外従五位下	林浦海	
			六位已下官八人
④作路司	従五位下	巨勢嶋人	
	従五位下	丹比真浄	
			六位已下官三人
周忌御斎会司	位階	名前	備考
	従二位	藤原継縄	①
	正三位	藤原小黒麻呂	②
	正四位上	神王	①
	正四位下	紀古佐美	①
	従四位上	和気清麻呂	中宮大夫
	正五位下	文室与企	①
	従五位上	藤原黒麿	①
		百済王仁貞	中宮亮
		三嶋名継	
	従五位下	文室八嶋	②
			六位已下官九人

註　周忌御斎会司の備考欄には，葬司にも任命された人物についてその種別（①～④）を記し，また中宮職官人についても注記した．

忌御斎会司に、中宮大夫和気清麻呂と中宮亮百済王仁貞が含まれている点は注目に値するだろう。新笠の死後、中宮職がいつまで存続したかははっきりしないが、歿後三ヵ月に満たない九年三月二十五日に、亮百済王仁貞は左中弁兼木工頭に、大進多芸国足は図書助に任命されており[36]、周忌斎を待たず他官司に遷任したものと思われる。

以上をまとめると、新笠の事例では、名前のわかる周忌御斎会司一〇人のうち、七人が葬司（うち五人が御葬司）、二人が中宮職官人であった。周忌斎まで中宮職が存続したかは不明だが、遷任する者もおり、存続したとしても規模は縮小していたであろう。

次に桓武天皇について見ていこう（表19）。桓武は、延暦二十五年（八〇六）三月十七日に歿し、翌十八日に御装束司・山作司・養役夫司・作方相司・作路司からなる葬司が任命され、四月七日に葬送がおこなわれている。歿後三ヵ月半近い七月一日には、「周忌御斎会司」として秋篠安人が任命されている。[37] 周忌御斎会司は安人以外にも複数任命されたのであろうが、安人ひとりが最高責任者として記録に残されたのであろう。彼は葬司には任じられていない点を注目しておきたい。

表19　桓武の葬司と御斎会司

葬司	位階	名前	備考
①御装束司	正三位	藤原雄友	
	従三位	藤原内麻呂	
		藤原葛野麻呂	
	従四位上	五百枝王	
	正四位下	藤原縄主	
	従四位上	藤原園人	
	正五位下	御長広岳	
	従五位上	藤原継彦	
		石川河主	
	従五位下	池田春野	
		藤原永貞	
		紀咋麻呂	
		息長家成	
			六位以下七人
②山作司	従三位	藤原乙叡	
		紀勝長	
	従四位上	吉備泉	
	従四位下	藤原仲成	
		文室八太麻呂	
	正五位下	藤原黒麻呂	
		布勢尾張麻呂	
	従五位上	淡海福良麻呂	
	従五位下	路年継	
			六位以下八人
③養役夫司	従五位下	田口息継	
		田中八月麻呂	
			六位以下六人
④作方相司	従五位下	安倍益成	
	外従五位下	秦都伎麻呂	
			六位以下三人
⑤作路司	正五位上	大野直雄	
	従五位下	百済王教俊	
			六位以下三人
周忌御斎会司	位階	名前	備考
	従四位上	秋篠安人	

最後に仁明天皇の事例を取り上げよう（表20）。仁明は、嘉祥三年（八五〇）三月二十一日に歿し、翌二十二日に装束司・山作司・養役夫司・作路司・前次第司・後次第司からなる葬司が任命され、二十五日に葬られている。四月二日には、五月九日に清涼殿でおこなわれる七々日御斎会に向け、御斎会行事・造仏司・荘厳堂司・供僧司からなる

	従五位上	橘海雄	
	従五位下	藤原菅雄	
			六位已下三人
造仏司	従五位下	橘高成	
	従五位下	紀道茂	
			六位一人
荘厳堂司	従四位上	正行王	
	従五位下	藤原貞敏	(周)
	従五位下	橘信蔭	(周)
			六位已下四人
供僧司	従四位下	清原長田	①
	従五位上	坂上正野	
	従五位上	丹墀門成	
			六位已下三人
先皇御忌斎会行事司	位　　階	名　前	備　　考
荘厳堂舎司	従四位上	源生	①・㊆
	従五位下	藤原貞敏	㊆
		橘信蔭	㊆
		藤原諸藤	
			六位以下七人
弁備僧供司	従四位下	藤原諸成	
	従五位下	山田古嗣	
		藤原有貞	
		丹墀縄主	
		藤原長基	
	外従五位下	蕃良豊持	
			六位以下五人
検校講読二師房司	従五位下	興岑王	
		利見王	
		伴龍男	
		藤原備雄	
			六位二人
検集校会衆僧房司	従五位下	春枝王	
		永貞王	
		藤原関雄	
		田口統範	
			六位以下四人

註　七々日御斎会司と先皇御忌斎会行事司の備考欄には，葬司にも任命された人物についてその種別（①～⑥）を記し，また七々日御斎会司と先皇御忌斎会行事司の両者に任命された人物についても，㊆(周)と註記した．

「七々日御斎会司」が任命された。仁寿元年（八五一）二月十三日には、周忌斎を翌月にひかえて、荘厳堂舎司・弁備僧供司・検校講読二師房司・検集校会衆僧房司からなる「先皇御忌斎会行事司」（装束忌日御斎会司に相当）が定められ、三月二十日には嘉祥寺で御忌斎会が修されている。[38]

表20　仁明の葬司と御斎会司

葬司	位階	名前	備考
①装束司	従三位	源弘	
		橘峯継	
	従四位下	伴善男	
	従四位上	源生	
	従四位下	清原長田	
		清原岑成	
	従五位上	良岑宗貞	
		藤原貞本	
	外従五位下	朝原良道	
			六位以下四人
②山作司	従三位	源定	
		平高棟	
	従四位上	藤原助	
	従四位下	正躬王	
	従四位上	源寛	
	従四位下	興世書主	
	従五位下	文室笠科	
		山代氏益	
			六位已下四人
（後追）	従三位	安倍安仁	
	従五位下	藤原正岑	
		山口春方	
③養役夫司	従四位下	滋野貞雄	
	従五位下	橘伴雄	
			六位已下三人
④作路司	従四位下	茂世王	
	従五位上	橘枝主	
			六位一人
⑤前次第司	従三位	源弘	長官
	従五位下	藤原松影	次官
			判官主典六位已下各二人
⑥後次第司	従四位上	滋野貞主	長官
	従五位下	橘永範	次官
			判官主典同前
七々日御斎会司	**位階**	**氏名**	**備考**
御斎会行事	従三位	源弘	①
	従四位上	滋野貞主	⑥
	従四位上	藤原良相	
	従四位下	伴善男	①
	従四位上	源生	①・(周)
	従四位下	興世書主	②

仁明の場合は、七々日御斎会司・先皇御忌斎会行事司の構成が最も具体的に判明し、これら臨時官司の職掌を知る手がかりとなる事例である。七々日御斎会司を見ると、まず御斎会行事は、その構成員からも、御斎会司全体を統轄する役割を担ったと推測される。造仏司は当日供養する仏像（この時は地蔵菩薩像一軀）の制作、荘厳堂司は会場（清涼殿）の設営・装飾、供僧司は屈請する僧侶（百僧）の手配・供奉などを担当したのであろう。

次に先皇御忌斎会行事司を見ると、荘厳堂舎司が会場（清涼殿を移築した嘉祥寺堂）の設営・装飾、弁備僧供司は参加する僧への布施などの準備、検校講読二師房司・検集校会衆僧房司はそれぞれ講師・読師や衆僧の控え室の検校を担当していたのではなかろうか。ただし先皇御忌斎会行事司には、七々日御斎会司の御斎会行事に相当するような、全体を統轄する部門は認められず、あるいは七々日御斎会司の御斎会行事が、引き続き先皇御忌斎会行事司の御斎会行事になった可能性も考えられよう。その構成員は、葬司装束司との重複が多く見られるものの、完全に一致する訳ではないことに注意しておきたい。

以上より、御斎会司の特質を整理すると、まず、葬司装束司と御斎会司とは必ずしも同一実態であるとは言えない。新笠の事例のように多くが一致する場合もあるが、桓武の事例のように主要な人物が確実に一致しない場合もある。もちろん葬送と忌日法会とは一連の行事であり、その担当者にもある程度の関連があることは十分予想されるが、両者はあくまで別組織であったことを確認しておきたい。両者に重複して現れる人物が多い点に関しては、葬司の任命が過去の任用経験を重視するとの黒尾達哉氏の指摘を参考にすると(39)、経験を積み儀礼に明るい人物が、葬司だけでなく御斎会司にも任命される可能性が高かったことなども、理由として想定できるのではなかろうか。

御斎会司の任命時期は、七七斎の前後や周忌斎直前など一定せず、多様であった。その役割としては、御斎会を催す堂舎の整備や仏像の制作、僧侶の招請や検校・供給などがあり、これらを統轄する行事も置かれた。その構成員は、基本的には特定官司との結びつきなどはないが、三后の場合には、新笠の事例を参照すると、中宮職官人が優先的に任用されたものと思われる。中宮職がいつまで存続するかは不明だが、周忌斎を待たずして他官司に遷任する者もあり、存続したとしても規模は縮小していたであろう。

3　光明皇太后の装束忌日御斎会司

以上をふまえて、光明皇太后の事例を検討していきたい。『続日本紀』によると、光明皇太后は天平宝字四年六月七日に歿し、同日に装束司・山作司・養民司・前後次第司からなる葬司が任命され、七月十六日に葬送がおこなわれた。七月二十六日には東大寺と京師諸小寺において七七斎が設けられ、天下諸国に対しても、阿弥陀浄土画像を制作し称讃浄土経を書写して、国分寺において礼拝供養するよう命ぜられた。翌五年六月七日には、法華寺内の西南隅に位置する阿弥陀浄土院において周忌斎が設けられ、諸国国分尼寺では阿弥陀丈六像一軀・脇侍菩薩像二軀が制作され、仏事が修せられた。同月二十六日には、周忌斎に供奉した人々に対して叙位がおこなわれ、二十八日には周忌斎に供奉した雑工の将領に賜爵・得考がおこなわれた(40)。

表21を参考に、葬司の構成員を見てみよう。葬司装束司について山本氏は、その構成員が仲麻呂と親密な関係にあることを指摘し、「仲麻呂の意志伝達機関」であると評価された。しかし、当該期の有力者はみな多かれ少なかれ仲麻呂との関係を持っていたであろうし、さらに前述の雨尾氏の指摘をふまえるならば、藤原永手は宮子や聖武の葬司を、安倍嶋麿は元正の葬司を経験した人物であり、経験者を中心に順当に任命された結果とも考えられ、特別に仲麻呂を意識した人選と見る必要もないように思われる。

前節で指摘したように、葬司装束司と御斎会司とは別組織であり、その構成員も必ずしも一致しない。したがって、

表21　光明皇太后の葬司

葬　　司	位　　階	名　　前	備　　考
①装束司	三品	船親王	淳仁兄弟，仲麻呂の変に関与
	従三位	藤原永手	北家（仲麻呂妻・娘婿）の代表者
		藤原弟貞	坤宮大弼
	従四位上	藤原御楯	仲麻呂娘婿
	従四位下	安倍嶋麿	
		藤原恵美久須麿	仲麻呂三男
			等十二人，六位已下官十三人
②山作司	三品	池田親王	
	従三位	白壁王	
		文室智努	
		氷上塩焼	
	正五位下	市原王	
	正四位上	坂上犬養	
	従四位下	佐伯今毛人	
		岡和気	
			等十二人，六位已下官十三人
③養民司	従五位下	大蔵麿	
	外従五位下	上毛野真人	
			六位已下官五人
④前後次第司	従三位	氷上塩焼	
	従三位	白壁王	
	正五位下	石川豊成	
	従五位下	大原継麿	坤宮少忠
			等，判官主典各二人

註　備考欄には，藤原仲麻呂との関係について記し，また坤宮官官人についても註記した（山本氏は註(1)論文で，藤原弟貞を仲麻呂の実弟とされているが，これは乙麻呂（弟麻呂）の誤りであろう．ただし弟貞も，長屋王の子ではあるが，橘奈良麻呂の変での密告により，仲麻呂政権下で優遇されていた）．

光明子の装束忌日御斎会司の構成員は改めて検討する必要があるのだが、ここで周忌斎後の六月二十六日に叙位された人物に注目したい。表22に示したように、叙位者のうち男官は冒頭の三人のみで、あとは釆女や命婦・女孺などの女官である。三人の男官について見ると、文室大市は、管見の限り葬司を四回、弔使を二回もつとめており[41]、こうした儀礼に関して経験豊かな人物であったことが知られる。国中公麻呂は大仏鋳造で名高い技術者であり、今回は阿弥陀浄土院の造営に関係したものと推測される[42]。長野公足は越前員外介として東大寺領田図にも署名が見えるが、東大寺写経所との関わりも窺える人物である。(43)周忌斎に供奉した多くの官人のなかで、特にこの三人が叙位された点を見ると、彼らは周忌斎を執行する上で責任ある立場、つまり装束忌日御斎会司であった可能性が高いのではなかろうか。前節の仁明の事例からは、御斎会司内に様々な役割分担が存在したことが知られるが、三人の経歴をふまえると、すでにこの時期から御斎会司内の役割分担が存在し、文室大市は儀礼執行を、国中公麻呂は会場の造営を、長野公足は写経を担う東大寺写経所との連絡を、それぞれ司っていたと想像できよう。

表22　光明皇太后の周忌斎供奉による叙位者

叙位	本位階	名前	備考
賜爵一級	正四位下	文室大市	
	従五位上	国中公麻呂	
	従五位下	長野公足	
進一階	従三位	粟田女王	
	正四位上	小長谷女王	忍壁親王女
授従三位	従四位下	紀女王	
従四位下	正五位下	粟田深見	
進一階	正五位下	飯高笠目	伊勢国飯高郡釆女，内侍
		蔵於須美	
	従五位上	熊野広浜	紀伊国牟呂郡釆女
		多気弟女	
		多可浄日	
従五位下	外従五位上	錦部河内	命婦
	外従五位下	忍海致	女孺
		尾張若刀自	
外従五位下	従七位上	大鹿子虫	

さらに装束忌日御斎会司の構成員を推測する手がかりとして、前述の天平宝字四年十二月四日付食法の署名（四455）がある。本史料は、政所から写経所へ宛てた文書であり、前章での考察によれば政所は装束忌日御斎会司のことであるので、その署名者である県犬養古万呂・百済東人・上毛野公の三人は、装束忌日御斎会司の所属官人ということになろう。残念ながら、彼ら三人がどのような役割を果たしたかは不明である。

この他に、すでに触れた坤宮少疏池原粟守もその構成員と考えられる。そもそも彼は法華寺嶋院と深い関わりのある人物であり、ここに装束忌日御斎会司の拠点を置く際にも、中心的な役割を果たしたであろう。彼が写経所文書に署名しているのも、本写経事業を統括する装束忌日御斎会司の官人であったことを裏付けている。(44)

前述のように山本氏は、粟守の署名が九月二十七日以降初めて写経所文書に現れることから、この時期に坤宮官が装束司に吸収併合されたと解釈された。しかしすでに論じたように、坤宮官はこの後も存続して、装束司とともに写経事業を支えたと考えられ、中村氏も指摘するように、粟守は坤宮官官人でありながら装束司へ出向していたと解釈できよう(45)。なぜこの時期に粟守の署名が登場したかについては、一つの解釈として、粟守が装束忌日御斎会司に任命されたのがこの時期であったからと推測することができる。御斎会司の任命時期は、前節で見たように多様で、九月末〜十月初のこの時期におこなわれたとしても問題はない。山本氏が指摘された四年十月の画期は、装束忌日御斎会司の拠点が嶋院に置かれ、その構成員が正式に任命されたという出来事に基づく変化であったのであろう。

おわりに

本章で明らかにした点を、以下でまとめておきたい。まず、光明皇太后のための周忌斎一切経書写は、一貫して装束忌日御斎会司と坤宮官との共同事業であり、その作業は装束司の指揮のもと、東大寺写経所でおこなわれた。この時期に東大寺写経所で他の事業がおこなわれた徴候は見出されず、周忌斎一切経にかかりきりだったと思われる。ただし、装束司と東大寺写経所との関係は当該事業の間だけの一時的なものであり、装束司のもとへの編成替えを強調しすぎるべきではない。

葬司装束司と御斎会司の構成員は必ずしも一致せず、三后の場合は中宮職官人を優先的に任用する傾向は見出されるものの、一般に故人や有力者との人間関係よりも過去の任用経験が重視された。光明皇太后の装束忌日御斎会司は、天平宝字四年九月末〜十月初に正式に任命され、御斎会会場である阿弥陀浄土院に近接した、法華寺内の嶋院に拠点が置かれた。その職員は、坤宮官官人で嶋院に関わりの深い池原粟守、儀礼・造営・東大寺をそれぞれ担当する文室大市・国中公麻呂・長野公足、そのほか県犬養古万呂・百済東人・上毛野公などが想定できる。坤宮官は周忌斎終了までは存続していたと思われるが、他官司に遷任する者もいて、規模が縮小していた可能性はあろう。

以上のように見てくると、光明皇太后の装束忌日御斎会司は、六国史に見える他の御斎会司の事例とそれほど変わらず、仲麻呂の特別な政治的意図などは感じられないように思われる。むしろ、八〜九世紀にかけての天皇・三后の忌日法会の一般的な事例と言い得るのではなかろうか。御斎会司の初見は、天平二十一年の元正周忌斎のための「装束御斎会司」(三215)であるが、おそらくは高島正人氏が指摘された忌斎成立期の天武・持統歿時の頃からすでに[46]、葬司とは別に新たな担当官司である御斎会司が任命され、会場の設営・装飾や当日供養する仏像・経典の制作、請僧の手配・供奉、当日の儀式執行などにあたったのであろう。その財源としては、御斎会司を通した朝廷の供出とともに、中宮職など故人の家政機関からの供給も大きな割合を占め、またその官人が御斎会司に加わることもあった。その点では朝廷と故人の家政機関との共同事業とも評価できるが、事業の指揮権はあくまでも御斎会司側にあって、忌日法会の主催者は朝廷(現天皇)であったことに注意しておきたい。こうした点はこの時期の葬送にも共通しており、朝廷から任命された葬司が中心となり、朝廷主催の葬儀を執りおこなっていた[47]。葬司装束司と御斎会司とは別組織であることを強調したが、両者の性格自体には多くの共通点があり、その衰退の過程も軌を一にしている。御斎会司は、十世紀以降には上卿―(参議)―弁―史からなる行事所へと規模が縮小していくが、葬司もこの頃には任命されなくなり、葬送・忌日法会ともに故人の家政機関が果たす役割が増大していくのである。

本章では、光明皇太后の周忌斎一切経書写事業に関する正倉院文書を手がかりに、奈良時代における忌日法会の性格の一端を明らかにし、喪葬儀礼との関係についても言及してきた。近年、正倉院文書による写経事業に関する研究が飛躍的に進展しつつあるが、その成果は儀礼研究へはいまだ十分に活用されていないように思われる。喪葬儀礼や忌日法会の検討は、追善供養のための写経事業が多いことからも、両研究の接点となり得る事例であろう。今後はさらに、儀礼研究の視点からの写経事業の検討を課題としていきたい。

註

（1）山本幸男「天平宝字四年～五年の一切経書写」（『写経所文書の基礎的研究』吉川弘文館、二〇〇二年、初発表一九八八年）。
（2）山下有美「東大寺写経所」（『正倉院文書と写経所の研究』吉川弘文館、一九九九年）、中村順昭「光明皇太后没後の坤宮官―その写経事業をめぐって―」（『律令官人制と地域社会』吉川弘文館、二〇〇八年、初発表二〇〇三年）。
（3）高島正人「奈良朝宮廷の忌斎―わが国における忌日・周忌の起源―」（『瀧川政次郎先生米寿記念論文集　神道史論叢』国書刊行会、一九八四年）は、奈良時代の天皇や后について、周忌までの忌斎の成立過程を整理している。
（4）以下、註(1)山本論文参照。
（5）光明皇后の皇后宮職は、天平勝宝元年（七四九）の聖武譲位により紫微中台となり、天平宝字二年（七五八）の官司名唐風化に伴って、坤宮官と改称された。
（6）周忌斎のために設けられた臨時官司は、後述の奉写一切経所解移牒案には「装束忌日御斎会司」、後一切経料雑物収納帳には「装束御斎会司」「御斎会司」「装束司」などと見えるが、すべて同じ官司を指しているのであろう。山本氏はこれを「装束司」と略記されており、本章でも基本的にこれに従うが、葬司の「装束司」との混乱を避けるため、第三節では一部「御斎会司」と称することにした。
（7）以下、註(2)山下論文、一一三～一一七頁。
（8）註(1)山本論文、註(162)、三七一～三七二頁。
（9）註(1)山本論文、三四四～三四五頁。

(10) 註(1)山本論文、註(156)、三七一頁。
(11) 註(1)山本論文、註(155)、三七一頁。
(12) 註(2)中村論文では、坤宮官は光明子歿後も一年以上、五年十二月頃までは存続したが、六年初頭頃に孝謙上皇の家政機関に継承され、勅旨省として再編成されたと結論する。確かに周忌斎終了後も、「坤宮官舎人」（『大日本古文書』編年文書四巻五二一頁。以下、四521と表記する）・「坤宮官廝丁」（四524）などの肩書きは見受けられるが、彼らがその時期に坤宮官官人として実質的な働きをしていたかどうかは不明であり、また坤宮官の家産管理機能が勅旨省に継承されたとしても、勅旨省の成立と坤宮官の消滅とは切り離して考える必要があろう。
(13) 註(2)中村論文では、「(『続日本紀』に見える）装束司と忌日御斎会の装束司とは同一であるかは判明しないが、関係は深いであろう」としている（八三頁）。
(14) 以下の正倉院文書の出典については、『大日本古文書』編年文書の巻数・頁数とともに、註(1)山本論文での記号を示した。また文書名についても山本論文を参考にした。
(15) 註(1)山本論文、表23（三三八～三四一頁）より転載。
(16) 山本氏は、「寺家」や「南松原」からの供給は、保管していた七七斎の遺物を移しただけであるとし、他にも「大膳職」や「奈良没官所」「宮」からも供給を受けているが、これらは補完的なもので、写経料物のほとんどは坤宮官と装束司によって賄われていたとする。継承すべき見解と考えるが、「宮」については坤宮官と同一と考えてよいのではなかろうか。
(17) 天平宝字五年四月二十四日付奉写一切経所解案（十五52～53、山本（Ⅰ））。
(18) 天平宝字四年十二月二十一日付島政所符（十四449～450、山本（C）関連史料）。
(19) 天平宝字五年二月二十一日付東大寺奉写一切経所牒案（十五26～27、山本（Ⅰ））。
(20) 天平宝字五年二月二十二日付奉写一切経所解案（十五28、山本（Ⅰ））。
(21) 奉写一切経所解移牒案（山本（Ⅰ））では、天平宝字四年九月二十七日付奉写一切経所経師等召文（十四444～445）以降、池原粟守の署名が散見する。
(22) 天平宝字四年十二月十五日付池原禾守牒（二十五300～301、山本（C）関連史料）。

（23）天平宝字四年十一月の書写料決算書案。作成時は四年十一月末〜十二月初。註(1)山本論文、二八八頁。
（24）天平宝字五年二月の書写料決算書案。作成時は五年二月末〜三月初。註(1)山本論文、二九四〜二九五頁。
（25）後一切経料雑物収納帳は二月部分が一部欠損しているため、明確な対応関係は不明である。
（26）後一切経料雑物収納帳の十二月二十七日条では、「嶋」の字を抹消して、「政所」と書き改めている（十四437）。政所＝嶋政所とする想定が正しければ、このように書き改める必要はないのだが、両者が別機関であるとする決定的な証拠とは言い難いので、ここでは特に問題にしないこととする。
（27）註(1)山本論文、表24（三四二頁）より転載。
（28）嶋院に関しては、佐久間竜「傍系写経所の一考察—中島院・嶋院・外島院について—」（『続日本紀研究』五—四、一九五八年）、岸俊男「「嶋」雑考」（『日本古代文物の研究』塙書房、一九八八年、初発表一九七九年）、宮﨑健司「法華寺の三「嶋」院について」（『日本古代の写経と社会』塙書房、二〇〇六年、初発表一九九二年）を参照。岸・宮﨑両氏の指摘に従い、嶋院・中嶋院・外嶋院の三院が併存した訳ではなく、中嶋院のみの時期はこれを嶋院とも称し、後に外嶋院が新設されると、中嶋院・外嶋院の総称として嶋院が使用されたと考える。
（29）註(28)岸論文・宮﨑論文。
（30）註(1)山本論文、三四四頁。
（31）阿弥陀浄土院と嶋院との位置関係については議論がある。阿弥陀浄土院の成立後も、嶋院が史料上に見えることから、少なくとも中嶋院・外嶋院のいずれかは存続していたことは確かである。岸俊男氏は中嶋院を、宮﨑健司氏は外嶋院を、それぞれ阿弥陀浄土院の前身と考え、残るもう一方が嶋院として存続したとされた（註(28)岸論文・宮﨑論文）。また山下有美氏は、法華寺の南半分の西側の池に三院（中嶋院・外嶋院・阿弥陀浄土院）が併存していた可能性を指摘されている（山下有美「嶋院における勘経と写経—国家的写経機構の再把握—」『正倉院文書研究』七、二〇〇一年）。以上のうち、いずれの説をとるにせよ、阿弥陀浄土院と嶋院とは近接して存在した可能性が高いだろう。
（32）光明子は、父である太政大臣藤原不比等邸で成育し、霊亀二年（七一六）に皇太子妃になると、不比等邸内の一画に居所を設け、聖武即位後もここに居住した。その後、天平元年（七二九）の長屋王の変を経て立后すると、長屋王の邸宅のあった場所に皇后宮を営み、天平十二年の恭仁京遷都までここに居住したということが、二条大路木簡の検討から指摘されている（渡辺晃宏「二条大路木簡と皇后宮—二つの木簡群をめぐって—」奈良国立文化財研究所編『平城京左京二条二坊・三条二坊発掘調査報告—長屋王邸・藤原麻呂邸の調査—本文編』一九九五年）。旧不比等邸は、天平十七年の平城京還都に伴って「宮寺」となり、さらに「法華寺」へと名称を改めている。還都後の皇后宮の所在については明証がないものの、やはりこの場所に設けられたと考えるべきだろう（橋本義則「奈良時代歴代天皇の御在所の変遷」『古代宮都の内裏構造』吉川弘文館、二〇一一年、初発表一九九一年）。勝浦令子氏は、天皇・皇后の「宮」や貴族の「家」に居住して活動する僧尼（「家僧」）が、八世紀に広く存在したことから、法華寺も皇后宮の中に併存する仏教施設という性格を持っていたとし、法華寺の伽藍空間も、当初は邸宅を一部寺院化した程度の仏教施設であったとした（勝浦令子『日本史リブレット16　古代・中世の女性と仏教』山川出版社、二〇〇三年、一二～二一頁）。光明子はおそらく天平宝字四年の死歿まで、この場所に居住したのであろう。

(33)　註(1)山本論文、三四八～三四九頁。

(34)　帀尾達哉「上代葬司の任用をめぐって—律令政治社会管見—」(『律令官人社会の研究』塙書房、二〇〇六年、初発表一九八七年)。

(35)　以上、『続日本紀』延暦八年十二月乙未・丙申条、九年正月壬子・癸亥条、十二月己未条、十年六月壬辰条。

(36)　『続日本紀』延暦九年三月壬戌条。

(37)　以上、『日本後紀』大同元年三月辛巳・壬午条、四月庚子条、七月壬辰朔条。

(38)　以上、『続日本後紀』嘉祥三年三月己亥・庚子・癸卯条。『日本文徳天皇実録』嘉祥三年三月己亥・庚子・癸卯条、四月己酉条、五月丙戌条、仁寿元年二月丙辰条、三月壬辰条。

(39)　註(34)帀尾論文。

(40)　以上、『続日本紀』天平宝字四年六月乙丑条、（七月脱か）癸卯条、七月癸丑条、五年六月庚申・己卯・辛巳条。

(41)　天平十六年（七四四）閏正月に安積親王の監護葬事を、同二十年四月に元正太上天皇の御装束司を、天平勝宝六年（七五四）七月に太皇太后藤原宮子の造山司を、宝亀元年（七七〇）八月に称徳天皇の御装束司を、同二年二月に左大臣藤原永手の弔賻使を、同四年十月に難波内親王の弔使を、それぞれつとめている。

(42)　竹内理三ほか編『日本古代人名辞典』三（吉川弘文館、一九六一年）参照。

(43)　天平宝字二年十一月二十五日付写経所解案（十四266）では、「長野連」が東大寺写経所より油を購入しており、同年十一月十日付奉写先経料銭散注文（十四241〜242）にも「長野大夫」が登場しているが、ともに公足のことであろう。竹内理三ほか編『日本古代人名辞典』五（吉川弘文館、一九六六年）参照。

(44)　この他に、註(2)中村論文の註(9)では、史生下道福麻呂について、造東大寺司の史生ではなく、装束忌日御斎会司あるいは坤宮官の史生であった可能性を示唆している。しかし後一切経料雑物収納帳での署名を見る限り、造東大寺司主典の安都雄足や東大寺写経所案主の賀茂馬養・他田水主・上馬養・小治田年足らとともに、雑物を受領する東大寺写経所側の人物として署名しており、やはり下道福麻呂は造東大寺司史生と理解すべきではなかろうか。

(45)　註(2)中村論文、八二頁。

(46)　註(3)高島論文。

(47)　本書第一部第一章。

終章　成果と課題

本書に収録した諸篇は、二〇〇〇年から一四年に発表したものが原型となっており、一九九八年に提出した卒業論文に端を発するものも含んでいる。二〇〇七年一月に博士論文を提出したが、直前の二〇〇六年十一月に天聖令が公表されたため、博士論文の内容を大幅に検討し直す必要が生じた。一方で、天聖令の発見は律令研究の裾野を広げることとなり、日本はもとより中国・台湾においても相次いで論文が発表され、喪葬令にも関心が寄せられるようになった。そうした研究動向を受けて新たに書き足した諸篇もあり、結果的に本書の構成は、博士論文とは大幅に異なるものとなった。

天聖令による旧稿の訂正箇所については第二部第一章において大方指摘しているが、執筆期間が長期にわたったこともあり、旧稿から考えを改めた点も多く、このたび一書にまとめるに際して手を加えた部分も多い。特に第一部第一章については、令制以前の儀礼を無批判に「伝統的儀礼」と表現していた点を反省し、論旨に影響が出ない範囲で修正を加えている。令制導入による画期を強調するあまり、それ以前を「伝統的な」姿として固定的に捉える叙述をしていたが、当然のことながらこの時期においても、内外の様々な要因によって儀礼は変化し続けていたはずである。同じことは中国との比較についても言え、日本の特徴を捉えようとするあまり、中国の礼制を単一・不変なものとして固定的に論じがちなことは、すでに中国史研究者からも批判をいただいているところである。第二部・第三部に収録した諸篇では、その点にも留意して論じたつもりだが、まだまだ不十分かもしれない。

以下、本書で論じた内容について、その概略をまとめておく。

第一部「律令国家の形成と喪葬儀礼」では、律令制の導入によって喪葬儀礼が大きな変化を遂げる奈良時代を中心に、天皇と氏族・官人層との関係、あるいは礼制受容の諸段階といった問題に注目しつつ、当該期の喪葬儀礼の姿を残存史料から可能な限り復原することを目指した。

第一章「日本古代喪葬儀礼の特質―喪葬令からみた天皇と氏―」では、喪葬令条文の日唐比較を出発点に、日唐令それぞれの内容を明らかにし、令制の意図した儀礼の在り方を解明しようとした。また天皇と氏族の関係において、喪葬儀礼の場が持つ意味について考察した。第一節では天皇への死亡報告と弔使派遣について、第二節では朝廷から喪家への人的・物的支給について、第三節では弔詔について検討し、官僚制的秩序に基づく新しい儀礼の受容という側面とともに、氏族制的秩序が律令制の背後に継承されていることも指摘した。

第二章「喪葬令と礼の受容」では、喪葬儀礼の実態を明らかにすることを目指し、実例の検討を通じて喪葬令規定の実現の過程を跡づけた。日本において喪葬令は、制定当初からそのすべてを実現することは不可能であったが、持統太上天皇の喪葬を契機に、主に葬送儀礼の葬列において徐々にその実現が図られることになる。また服喪に関する分析からは、光仁・桓武朝以降、喪葬令の礼制が次々に実現されることを指摘し、平安初期の儀礼の唐風化が、喪葬儀礼に関しては喪葬令の実現とも理解されることを示した。

第三章「律令官人と葬地―都城か本拠地か―」では、官人層の葬地の地理的変遷から、彼らが氏族制的秩序から徐々に律令官僚制的秩序へと取り込まれていく過程を描き出そうとした。本拠地を離れて都城に集住した律令官人たちは、本拠地に氏族の墓地を保有しながら、自らは都城周辺に単独で埋葬されるようになる。こうした傾向は出土した墓誌などからも裏付けられ、第一章にも通じる変化が、葬地の選択においても見られることを示した。

第四章「奈良時代の天皇喪葬儀礼―大唐元陵儀注の検討を通して―」は、断片的な史料しか残らない奈良時代の喪葬儀礼について、平安時代史料である儀式書『西宮記』と、中国唐代皇帝の喪葬儀礼を記した史料「大唐元陵儀注」とを比較検討することで、奈良時代の様相を推測しようとする試みである。聖武太上天皇の葬送に用いられた葬具や、柩運搬具を陵内で焼く儀礼などに注目し、中国儀礼との関連性を推測することで、中国礼制の東アジアへの広がりを描こうとした。

第二部「天聖令の可能性」は、二〇〇六年に全文が公開された新発見史料「天聖令」をめぐる論考である。天聖令は、北宋の法制史料でありながら、唐令の姿を彷彿とさせる内容となっており、散逸した唐令を復原するための材料として、注目を集めることになった。本書では、天聖令発見を受けて喪葬令の再分析をおこなうとともに、天聖令を用いた新たな研究視角の可能性を提起した。

第一章「北宋天聖令による唐喪葬令復原研究の再検討―条文排列を中心に―」では、公開された新史料、および呉麗娛氏による唐喪葬令復原研究について、条文排列を中心に再検討を加え、旧稿での復原研究の修正すべき点についても明らかにした。あわせて天聖令編纂時または天一閣本に脱漏がある可能性や、日唐令比較研究の課題についても指摘した。

第二章「慶元条法事類と天聖令―唐令復原の新たな可能性に向けて―」では、南宋の法制史料である慶元条法事類に注目した。従来は唐宋間の断絶が強調され、唐令復原史料としては十分に活用されてこなかったが、天聖令の発見により、慶元条法事類の条文中には唐令を継承した規定が予想以上に多く残されていることが判明した。特に時代的変化の少ない礼制関連条文の復原においては、慶元条法事類がこれまで以上に重視されるべきことを指摘した。同時に、天聖令は宋代法制史研究の上でも重要な史料であることを確認した。

第三部「服喪と追善」は、喪葬儀礼と密接な関係にある服喪と追善仏事について取り上げた。

第一章「日本古代の服喪と喪葬令」では、天聖令の発見以降、急速に進展した令制研究のうち、服喪に関する近年の研究動向を整理した上で、課題の所在を明らかにし、喪葬令とその背後にある中国礼制とを、古代日本がどのように受容したのかを論じた。第一節で喪葬令17服紀条の母法をめぐる問題を、第二節で同2服錫紵条と天皇の服喪について検討をおこない、日本令の実効性の限界を認めた上での議論が必要であることを主張した。

第二章「日本古代の服喪と追善」は、日本古代における服喪・喪服の多様な様相に注目することで、律令規定では解釈不能な多様な服喪の在り方や、追善仏事との関係性についても指摘した。また儀式の場のための一時的な装いとしての喪服の存在から、律令制の変容や仏教の影響拡大といった図式には当てはまらない、服喪・喪服のありようを論じた。こうした複雑な様相は、実は中国にまで遡る、服喪自体の内包する性格に起因するものではないかと論じた。

第三章「奈良時代の忌日法会―光明皇太后の装束忌日御斎会司を中心に―」は、正倉院文書による写経事業研究を儀礼研究にも活用しようとする試みである。奈良時代の忌日法会については、関連史料が少なく不明な点が多いが、光明皇太后の周忌斎に関しては、正倉院文書の中に一切経書写事業に関連してまとまった史料群が残されている。そこで本章では、この史料群の再検討を通して、その運営体制を中心に、奈良時代における忌日法会の実像の一端を明らかにし、喪葬儀礼との関連についても言及した。

律令制研究の手法を用いた儀礼研究という点が本書の特徴であり、その中心となるのは喪葬令の分析ということになる。蓄積の厚い律令研究において、喪葬令についてはほとんど手つかずの状態であったことは、たとえば日本思想大系『律令』における補注の分量を見比べれば明らかであろう。これはある意味では当然のことで、日本令が母法のどの部分を改変したかを観察することで、日本の独自性をあぶり出そうとする研究の視点からすれば、唐令の影響が濃厚な喪葬令は、魅力的とは言い難い存在なのである。そのような喪葬令にあっても、実は様々な改変の手が加えられていることは、本書の随所で指摘した通りだが、むしろ注目したいのは、社会の実態に反してまでも、背伸びして唐令を引き写そうとした姿勢の方である。いじらしくもたくましい立法者たちの姿が、透けて見えるように思われてならないのである。

本書では、以上のような喪葬令の特殊な性格をふまえ、従来の律令制研究とは異なる手法での検討を模索したつもりである。どこまで成功しているかは心もとないが、今後の律令制研究の一つの可能性を提起できていれば幸いである。

今後の課題としては、まず平安時代における喪葬儀礼の変化をどのように理解すべきかという点がある。第一部第二章や第四章でも論じたように、喪葬令に規定された要素の多くは平安時代になると見えなくなり、仏教的色彩の濃厚な儀礼へと置き換わるようになる。こうした変化をもたらした要因について、現段階では明確な見通しは得られていないが、今後具体的に明らかにできればと考えている。

あわせて、出土資料を用いた儀礼の場の復元も、課題としていきたい。第一部第三章でも不十分ながら墓誌資料を扱ったが、これら儀礼の場において用いられた遺物は、文献史料からは知り得ない豊富な情報を内包しているはずである。限られた日本国内の事例だけでなく、広く東アジアの事例にも目を向け、比較研究の視点から取り組んでいきたい。

主要史料典拠刊本目録

（日本史関係）

岩波新日本古典文学大系
　続日本紀、日本霊異記
岩波日本古典文学大系
　日本書紀、万葉集
岩波日本思想体系
　律令
群書類従
　興福寺縁起
集英社訳註日本史料
　延喜式
史料纂集
　吏部王記
新潮日本古典集成
　古事記
新訂増補国史大系
　続日本紀、日本後紀、続日本後紀、日本文徳天皇実録、日本三代実録、日本紀略、類聚国史、令集解、令義解、類聚三代格、延喜式、公卿補任、扶桑略記、帝王編年記
新訂増補故実叢書
　儀式、西宮記

神道大系
西宮記
増補史料大成
権記、左経記、帥記
大日本古記録
小右記
大日本史料
編年文書・東南院文書
稲村榮一『訓注明月記』松江今井書店
沖森卓也・佐藤信・矢嶋泉『藤氏家伝 鎌足・貞慧・武智麻呂伝 注釈と研究』吉川弘文館
佐伯有清『新撰姓氏録の研究』吉川弘文館

（東洋史関係）

汲古書院影印本
大唐開元礼
黒龍江人民出版社
慶元条法事類
古典研究会
慶元条法事類（静嘉堂文庫蔵）
上海古籍出版社
唐会要、五代会要、周礼注疏
上海商務印書館
司馬氏書儀

成文出版社有限公司
三才図会
中華書局
後漢書、隋書、旧唐書、新唐書、旧五代史、宋史、通典、唐六典、宋会要輯稿、文苑英華
東海大学古典叢書
儀礼（池田末利訳注）
北京商務印書館
唐大詔令集
北京大学出版社十三経注疏
儀礼注疏、礼記注疏
民昌文化社
国朝五礼儀
明治書院新釈漢文大系
礼記、文選
金子修一主編『大唐元陵儀注新釈』汲古書院
天一閣博物館・中国社会科学院歴史研究所天聖令整理課題組校証『天一閣蔵明鈔本天聖令校証　附唐令復原研究』中華書局
仁井田陞『唐令拾遺』／仁井田陞・池田温編集代表『唐令拾遺補』東京大学出版会
本田二郎『周礼通釈』秀英出版

初出一覧

本書の初出は以下のとおり。全体にわたり初出稿には補訂を加えている。

序章　新稿、日本史研究会古代史部会例会（二〇一五年三月一日）における口頭報告をもとに成稿

第一部

第一章『史学雑誌』一〇九編九号、二〇〇〇年

第二章　池田温編『日中律令制の諸相』東方書店、二〇〇二年

第三章「古代の都城と葬地」（『歴史と地理―日本史の研究』二〇五号、二〇〇四年）

第四章『東方学』一一四輯、二〇〇七年

第二部

第一章『東京大学史料編纂所研究紀要』一八号、二〇〇八年

第二章　大津透編『日唐律令比較研究の新段階』山川出版社、二〇〇八年

第三部

第一章『歴史評論』七五九号、二〇一三年

第二章『日本史研究』六一八号、二〇一四年

第三章　西洋子・石上英一編『正倉院文書論集』青史出版、二〇〇五年
（原載は西洋子さん還暦記念論集刊行会編『洋洋福寿―正倉院文書の部屋―』二〇〇四年）

終章　新稿

あとがき

高校時代に父方の祖父が亡くなり、大阪にある祖父母の家で葬儀がおこなわれた。次男である父が転勤族ということもあり、祖父母と会うのは年に一度くらいであったから、それほどの感慨もなく臨んだのであるが、物珍しさもあったのだろう、後々まで強い印象を残す出来事となった。

といっても、葬儀自体は業者が取り仕切る、現代日本のごく一般的なものだったと思う。熟練した司会者がマイクで情感たっぷりに「祇園精舎の鐘の声、諸行無常の響きあり……」と語り出した葬儀の冒頭から、私には違和感だらけの儀式であったが、特に私を落ち着かなくさせたのが座席順であった。祖父母と同居していた長男夫婦とその子たちが最前列に並ぶのは良いとして、第二列には次男家族、つまり私たちが並び、第三列には伯母家族が並んだ。伯母は祖父母の住む実家の近所に住み続けていたから、日常的に祖父母の世話をしていた。祖父母とは比較的疎遠であった私が、伯母よりも前列に座らされることに、居心地の悪さを感じずにはいられなかった。

儀式の場の座席順といえば、初めて結婚式に参加したときにも強烈な抵抗を感じた。もっとも主人公に近い両家の家族が末席で、壇上の新郎新婦を遠目で見ることになる一方で、上座には上司や恩師など、日常的にそれほど親しいとは思えない面々が並ぶことになる。主宰側の身内は一歩引いて、来賓の方々を感謝とともに迎えるという、その理屈はわからないでもないが、人間的な感情とはかけ離れた習俗に、やはり違和感が残るのである。

祖父の葬儀を終えても、そのモヤモヤとした違和感は残り続けた。それは単に座席順だけの問題ではなく、死者や遺族を置き去りにするかのように、段取りに沿って淡々と進められる葬儀全体への違和感でもあった。高校の国語の時間に即興で短いスピーチをする課題があり、私は祖父の葬儀で感じた違和感について発表しようとしたのだが、上手く言葉にすることができず、口籠ってしまった。国語の先生は、私が祖父の死にショックを受けたのだと解釈されたようで、授業後に心配そうに声をかけてくださったのだが、もちろんそれが理由ではなかった。

私が儀礼を研究テーマとして設定したのは、高校時代に言葉にできなかったこの違和感を明らかにしたいという心理からであった。決して儀礼が好きなわけではなく、むしろ憎むからこその選択である。「黙って受け入れるのが大人の対応」なのであろうが、「伝統だから」と思考停止するのではなく、それを疑うことで見えてくるものがあるのではなかろうか。

大学院進学後は、日唐令比較研究の面白さに惹かれて研究を進め、天聖令の発見という画期的な出来事にも遭遇することができたが、一方で研究手法に行き詰まりを感じるようになり、現在に至るまで試行錯誤の研究を続けている。本書はその途中経過にすぎないが、今後も「あたりまえ」とされる事柄への違和感を忘れることなく、青臭く研究を進めていきたいと思う。

なお本書は、ＪＳＰＳ科研費二四七二〇二八三の助成による研究成果を含んでいる。

二〇一五年六月

稲田奈津子

索　　引

Ⅰ 事　　項

あ 行

か 行

さ 行

た 行

な 行

は　行

ま　行

ら　行

わ　行

Ⅱ　史　料　名

あ　行

か　行

さ　行

た　行

な行

は行

ま行

ら行

Ⅲ　引用著者名

あ　行

か　行

さ　行

た　行

な　行

は　行

ま　行

や　行

ら　行

わ　行

著者略歴

一九七五年生まれ

二〇〇四年　東京大学大学院人文社会系研究科日本文化研究専攻日本史学専修課程（博士課程）単位取得退学

二〇〇七年　同　学位取得

現在　東京大学史料編纂所准教授

〔主要論文〕

「殯宮の立地と葬地―艇止山遺跡の評価をめぐって―」『東京大学日本史学研究室紀要』二一、二〇一七年

「納棺・埋葬儀礼の復原的考察―トゥルファン出土随葬衣物疏を中心に―」佐藤信編『律令制と古代国家』吉川弘文館、二〇一八年

「殯をめぐる覚書」古瀬奈津子編『古代日本の政治と制度―律令制・史料・儀式―』同成社、二〇二一年

日本古代の喪葬儀礼と律令制

二〇一五年（平成二十七）九月二十日　第一刷発行
二〇二二年（令和　四　）五月　十日　第二刷発行

著者　稲《いな》田《だ》奈《な》津《つ》子《こ》

発行者　吉川道郎

発行所　株式会社　吉川弘文館
郵便番号一一三―〇〇三三
東京都文京区本郷七丁目二番八号
電話〇三―三八一三―九一五一〈代〉
振替口座〇〇一〇〇―五―二四四番
http://www.yoshikawa-k.co.jp/

印刷＝株式会社　理想社
製本＝株式会社　ブックアート
装幀＝山崎　登

ISBN978-4-642-04625-1